21世纪高职高专教学改革规划教材·会计类

省级教学团队

审计实务

王辉 吴海英 陈来芳 主编

Shenji Shiwu

东北财经大学出版社
Dongbei University of Finance & Economics Press

大连

ⓒ 王 辉 吴海英 陈来芳 2015

图书在版编目(CIP)数据

审计实务 / 王辉，吴海英，陈来芳主编. —大连：东北财经大学出版社，2015.6

（21世纪高职高专教学改革规划教材·会计类）

ISBN 978 - 7 - 5654 - 1942 - 3

Ⅰ．审…　Ⅱ．①王…②吴…③陈…　Ⅲ．审计学–高等职业教育–教材　Ⅳ．F239.0

中国版本图书馆 CIP 数据核字(2015)第 105975 号

东北财经大学出版社出版

（大连市黑石礁尖山街217号　邮政编码　116025）

教学支持：(0411) 84710309

营 销 部：(0411) 84710711

总 编 室：(0411) 84710523

网　　址：http://www.dufep.cn

读者信箱：dufep@dufe.edu.cn

大连美跃彩色印刷有限公司印刷　　东北财经大学出版社发行

幅面尺寸：185mm×260mm　　字数：385千字　　印张：16 1/4

2015年6月第1版　　　　　　　2015年6月第1次印刷

责任编辑：张旭凤　曲以欢　王　瑜　　责任校对：百　果

封面设计：冀贵收　　　　　　　　　　版式设计：钟福建

定价：28.00元

前　言

作为一本面向应用型会计与审计专业人才培养的《审计实务》教材，本书具有以下主要特点：

（1）以注册会计师审计为基础编写。审计监督体系由政府审计、内部审计和注册会计师审计构成。其中，注册会计师审计最具代表性和社会影响力，而且其执业准则体系最为完善、执业行为最为规范。为此，我们以注册会计师审计为基础，依据《中国注册会计师审计准则》编写本书。

（2）体现了风险导向审计的特点。从审计方法上看，注册会计师审计是以审计风险模型为基础进行的风险导向审计。为直观、清晰地体现风险导向审计的特点，本书按照"初步业务活动→风险评估→风险应对→控制测试→实质性程序→完成审计工作→出具审计报告"这一风险导向审计过程组织本书编写，以实现与审计实务的无缝对接。

（3）突出了职业判断能力的培养要求。审计的专业核心能力是职业判断能力。为实现职业判断能力培养这一目标，本书在系统介绍基本审计程序与方法的基础上，精心安排了同步测试。同步测试以判断能力训练为主，通过测试训练，有助于学习者准确理解并恰当应用相关准则和审计程序，逐步形成相应的职业判断能力。

（4）满足了应用型会计人才培养的基本需求。应用型会计人才培养的特点要求教学活动应当遵循理实一体的原则，更加注重教育的实践性和务实性。为满足这一需要，本书基于审计工作过程编写，突出理论与实际相结合，且内容翔实、结构严谨、逻辑清晰、语言通俗易懂，使之便于理解，具有较强的实践性和可操作性。

本书由王辉教授、吴海英副教授、陈来芳副教授主编，具体分工是：王辉编写第一章、第二章、第三章，吴海英编写第四章、第八章、第九章，陈来芳编写第五章、第六章、第七章，最后由王辉总纂全书。

为方便教学，本书配有电子课件和同步测试解析，任课教师可登录东北财经大学出版社网站（www.dufep.cn）免费下载。

本书参考和引用了国内许多作者的观点和有关资料，在此谨向有关作者表示深深的谢意。因作者水平有限，书中疏漏之处在所难免，恳请广大读者指正。

编　者

2015年5月

目 录

第一章	审计概述	1
	学习目标	1
	第一节 审计性质与要素	1
	第二节 审计目标	5
	第三节 审计风险	8
	第四节 审计基本要求和审计过程	11
	第五节 审计证据与审计工作底稿	15
	本章小结	23
	同步测试	24
第二章	初步业务活动和计划审计工作	29
	学习目标	29
	第一节 初步业务活动	29
	第二节 业务承接或保持	30
	第三节 计划审计工作	39
	第四节 审计重要性	41
	本章小结	54
	同步测试	55
第三章	风险评估与应对	58
	学习目标	58
	第一节 风险评估程序	58
	第二节 了解被审计单位及其环境	65
	第三节 了解被审计单位内部控制	69
	第四节 评估重大错报风险	75
	第五节 风险应对	80
	本章小结	85
	同步测试	87
第四章	控制测试	92
	学习目标	92
	第一节 销售与收款循环的控制测试	92
	第二节 采购与付款循环的控制测试	99
	第三节 生产与仓储循环的控制测试	106

第四节　工薪与人事循环的控制测试 ……………………………………… 111

第五节　固定资产循环的控制测试 ………………………………………… 115

第六节　筹资与投资循环的控制测试 ……………………………………… 119

第七节　库存现金和银行存款的控制测试 ………………………………… 123

本章小结 …………………………………………………………………… 125

同步测试 …………………………………………………………………… 127

第五章　资产类项目的实质性程序 ………………………………………… 130

学习目标 …………………………………………………………………… 130

第一节　货币资金的实质性程序 …………………………………………… 130

第二节　金融资产的实质性程序 …………………………………………… 135

第三节　存货的实质性程序 ………………………………………………… 143

第四节　固定资产的实质性程序 …………………………………………… 149

第五节　其他非流动资产项目的实质性程序 ……………………………… 154

本章小结 …………………………………………………………………… 163

同步测试 …………………………………………………………………… 163

第六章　权益类项目的实质性程序 ………………………………………… 169

学习目标 …………………………………………………………………… 169

第一节　负债项目的实质性程序 …………………………………………… 169

第二节　所有者权益项目的实质性程序 …………………………………… 177

本章小结 …………………………………………………………………… 182

同步测试 …………………………………………………………………… 182

第七章　损益类项目的实质性程序 ………………………………………… 186

学习目标 …………………………………………………………………… 186

第一节　营业收入的实质性程序 …………………………………………… 186

第二节　成本费用的实质性程序 …………………………………………… 189

第三节　其他损益项目的实质性程序 ……………………………………… 195

本章小结 …………………………………………………………………… 202

同步测试 …………………………………………………………………… 202

第八章　完成审计工作与出具审计报告 …………………………………… 205

学习目标 …………………………………………………………………… 205

第一节　完成审计工作 ……………………………………………………… 205

第二节　期后事项 …………………………………………………………… 208

第三节　书面声明 …………………………………………………………… 212

第四节　审计意见的形成和审计报告的类型 ……………………………… 214

第五节　标准审计报告 ……………………………………………………… 217

第六节　非标准审计报告 …………………………………………………… 219

本章小结 …………………………………………………………………… 231

同步测试 …………………………………………………………………… 232

第九章　会计师事务所业务质量控制 ·· 238

学习目标 ·· 238

第一节　对业务质量承担的领导责任 ··· 238

第二节　相关职业道德要求 ··· 241

第三节　业务质量控制的具体要求 ··· 243

本章小结 ·· 248

同步测试 ·· 249

主要参考文献··· 251

第一章　审计概述

【学习目标】

1.明确审计性质，掌握审计要素及其相互联系。

2.明确审计总体目标，掌握管理层认定与具体审计目标的确定。

3.理解审计风险的含义及其构成，了解审计的固有限制。

4.了解审计基本要求与审计工作过程。

5.理解审计证据的充分性与适当性，掌握审计过程的类型。

6.了解审计工作底稿的内容、形式与构成要素，掌握审计工作底稿编制与归档的基本要求与方法。

第一节　审计性质与要素

一、审计的含义

（一）审计的特点

审计是指注册会计师对财务报表是否存在重大错报提供合理保证，以积极方式提出意见，增强除管理层之外的预期使用者对财务报表信赖的程度。审计具有以下特点：

（1）审计的用户是财务报表的预期使用者，即审计可以有效满足财务报表使用者的需求，如投资者对被投资单位的财务信息需求、债权人对债务人的财务信息需求等。

（2）审计的目的是改善财务报表的质量或内涵，增强预期使用者对财务报表的信赖程度，即以合理保证的方式提高财务报表的质量，但不涉及如何利用信息的建议。

（3）合理保证是一种高水平保证。当注册会计师获取充分、适当的审计证据将审计风险降至可接受的低水平时，就获取了合理保证。由于审计存在固有限制，注册会计师据以得出结论和形成审计意见的大多数审计证据是说服性而非结论性的，因此，审计只能提供合理保证，不能提供绝对保证。

（4）审计的基础是独立性和专业性，通常由具备专业胜任能力和独立性的注册会计师来执行。注册会计师应当独立于被审计单位和预期使用者。

（5）审计的最终产品是审计报告。注册会计师针对财务报表是否在所有重大方面按照财务报告编制基础编制并实现公允反映发表审计意见，并以审计报告的形式予以传达。

（6）审计工作是一种系统化过程，即注册会计师按照审计准则和相关职业道德要求执行审计工作，以形成审计意见。审计的系统化过程如图1-1所示。

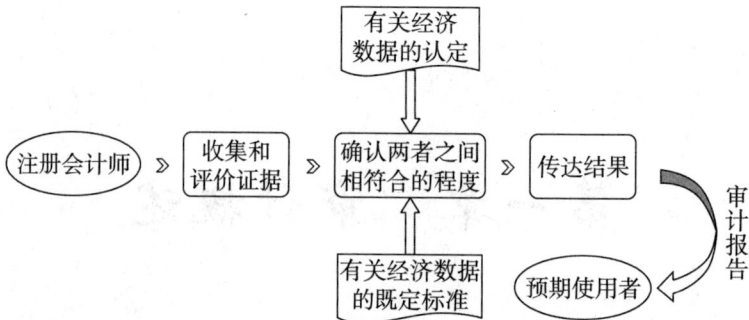

图1-1　审计的系统化过程

（二）合理保证与有限保证

注册会计师执行的业务分为鉴证业务和相关服务业务。鉴证业务是指注册会计师对鉴证对象提出结论，以增强除责任方之外的预期使用者对鉴证对象信息信任程度的业务，包括审计、审阅和其他鉴证业务。相关服务包括税务代理、代编财务信息、对财务信息执行商定程序。

鉴证业务的保证程度分为合理保证和有限保证。审计属于合理保证的鉴证业务，注册会计师将审计风险降至审计业务环境下可接受的低水平，以此作为以积极方式提出审计意见的基础。在财务报表审计中，要求注册会计师将审计风险降至可接受的低水平，对审计后的财务报表提供高水平保证（合理保证），在审计报告中对财务报表采用积极方式提出结论。审阅业务属于有限保证的鉴证业务，注册会计师将审阅业务风险降至审阅业务环境下可接受的水平，以此作为以消极方式提出审阅结论的基础。在财务报表审阅中，要求注册会计师将审阅风险降至可接受的水平（高于财务报表审计中可接受的低水平），对审阅后的财务报表提供低于高水平的保证（有限保证），在审阅报告中对财务报表采用消极方式提出结论。

合理保证与有限保证的区别如表1-1所示。

表1-1　　　　　　　　　　　　合理保证与有限保证的区别

区　别	合理保证(财务报表审计)	有限保证(财务报表审阅)
目标	在可接受的低审计风险下，以积极方式对财务报表整体发表审计意见，提供高水平的保证	在可接受的审阅风险下，以消极方式对财务报表整体发表审阅意见，提供有意义水平的保证。该保证水平低于审计业务的保证水平
证据收集程序	通过一个不断修正的、系统化的执业过程，获取充分、适当的证据，证据收集程序包括检查记录或文件、检查有形资产、观察、询问、函证、重新计算、重新执行、分析程序等	通过一个不断修正的、系统化的执业过程，获取充分、适当的证据，证据收集程序受到有意识的限制，主要采用询问和分析程序获取证据
所需证据数量	较多	较少
检查风险	较低	较高
财务报表的可信性	较高	较低
提出结论的方式	以积极方式提出结论。例如，"我们认为，ABC公司财务报表在所有重大方面按照企业会计准则的规定编制，公允反映了ABC公司20××年12月31日的财务状况以及20××年度的经营成果和现金流量"	以消极方式提出结论。例如，"根据我们的审阅，我们没有注意到任何事项使我们相信，ABC公司财务报表没有按照企业会计准则的规定编制，未能在所有重大方面公允反映被审阅单位的财务状况、经营成果和现金流量"

二、审计要素

审计要素包括审计业务的三方关系、财务报表（鉴证对象）、财务报告编制基础（标准）、审计证据和审计报告。

（一）审计业务的三方关系

审计业务的三方关系是指注册会计师、被审计单位管理层（责任方）、财务报表预期使用者等三方关系人之间的关系。

1.注册会计师

注册会计师是指取得注册会计师证书并在会计师事务所执业的人员，通常是指项目合伙人或项目组其他成员，有时也指其所在的会计事务所。

按照审计准则的规定对财务报表发表审计意见是注册会计师的责任。为履行这一职责，注册会计师应当遵守相关职业道德要求，按照审计准则的规定计划和实施审计工作，获取充分、适当的审计证据，并根据获取的审计证据得出合理的审计结论，发表恰当的审计意见。注册会计师通过签署审计报告确认其责任。

2.被审计单位管理层（责任方）

责任方是指对财务报表负责的组织或人员，即被审计单位管理层。管理层是指对被审计单位经营活动的执行负有经营管理责任的人员。

根据审计准则的规定，被审计单位管理层应承担的责任包括：（1）按照适用的财务报告编制基础编制财务报表，并使其实现公允反映（如适用）；（2）设计、执行和维护必要的内部控制，以使财务报表不存在由于舞弊或错误导致的重大错报；（3）向注册会计师提供必要的工作条件，包括允许注册会计师接触与编制财务报表相关的所有信息（如记录、文件和其他事项），向注册会计师提供审计所需的其他信息，允许注册会计师在获取审计证据时不受限制地接触其认为必要的内部人员和其他相关人员。这些构成了执行审计工作的前提。

财务报表审计并不减轻管理层的责任。财务报表编制和财务报表审计是财务信息生成链条上的不同环节，两者各司其职，不能相互替代。如果财务报表中存在重大错报，而注册会计师通过审计没有发现，也不能因为财务报表已经审计这一事实而减轻管理层对财务报表的责任。

【小提示1-1】在某些被审计单位，管理层包括部分或全部的治理层成员，如治理层中负有经营管理责任的人员，或参与日常经营管理的业主（即业主兼经理）。治理层是指对被审计单位战略方向以及管理层履行经营管理责任负有监督责任的人员或组织。治理层的责任包括监督财务报告过程。

3.财务报表预期使用者

财务报表预期使用者是指预期使用审计报告和财务报表的组织或人员。如果审计业务服务于特定的使用者或具有特殊目的，注册会计师可以很容易地识别预期使用者。如企业向银行贷款，银行要求企业提供一份财务报表，则银行就是该审计报告的预期使用者。但有时注册会计师可能无法识别使用审计报告的所有组织和人员，尤其在各种可能的预期使用者对财务报表存在不同的利益需求时。此时，预期使用者主要是指那些与财务报表有重要和共同利益的主要利益相关者，如在上市公司财务报表审计中，预期使用者主要是指上市公司的股东。注册会计师应当根据法律法规的规定或与委托人签订的协议识别预期使用者。

(二) 财务报表 (鉴证对象)

在财务报表审计中,鉴证对象即财务报表。财务报表是指依据某一财务报告编制基础对被审计单位历史财务信息做出的结构性表述 (包括相关附注),旨在反映某一时点的经济资源或义务或者某一时期经济资源或义务的变化。相关附注通常包括重要会计政策概要和其他解释性信息。财务报表通常是指整套财务报表,有时也指单一财务报表。整套财务报表的构成应当根据适用的财务报告编制基础的规定确定,通常包括资产负债、利润表、现金流量表、所有者权益 (或股东权益) 变动表和相关附注。

(三) 财务报告编制基础 (标准)

在财务报表审计中,财务报告编制基础即为标准,是注册会计师在运用职业判断对财务报表做出合理一致的评价或计量的基准。适用的财务报告编制基础是指法律法规要求采用的财务报告编制基础;或管理层在编制财务报表时,就被审计单位性质和财务报表目标而言,采用的可接受的财务报告编制基础。

财务报告编制基础分为通用目的编制基础和特殊目的编制基础。通用目的编制基础是指旨在满足广大财务报表使用者共同的财务信息需求的财务报告编制基础,主要是指会计准则。特殊目的编制基础是指旨在满足财务报表特定使用者对财务信息需求的财务报告编制基础,包括计税核算基础、监管机构的报告要求和合同的约定等。

(四) 审计证据

注册会计师对财务报表提供合理保证是建立在获取充分、适当证据的基础上的。审计证据是指注册会计师为了得出审计结论和形成审计意见而使用的必要信息。

审计证据在性质上具有累积性,主要是在审计过程中通过实施审计程序获取的。然而,审计证据还可能包括从其他来源获取的信息,如以前审计中获取的信息或会计师事务所接受与保持客户或业务时实施质量控制程序获取的信息。除从被审计单位内部其他来源和外部来源获取的信息外,会计记录也是重要的审计证据来源。同样,被审计单位雇用或聘请的专家编制的信息也可以作为审计证据。审计证据既包括支持和佐证管理层认定的信息,也包括与这些认定相矛盾的信息。在某些情况下,信息的缺乏 (如管理层拒绝提供注册会计师要求的声明) 本身也构成审计证据,可以被注册会计师利用。在形成审计意见的过程中,注册会计师的大部分工作是获取和评价审计证据。

(五) 审计报告

注册会计师应当针对财务报表 (鉴证对象) 在所有重大方面是否符合适当的财务报告编制基础 (标准),以书面报告的形式发表能够提供合理保证程度的意见。该书面报告即为审计报告。

由于审计报告是注册会计师对财务报表发表审计意见的书面文件,因此,注册会计师应当将已审计的财务报表附于审计报告之后,以便于财务报表使用者正确理解和使用审计报告。

第二节　审计目标

一、审计的总体目标

审计目标是指注册会计师执行审计工作所要达到的目的。就财务报表审计而言，注册会计师审计的总体目标包括：（1）对财务报表整体是否不存在由于舞弊或错误导致的重大错报获取合理保证，使得注册会计师能够对财务报表是否在所有重大方面按照适用的财务报告编制基础编制发表审计意见；（2）按照审计准则的规定，根据审计结果对财务报表出具审计报告，并与管理层和治理层沟通。

其中，合理保证是判断审计目标是否实现的唯一标准。在任何情况下，如果不能获取合理保证，即使在审计报告中发表保留意见，也不足以实现向预期使用者报告的目的。在这种情况下，注册会计师应当按照审计准则的规定出具无法表示意见的审计报告，或者在法律规定允许的情况下终止审计业务或解除业务约定。

二、认定

（一）认定的含义

认定是指管理层在财务报表中做出的明确或隐含的表述。当管理层声明财务报表已按照适用的财务报告编制基础编制，在所有重大方面做出公允反映时，就意味着管理层对财务报表各组成要素的确认、计量、列报以及相关的披露做出了认定。管理层在财务报表中的认定有些是明确表达的，有些则是隐含表达的。例如，管理层在资产负债表中列报存货及其金额，意味着做出了下列明确的认定：（1）记录的存货是存在的；（2）存货以恰当的金额包括在财务报表中，与之相关的计价或分摊调整已恰当记录。同时，管理层也做出下列隐含的认定：（1）所有应当记录的存货均已记录；（2）记录的存货均为被审计单位所拥有或控制。

对于管理层对财务报表各组成要素做出的认定，注册会计师的审计工作就是要确定管理层的认定是否恰当。

（二）认定的类型

在财务报表审计中，注册会计师通常将管理层的认定分为与所审计期间各交易和事项相关的认定、与期末账户余额相关的认定及与列报和披露相关的认定。

1.与所审计期间各交易和事项相关的认定

与所审计期间各类交易和事项相关的认定通常包括以下类别：（1）发生。记录的交易和事项均已发生，且与被审计单位有关。（2）完整性。所有应当记录的交易和事项均已记录。（3）准确性。与交易和事项有关的金额及其他数据已恰当记录。（4）截止。交易和事项已记录于正确的会计期间。（5）分类。交易和事项已记录于恰当的账户。

2.与期末账户余额相关的认定

与期末账户余额相关的认定通常包括以下类别：（1）存在。记录的资产、负债和所有者权益是存在的。（2）权利和义务。记录的资产由被审计单位拥有或控制，记录的负债是被审计单位应当履行的现时义务。（3）完整性。所有应当记录的资产、负债和所有者权益均已记录。（4）计价和分摊。资产、负债和所有者权益以恰当的金额包括在财务报表中，与之相关的计价或分摊调整已恰当记录。

3.与列报和披露相关的认定

与列报和披露相关的认定通常包括以下类别：（1）发生以及权利和义务。披露的交易、事项和其他情况已发生，且与被审计单位有关。（2）完整性。所有应当包括在财务报表中的披露均已包括。（3）分类和可理解性。财务信息已被恰当地列报和描述，且披露内容表述清楚。（4）准确性和计价。财务信息和其他信息已公允披露，且金额恰当。

三、具体审计目标

注册会计师了解认定后，就可以确定每个项目的具体审计目标，并以此作为评估重大错报风险，以及设计和实施进一步审计程序的基础。

（一）与所审计期间各类交易和事项相关的审计目标

1.发生。发生认定所要解决的问题是管理层是否把那些不曾发生的项目列入财务报表，它主要与财务报表组成要素的高估有关。因此，由发生认定推导出的审计目标应是确认已记录的交易是真实的。例如，如果在销售明细账中记录了一笔未曾发生的销售，则违反了该目标。

2.完整性。由完整性认定推导出的审计目标是确认已发生的交易确实已经记录。与发生目标不同，完整性目标针对的是漏记交易，与财务报表组成要素的低估有关。例如，如果已发生的销售交易没有在销售明细账和总账中记录，则违反了该目标。

3.准确性。由准确性认定推导出的审计目标是确认已记录的交易是按正确金额反映的。例如，在已发生的销售交易中，如果发出商品的数量与账单上的数量不符，或是开具账单时使用了错误的销售价格，或是账单中的计算有误，以及在销售明细账中记录了错误的金额等，均违反了该目标。

准确性与发生、完整性之间存在区别。例如，若已记录的销售交易是不应当记录的（如发出的商品是寄销商品），则即使发票金额是准确计算的，仍违反了发生目标。若已入账的销售交易是应当记录的，但金额计算错误，则违反了准确性目标，却未违反发生目标。在完整性与准确性之间也存在同样的关系。

4.截止。由截止认定推导出的审计目标是确认接近资产负债表日的交易记录于恰当的期间。如果本期交易推迟至下期确认，或下期交易提前到本期确认，均违反了截止目标。

5.分类。由分类认定推导出的审计目标是确认被审计单位记录的交易经过了适当分类。例如，如果将现销记录为赊销，将处置非流动资产利得记录为营业收入，则导致交易分类的错误，违反了分类目标。

（二）与期末账户余额相关的审计目标

1.存在。由存在认定推导出的审计目标是确认记录的金额确实存在。例如，在应收账款明细账中记录了并不存在的某一客户的应收账款，则违反了存在目标。

2.权利与义务。由权利和义务认定推导出的审计目标是确认资产归属于被审计单位，负债属于被审计单位的义务。例如，将他人寄售的商品列入被审计单位的存货，则违反了权利目标；将不属于被审计单位的债务列为本单位的负债，则违反了义务目标。

3.完整性。由完整性认定推导出的审计目标是确认已存在的金额均已记录。例如，如果已存在某一客户的应收账款，而应收账款明细账中却没有记录，则违反了完整性目标。

4.计价和分摊。由计价和分摊推导出的审计目标是确认资产、负债和所有者权益以恰当的金额包括在财务报表中，与之相关的计价或分摊调整已恰当记录。

（三）与列报和披露相关的审计目标

1.发生及权利与义务。由发生及权利与义务推导出的审计目标是确认财务报表中列报的交易、事项均是已发生的交易、事项，如果将没有发生的交易、事项或与被审计单位无关的交易和事项包括在财务报表中，则违反了该目标。例如，复核董事会会议记录中是否记载了固定资产抵押等事项，询问管理层有关固定资产是否被抵押等，即是对列报的权利认定的审计。如果某固定资产已被抵押，需要在财务报表中列报，说明其权利受到限制。

2.完整性。由完整性推导出的审计目标是确认所有应列报的信息均包括在财务报表中，如果应当列报的交易、事项没有包括在财务报告中，则违反了该目标。例如，检查关联方和关联方交易，以验证其在财务报表中是否得到充分披露，即是对列报完整性认定的运用。

3.分类和可理解性。由分类和可理解性推导出的审计目标是确认财务信息已被恰当地列报和描述，且表达清楚，易于理解。例如，检查存货的主要类别是否已披露，是否将一年内到期的非流动负债列为流动负债等，即是对列报分类和可理解性认定的运用。

4.准确性和计价。由准确性和计价推导出的审计目标是确认财务信息和其他信息已公允披露，且金额恰当。例如，检查财务报表附注是否分别对原材料、在产品和产成品等存货核算方法做了恰当说明，即是对列报的准确性和计价认定的运用。

综上所述，认定是确定具体审计目标的基础。注册会计师通常将认定转化为能够通过审计程序予以实现的审计目标。针对财务报表每一项目所表现出的各项认定，注册会计师相应地确定一项或多项审计目标，然后通过执行一系列审计程序获取充分、适当的审计证据以实现审计目标。认定、审计目标和审计程序之间的关系举例如表1-2所示。

表1-2　　　　　**认定、审计目标和审计程序之间的关系举例**

认定	审计目标	审计程序
存在	资产负债表列示的存货存在	实施存货监盘程序
完整性	销售收入包括了所有已发货的交易	检查发货单和销售发票的编号以及销售明细账
准确性	应收账款反映的销售业务是否基于正确的价格和数量，计算是否准确	比较价格清单与发票上的价格、发货单与销售订购单上的数量是否一致，重新计算发票上的金额
截止	销售业务记录在恰当的期间	比较上一年度最后几天和下一年度最初几天的发货单日期与记账日期
权利和义务	资产负债表中的固定资产确实为公司拥有	查阅所有权证书、购货合同、结算单和保险单
计价和分摊	以净值记录应收账款	检查应收账款账龄分析表、评估计提的坏账准备是否充足

第三节 审计风险

一、审计风险的构成

审计风险是指当财务报表存在重大错报时，注册会计师发表不恰当审计意见的可能性。审计风险是一个与审计过程相关的技术术语，并不是指注册会计师执行业务的法律后果，即因诉讼、负面宣传或其他与财务报表审计相关的事项而导致损失的可能性。

审计风险取决于重大错报风险和检查风险。

（一）重大错报风险

重大错报风险是指财务报表在审计前存在重大错报的可能性。重大错报风险与被审计单位的风险相关，且独立于财务报表审计而存在。在设计审计程序以确定财务报表整体是否存在重大错报时，注册会计师应当从财务报表层次、各类交易与账户余额及披露认定层次方面考虑重大错报风险。

1.财务报表层次重大错报风险

财务报表层次重大错报风险与财务报表整体存在广泛联系，可能影响多项认定。此类风险通常与控制环境有关，但也可能与其他因素有关，如经济萧条。此类风险难以界定于某类交易、账户余额和披露的具体认定；相反，此类风险增大了任何数目的不同认定发生重大错报的可能性，与注册会计师考虑由舞弊引起的风险特别相关。

2.认定层次重大错报风险

注册会计师在考虑财务报表层次重大错报风险的同时，还应考虑各类交易、账户余额和披露认定层次的重大错报风险。考虑认定层次重大错报风险，有助于注册会计师确定在认定层次上应实施进一步审计程序的性质、时间安排和范围。注册会计师在各类交易、账户余额和披露认定层次获取审计证据，以便能够在审计工作完成时，以可接受的低审计风险水平对财务报表整体发表审计意见。

认定层次的重大错报风险又可进一步细分为固有风险和控制风险。

（1）固有风险。固有风险是指在考虑相关的内部控制之前，某类交易、账户余额或披露的某一认定易于发生错报的可能性，且该错报单独或连同其他错报可能是重大的。某些类别的交易、账户余额和披露及其认定的固有风险较高。如复杂的计算比简单计算更可能出错；受重大计量不确定性影响的会计估计发生错报的可能性较大。产生经营风险的外部因素也可能影响固有风险，比如技术进步可能导致某项产品陈旧，进而导致存货易于发生高估错报（计价认定）。被审计单位及其环境中的某些因素还可能与多个甚至所有类别的交易、账户余额和披露有关，进而影响多个认定的固有风险。这些因素包括维持经营的流动资金匮乏、被审计单位处于夕阳行业等。

（2）控制风险。控制风险是指某类交易、账户余额或披露的某一认定发生错报，该错报单独或连同其他错报是重大的，但没有被内部控制及时防止或发现并纠正的可能性。控制风险取决于与财务报表编制有关的内部控制的设计和运行的有效性。由于控制的固有局限性，某种程度的控制风险始终存在。

虽然固有风险和控制风险不可分割地交织在一起，有时无法单独进行评估，但这并不意味着注册会计师不可以对固有风险和控制风险进行评估。注册会计师既可以对两者进行单独评估，也可以对两者进行合并评估，具体评估方法的采用取决于会计师事务所偏好的审计技术和方法及实务上的考虑。

（二）检查风险

检查风险是指如果存在某一错报，该错报单独或连同其他错报可能是重大的，注册会计师为将审计风险降至可接受的低水平而实施程序后没有发现这种错报的风险。检查风险取决于审计程序设计的合理性和执行的有效性。由于注册会计师通常并不对所有的交易、账户余额和披露进行检查，以及其他原因，检查风险不可能降低为零。其中，其他原因包括注册会计师可能选择了不恰当的审计程序，审计过程执行不当，或者错误解读了审计结论等。这些因素可以通过适当计划、在项目组成员之间进行恰当的职责分配、保持职业怀疑态度以及监督、指导和复核项目组成员执行的审计工作得以解决。

（三）检查风险与重大错报风险的反向关系

在既定的审计风险水平下，可接受的检查风险水平与重大错报风险的评估结果成反向关系。即评估的重大错报风险越高，可接受的检查风险越低；评估的重大错报风险越低，可接受的检查风险越高。这两种风险间的关系如图1-2所示。

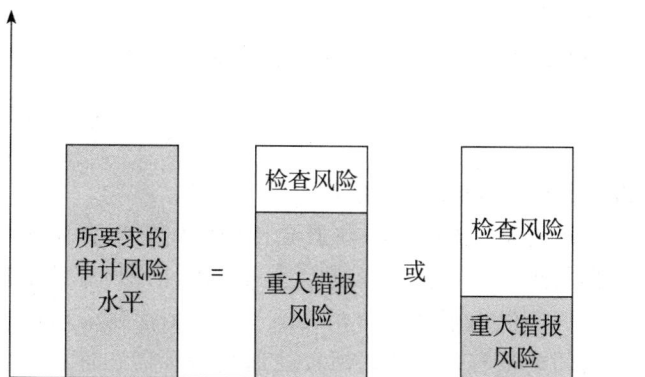

图1-2　检查风险与重大错报风险的反向关系

检查风险与重大错报风险的反向关系用数学模型表示如下：

审计风险 = 重大错报风险×检查风险

该模型也就是审计风险模型。假设针对某一认定，注册会计师将可接受的审计风险水平设定为5%，在实施风险评估程序后将重大错报风险评估为25%，则根据上述审计风险模型，可接受的检查风险为20%（5%÷25%）。但在审计实务中，审计人员通常用"高"、"中"、"低"来描述风险水平。

注册会计师应当合理设计审计程序的性质、时间安排和范围，并有效执行审计程序，以控制检查风险。如上例，注册会计师根据确定的可接受检查风险（20%），设计审计程序的性质、时间安排和范围。审计计划在很大程度上围绕确定审计程序的性质、时间安排和范围而展开。

二、审计的固有限制

注册会计师不可能将审计风险降至零，因此不能对财务报表不存在由于舞弊或错误导致的重大错报获取绝对保证。这是由于审计存在固有限制，导致注册会计师据以得出结论和形成审计意见的大多数审计证据是说服性而非结论性的。审计的局限性源于以下方面：

（一）财务报表的性质

管理层编制财务报表，需要根据被审计单位的事实和情况运用适用的财务报告编制基础的规定，在这一过程中需要做出判断。此外，许多财务报表项目涉及主观决策、评估或一定程度的不确定性，并且可能存在一系列可接受的解释或判断。因此，某些财务报表项目的金额本身，如某些会计估计，就存在一定的变动幅度，这种变动幅度不能通过实施追加的审计程序来消除。即便如此，审计准则要求注册会计师特别考虑在适用的财务报告编制基础上的会计估计是否合理，相关披露是否充分，会计实务的质量是否良好，包括管理层判断是否可能存在偏向。

（二）审计程序的性质

注册会计师获取审计证据的能力受到实务和法律上的限制，主要体现在：（1）管理层或其他人员可能有意或无意地不提供与财务报表编制相关的或注册会计师要求的全部信息。即使注册会计师实施了旨在保证获取所有相关信息的审计程序，也不能保证信息的完整性。（2）舞弊可能涉及精心策划和蓄意实施以进行隐瞒。因此，用以收集审计证据的审计程序可能对于发现舞弊是无效的。例如，舞弊导致的错报涉及串通伪造文件，使得注册会计师误以为有效的证据实际上无效的。注册会计师没有接受文件真伪鉴定方面的培训，不应被期望成为鉴定文件真伪的专家。（3）审计不是对涉嫌违法行为的官方调查。因此，注册会计师没有被授予特定的法律权力（如搜查权），而这种权力对调查又是必要的。

（三）财务报表的及时性和成本效益的权衡

审计中的困难、时间或成本不能作为注册会计师省略不可替代的审计程序或满足于说服力不足的审计证据的正当理由。虽然制定适当的审计计划有助于保证执行审计工作需要的充分的时间和资源，但由于信息的相关性及其价值会随着时间的推移而降低，获取信息的成本会随着时间的推移而增加，所以注册会计师需在信息的可靠性和成本之间进行权衡。要求注册会计师处理所有可能存在的信息或竭尽可能追查每一个事项是不切实际的。基于这一点，财务报表使用者的期望是，注册会计师在合理的时间内以合理的成本对财务报表形成审计意见。为实现这一目标，注册会计师有必要：（1）计划审计工作，以使审计工作以有效的方式得到执行；（2）将审计资源投向最可能存在重大错报风险的领域，并相应地在其他领域减少审计资源；（3）运用测试和其他方法检查总体中存在的错报。

由于审计的固有限制，即便按照审计准则的规定适当地计划和执行审计工作，也不可避免地存在财务报表的某些重大错报可能未被发现的风险。相应地，完成审计工作后发现由于舞弊或错误导致的财务报表重大错报，其本身并不表明注册会计师没有按照审计准则的规定执行审计工作。但审计的固有限制并不能作为注册会计师满足于说服力不足的审计证据的理由。注册会计师是否按照审计准则的规定执行了审计工作，取决于注册会计师在具体情况下实施的审计程序，由此获取的审计证据的充分性和适当性，以及根据总体目标和对审计证据的评价结果而出具审计报告的恰当性。

第四节　审计基本要求和审计过程

一、审计基本要求

（一）遵守职业道德要求

注册会计师在执行财务报表审计时，应受与财务报表审计相关的职业道德要求的约束。相关的职业道德要求通常是指中国注册会计师职业道德守则中与财务报表审计相关的规定。

《中国注册会计师职业道德守则第1号——职业道德基本原则》和《中国注册会计师职业道德守则第2号——职业道德概念框架》规定了与注册会计师执行财务报表审计相关的职业道德基本原则，并提供了应用这些原则的概念框架。根据职业道德守则，注册会计师应当遵循的基本原则包括：

1.诚信

诚信是指诚实、守信。也就是说，一个人言行与内心思想一致，不虚假；能够履行与别人的约定而取得对方的信任。诚信原则要求注册会计师在所有的职业关系和商业关系中应当保持正直和诚实，秉公处事、实事求是。

2.独立性

独立性是指不受外来力量控制、支配，按照一定的规则行事。独立性包括实质上的独立性和形式上的独立性。注册会计师在执行审计业务时，必须保持独立性。独立于被审计单位，能够保护其形成审计意见的能力，使其在发表审计意见时免受不当影响，符合公众利益。独立性能够增强注册会计师诚信行事、保持客观和公正以及职业怀疑的能力。

3.客观和公正

客观是指按照事物的本来面目去考察，不添加个人的偏见。公正是指公平、正直、不偏袒。客观和公正原则要求注册会计师应当公正处事，不得因偏见、利益冲突或他人的不当影响而损害自己的职业判断。如果存在导致职业判断出现偏差，或对职业判断产生不当影响的情形，注册会计师不得提供相关专业服务。

4.专业胜任能力和应有的关注

专业胜任能力是指注册会计师具有专业知识、技能和经验，能够经济、有效地完成受托业务的能力。注册会计师应当通过教育、培训和执业实践获取和保持专业胜任能力，以确保为客户提供具有专业水准的服务。注册会计师如果不能保持和提高专业胜任能力，就难以完成客户委托的业务，甚至可能给客户乃至社会公众带来危害。

应有的关注，则是要求注册会计师遵守执业准则和职业道德规范要求，勤勉尽责，认真、全面、及时地完成工作任务。在审计过程中，注册会计师应当保持职业怀疑态度，运用专业知识、技能和经验，获取和评价审计证据。同时，注册会计师应当采取措施以确保在其授权下工作的人员得到适当的培训和督导。在适当情况下，注册会计师应当使客户了解专业服务的固有局限性。

5.保密

保密原则要求注册会计师应当对在职业活动中获知的涉密信息予以保密，不得有下列行为：（1）未经客户授权或法律法规允许，向会计师事务所以外的第三方披露其所获知的涉密信息；（2）利用所获知的涉密信息为自己或第三方谋取利益。

6.良好职业行为

注册会计师应当遵守相关法律法规，避免发生任何损害职业声誉的行为。注册会计师在向公众传递信息以及推介自己和工作时，应当客观、真实、得体，不得损害职业形象，不得有下列行为：（1）夸大宣传提供的服务、拥有的资源或获得的经验；（2）贬低或无根据地比较其他注册会计师的工作。

就会计师事务所而言，应当制定政策和程序，以合理保证会计师事务所及其人员遵守相关职业道德要求，包括与独立性相关的要求；就项目合伙人而言，应当通过观察和必要的询问，对项目组成员违反相关职业道德要求的迹象保持警觉。如果注意到项目组成员违反相关职业道德要求，应当采取适当措施予以纠正。此外，项目合伙人还应就适用于审计业务的独立性要求的遵守情况形成结论。

（二）保持职业怀疑

在计划和实施审计工作时，注册会计师应当保持职业怀疑，认识到可能存在导致财务报表发生重大错报的情形。职业怀疑是指注册会计师执行审计业务的一种态度，包括采取质疑的思维方式，对可能表明由于舞弊或错误导致错报的情况保持警觉，以及对审计证据进行审慎评价。职业怀疑应当从下列方面理解：

1.职业怀疑在本质上要求秉持一种质疑的理念。这种理念促使注册会计师在考虑获取的相关信息和得出结论时采取质疑的思维方式。在这种理念下，注册会计师应当具有批判和质疑的精神，摒弃"存在即合理"的逻辑思维，寻求事物的真实情况。同时，职业怀疑与客观和公正、独立性两项职业道德基本原则密切相关。

2.职业怀疑要求对引起疑虑的情形保持警觉。这些情形包括但不限于：（1）相互矛盾的审计证据；（2）引起对文件记录、对询问的答复的可靠性产生怀疑的信息；（3）表明可能存在舞弊的情况；（4）表明需要实施除审计准则规定外的其他审计程序的情形。

3.职业怀疑要求审慎评价审计证据。审计证据包括支持和印证管理层认定的信息，也包括与管理层认定相互矛盾的信息。审慎评价审计证据是指质疑相互矛盾的审计证据的可靠性。在怀疑信息的可靠性或存在舞弊迹象时（例如，在审计过程中识别出的情况使注册会计师认为文件可能是伪造的或文件中的某些信息已被篡改），注册会计师需要做出进一步调查，并确定需要修改哪些审计程序或实施哪些追加的审计程序。

4.职业怀疑要求客观评价管理层和治理层。由于管理层和治理层为实现预期利润或趋势结果而承受内部或外部压力，即使以前正直、诚信的管理层和治理层也可能发生变化。因此，注册会计师不应依赖以往对管理层和治理层诚信形成的判断。即使注册会计师认为管理层和治理层是正直、诚信的，也不能降低保持职业怀疑的要求，不允许在获取合理保证的过程中满足于说服力不足的审计证据。

职业怀疑是注册会计师综合技能不可或缺的一部分，是保证审计质量的关键要素。保持职业怀疑有助于注册会计师恰当运用职业判断，提高审计程序设计及执行的有效性，降低审计风险。在审计过程中，保持职业怀疑具有以下作用：

1.在识别和评估重大错报风险时，保持职业怀疑有助于注册会计师设计恰当的风险评估程序，有针对性地了解被审计单位及其环境；有助于使注册会计师对引起疑虑的情形保持警觉，充分考虑错报发生的可能性和重大程度，有效识别和评估重大错报风险。

2.在设计和实施进一步审计程序以应对重大错报风险时，保持职业怀疑有助于注册会计师针对评估出的重大错报风险，恰当设计进一步审计程序的性质、时间安排和范围，降低选取不恰当的审计程序的风险；有助于注册会计师对已获取的审计证据表明可能存在未识别的重大错报风险的情形保持警觉，并做出进一步调查。

3.在评价审计证据时，保持职业怀疑不仅有助于注册会计师评价是否已获取充分、适当的审计证据以及是否还需执行更多的程序，还有助于注册会计师审慎评价审计证据，纠正仅获取最容易获取的审计证据，忽视存在相互矛盾的审计证据的偏向。

此外，保持职业怀疑对于注册会计师发现舞弊、防止审计失败至关重要。原因是舞弊可能是精心策划、蓄意实施予以隐瞒的，只有保持充分的职业怀疑，注册会计师才能对舞弊风险因素保持警觉，进而有效地评估舞弊导致的重大错报风险。保持职业怀疑，有助于注册会计师认识到存在由于舞弊导致的重大错报的可能性，不会受到以前对管理层、治理层正直和诚信形成的判断的影响；使注册会计师对获取的信息和审计证据是否表明可能存在由于舞弊导致的重大错报风险始终保持警觉；使注册会计师在怀疑文件可能是伪造的或文件中的某些条款发生变动时，做出进一步调查。

（三）合理运用职业判断

职业判断是指在审计准则、财务报告编制基础和职业道德要求的框架下，注册会计师综合运用相关知识、技能和经验做出适合审计业务具体情况、有根据的行动决策。

职业判断对于适当地执行审计工作是必要的，尤其是下列决策：（1）确定重要性和评估审计风险；（2）为满足审计准则的要求和收集审计证据的需要，确定所需实施的审计程序的性质、时间安排和范围；（3）为实现审计准则规定的目标和注册会计师的总体目标，评价是否已获取充分、适当的审计证据以及是否还需要执行更多的工作；（4）评价管理层在应用适用的财务报告编制基础时做出的判断；（5）根据已获取的审计证据得出结论，如评估管理层在编制财务报表时做出的估计的合理性。

社会公众期望的职业判断是由具有胜任能力的注册会计师做出的，且其在各种特定情况下做出的职业判断都是基于知悉的事实和情况。注册会计师具有的技能、知识和经验有助于形成必要的胜任能力以做出合理的判断。另外，在项目组内部，或者项目组与会计师事务所内部或外部的其他适当人员之间就疑难问题或争议事项进行咨询，也有助于注册会计师做出有依据的、合理的判断。

评价职业判断是否适当可以基于下列两个方面：（1）做出的判断是否反映了对审计和会计原则的适当运用；（2）根据截至审计报告日注册会计师知悉的事实和情况，做出的判断是否适当，是否与这些事实和情况相一致。如果有关决策不被该业务的具体事实和情况所支持，或者缺乏充分、适当的审计证据，职业判断并不能成为做出决策的正当理由。

注册会计师需要在整个审计过程中运用职业判断，并做出适当记录。

二、审计过程

（一）接受业务委托

会计师事务所应当按照执业准则的规定，谨慎决策是否接受或保持某客户关系和具体审计业务。在接受新客户的业务前，或决定是否保持现有业务或考虑接受现有客户的新业务时，会计师事务所应当执行有关客户接受与保持的程序，以获取如下信息：（1）考虑客户的诚信，没有信息表明客户缺乏诚信；（2）具有执行业务必要的素质、专业胜任能力、时间和资源；（3）能够遵守相关职业道德要求。

会计师事务所执行客户接受与保持程序的目的是识别和评估会计师事务所所面临的风险。例如，如果注册会计师发现潜在客户正面临财务困难，或者发现现有客户曾做出虚假陈述，那么可以认为接受或保持该客户的风险非常高，甚至是不可接受的。会计师事务所除考虑客户的风险外，还需要考虑自身执行业务能力，如当工作需要时能否获得合适的具有相应资格的员工、能否获得专业化协助、是否存在任何利益冲突、能否对客户保持独立性等。

注册会计师需要做出的最重要的决策之一就是接受和保持客户。一项低质量的决策会导致不能准确确定计酬的时间或未被支付的费用，增加项目合伙人和员工的额外压力，使会计师事务所声誉遭受损失，或者涉及潜在的诉讼。

一旦决定接受业务委托，注册会计师应当与客户就审计约定条款达成一致意见。对于连续审计，注册会计师应当根据具体情况确定是否需要修改业务约定条款，以及是否需要提醒客户注意现有的审计业务约定书。

（二）计划审计工作

计划审计工作十分重要，如果没有恰当的审计计划，不仅无法获取充分、适当的审计证据，影响审计目标的实现，而且还会浪费有限的审计资源，影响审计工作的效率。因此，对于任何一项审计业务，注册会计师在执行具体审计程序之前，都必须根据具体情况制订科学、合理的计划，使审计业务以有效的方式得到执行。一般来说，计划审计工作主要包括：（1）在本期审计业务开始时开展的初步业务活动；（2）制定总体审计策略；（3）制订具体审计计划等。计划审计工作不是审计业务的一个孤立阶段，而是一个持续的、不断修正的过程，贯穿于整个审计过程的始终。

（三）评估重大错报风险

审计准则规定，注册会计师必须实施风险评估程序，以此作为评估财务报表层次和认定层次重大错报风险的基础。风险评估程序是指注册会计师实施的了解被审计单位及其环境，并识别和评估财务报表层次和认定层次的重大错报风险而实施的审计程序。风险评估程序是必要程序，了解被审计单位及其环境为注册会计师在许多关键环节做出的职业判断提供了重要基础。了解被审计单位及其环境也是一个连续和动态地收集、更新与分析信息的过程，并贯穿于整个审计过程的始终。一般来说，实施风险评估程序的主要工作包括：（1）了解被审计单位及其环境；（2）识别和评估财务报表层次以及各类交易或事项、账户余额和披露认定层次的重大错报风险，包括确定需要特别考虑的重大错报风险（即特别风险）以及仅通过实施实质性程序无法应对的重大错报风险等。

（四）应对重大错报风险

由于实施风险评估程序本身并不足以为发表审计意见提供充分、适当的审计证据，因此在实施该程序后，注册会计师还应当实施进一步审计程序，包括控制测试（必要时或决定测试时）和实质性程序。注册会计师在评估财务报表重大错报风险后，应当运用职业判断，针对评估的财务报表层次重大错报风险确定总体应对措施，并针对评估的认定层次重大错报风险设计和实施进一步审计程序，以将审计风险降至可接受的低水平。

【知识链接1-1】控制测试是指对被审计单位的内部控制是否有效运行进行的测试；

实质性程序主要包括实质性分析程序和交易或事项、账户余额、披露的细节测试，是对各类交易或事项、账户余额和列报进行的检查。

（五）编制审计报告

注册会计师在完成进一步审计程序后，还应当按照有关审计准则的规定做好审计完成阶段的工作，并根据所获得的审计证据，合理运用职业判断，形成适当的审计意见，出具审计报告。

第五节　审计证据与审计工作底稿

一、审计证据

（一）审计证据的含义

审计证据是指注册会计师为了得出审计结论、形成审计意见而使用的所有信息，包括财务报表依据的会计记录中含有的信息和其他信息。

依据会计记录编制财务报表是被审计单位管理层的责任，但注册会计师应当测试会计记录以获取审计证据。会计记录主要包括原始凭证、记账凭证、总账和明细账、未在记账凭证中反映的对财务报表的其他调整，以及支持成本分配、计算、调节和披露的手工计算表和电子数据表等。上述会计记录是编制财务报表的基础，构成注册会计师执行财务报表审计业务所需要获取的审计证据的重要部分。

会计记录中含有的信息本身并不足以提供充分的审计证据作为对财务报表发表审计意见的基础，注册会计师还应当获取用作审计证据的其他信息。可用作审计证据的其他信息包括注册会计师从被审计单位内部或外部获取的会计记录以外的信息，如被审计单位会议记录、内部控制、询证函的回函、分析师的报告、与竞争者的比较数据等；通过询问、观察和检查等审计程序获取的信息，如通过检查存货获取存货存在性的证据等；以及自身编制或获取的可以通过合理推断得出结论的信息，如注册会计师编制的各种计算表、分析表等。

财务报表依据的会计记录中包含的信息和其他信息共同构成了审计证据，两者缺一不可。如果没有前者，审计工作将无法进行；如果没有后者，可能无法识别重大错报风险。只有将两者结合起来，才能将审计风险降至可接受的低水平，为注册会计师发表审计意见提供合理基础。

（二）审计证据的充分性与适当性

1.审计证据的充分性

审计证据的充分性，又称足够性，是对审计证据数量的衡量，主要与注册会计师确定的样本量有关。例如，对某个审计项目实施某一选定的审计程序，从200个样本中获得的证据要比从100个样本中获得的证据更充分。获取的审计证据应当充分，足以将与每个重要认定相关的审计风险限制在可接受的水平。

注册会计师需要获取的审计证据的数量受其评估的重大错报风险和审计证据质量的影响。一般而言，评估的重大错报风险越高，需要的审计证据可能越多；审计证据质量越高，需要的审计证据可能越少。但是，注册会计师仅靠获取更多的审计证据可能无法弥补其质量上的缺陷。

2.审计证据的适当性

审计证据的适当性，是对审计证据质量的衡量，即审计证据在支持审计意见所依据的结论方面具有的相关性和可靠性。相关性和可靠性是审计证据适当性的核心内容，只有相关且可靠的审计证据才是高质量的。

（1）审计证据的相关性。相关性是指用作审计证据的信息与审计程序的目的和所考虑的相关认定之间的逻辑关系。用作审计证据的信息的相关性可能受测试方向的影响。例如，如果某审计程序的目的是测试应付账款的计价高估，则测试已记录的应付账款可能是相关的审计程序。但是，如果某审计程序的目的是测试应付账款的计价低估，测试已记录的应付账款则不是相关的审计程序，相关的审计程序可能是测试期后支出、未支付发票、供应商结算单以及发票未到的收货报告单等。

特定的审计程序可能只为某些认定提供相关的审计证据，而与其他认定无关。例如，检查期后应收账款收回的记录和文件可以提供有关存在和计价的审计证据，但未必提供与截止测试相关的审计证据。类似地，有关某一特定认定（如存货的存在认定）的审计证据，不能替代与其他认定（如该存货的计价认定）相关的审计证据。但另一方面，不同来源或不同性质的审计证据可能与同一认定相关。

（2）审计证据的可靠性。审计证据的可靠性是指证据的可信程度。例如，注册会计师亲自检查存货所获得的证据，就比被审计单位管理层提供给注册会计师的存货数据更可靠。

审计证据的可靠性受其来源和性质的影响，并取决于获取审计证据的具体环境。注册会计师通常按照下列原则考虑审计证据的可靠性：①从外部独立来源获取的审计证据比从其他来源获取的审计证据更可靠。从外部独立来源获取的审计证据未经被审计单位有关职员之手，从而减少了伪造、更改凭证或业务记录的可能性，因而其证据力最强，如银行询证函回函、应收账款询证函回函、保险公司等机构出具的证明等。相反，从其他来源获取的审计证据，由于证据提供者与被审计单位存在经济或行政关系等原因，其可靠性应受到质疑，如被审计单位内部的会计记录、会议记录等。②内部控制有效时内部生成的审计证据比内部控制薄弱时内部生成的审计证据更可靠。如果被审计单位有着健全的内部控制且在日常管理中得到一贯的执行，会计记录的可信赖程度将会增加。如果被审计单位的内部控制薄弱，甚至不存在任何内部控制，被审计单位内部凭证记录的可靠性就大为降低。例如，如果与销售业务相关的内部控制有效，注册会计师就能从销售发票和发货单中取得比内部控制不健全时更加可靠的审计证据。③直接获取的审计证据比间接获取或推论得出的审计证据更可靠。例如，注册会计师观察某项内部控制的运行得到的证据比询问被审计单位某项内部控制的运行得到的证据更加可靠。间接获取的证据有被涂改及伪造的可能性，降低了可信赖程度。推论得出的审计证据，其主观性较强，人为因素较多，可信赖程度也受到影响。④以文件记录形式（无论是纸质、电子或其他介质）存在的审计证据比口头形式的审计证据更可靠。例如，会议的同步书面记录比对讨论事项事后的口头表述更可靠。口头证据本身并不足以证明事实的真相，仅仅提供一些重要线索，为进一步调查确认所用。如注册会计师在对应收账款进行账龄分析后，可以向应收账款负责人询问逾期应收账款收回的可能性。如果该负责人的意见与注册会计师自行估计的坏账损失基本一致，则这一口头证据就可以成为证实注册会计师对有关坏账损失的判断的重要证据。但在一般情况下，口头证据往往需要得到其他相应证据的支持。⑤从原件获取的审计证据比从传真或复印件获取的审计证据更可靠。注册会计师可审查原件是否有涂改或伪造的迹象，排除伪证，提高证据的可信赖程度。而传真或复印件容易是变造或伪造的结果，可靠性较低。

注册会计师在运用上述原则评价审计证据的可靠性时，应当注意可能出现的重大例外情况。例如，审计证据虽然是从独立的外部来源获得，但如果该证据是由不知情者或不具备资格者提供，审计证据也可能是不可靠的。同样，如果注册会计师不具备评价证据的专业能力，那么即使是直接获取的证据，也可能不可靠。

3.充分性与适当性之间的关系

充分性和适当性是审计证据的两个重要特征，两者缺一不可，只有充分且适当的审计证据才具有证明力。

正如前文所述，注册会计师需要获取的审计证据的数量受审计证据质量的影响。审计证据质量越高，需要的审计证据数量可能越少。也就是说，审计证据的适当性会影响审计证据的充分性。例如，被审计单位内部控制健全时生成的审计证据更可靠，注册会计师只需获取适量的审计证据，就可以为发表审计意见提供合理的基础。

需要注意的是，尽管审计证据的充分性和适当性相关，但如果审计证据的质量存在缺陷，那么注册会计师仅靠获取更多的审计证据可能无法弥补其质量上的缺陷。例如，注册会计师应当获取与销售收入完整性相关的证据，实际获取到的却是有关销售收入真实性的证据，审计证据与完整性目标不相关，即使获取的证据再多，也证明不了收入的完整性。同样的，如果注册会计师获取的证据不可靠，那么证据数量再多也难以起到证明作用。

（三）审计程序

审计程序是指注册会计师在审计过程中的某个时间，对将要获取的某类审计证据所采取的具体收集方法。在设计审计程序时，注册会计师通常使用规范的措辞或术语，以使审计人员能够准确理解和执行。例如，注册会计师为了验证ABC公司应收账款2014年12月31日的存在，取得ABC公司编制的应收账款明细账，对应收账款进行函证。

在审计过程中，注册会计师可根据需要单独或综合运用以下审计程序，以获取充分、适当的审计证据。

1.检查

检查是指注册会计师对被审计单位内部或外部生成的，以纸质、电子或其他介质形式存在的记录和文件进行审查，或对资产进行实物审查。检查记录或文件可提供可靠程度不同的审计证据，审计证据的可靠性取决于记录或文件的来源和性质。通常认为，外部记录或文件比内部记录或文件可靠；编制过程非常谨慎，并由律师或其他有资格的专家进行复核的外部凭证，其可靠性较高，如土地使用权证、保险单、契约和合同等文件。在检查内部记录或文件时，其可靠性则取决于生成该记录或文件的内部控制的有效性。

检查有形资产是指注册会计师对资产实物进行审查。检查有形资产程序主要适用于存货和库存现金，也适用于有价证券、应收票据和固定资产等。检查有形资产可为其是否存在提供可靠的审计证据，但不一定能够为权利和义务或计价认定提供可靠的审计证据。

2.观察

观察是指注册会计师察看相关人员正在从事的活动或执行的程序。例如，注册会计师对被审计单位人员执行的存货盘点或控制活动进行观察。观察提供的审计证据仅限于观察发生的时点，而且被观察人员的行为可能因被观察而受到影响，从而使观察提供的审计证据受到限制。

3.询问

询问是指注册会计师以书面或口头方式，向被审计单位内部或外部的知情人员获取财务信息和非财务信息，并对答复进行评价的过程。知情人员对询问的答复可能为注册会计师提供尚未获悉的信息或佐证证据，也可能提供与已获悉信息存在重大差异的信息。因此，询问本身不足以发现认定层次存在的重大错报，也不足以测试内部控制运行的有效性。但在某些情况下，对询问的答复为注册会计师修改审计程序或实施追加的审计程序提供了基础。

4.函证

函证是指注册会计师直接从第三方（被询证者）获取书面答复以作为审计证据的过程。书面答复可以采用纸质、电子或其他介质等形式。当针对的是与特定账户余额及其项目相关的认定时，函证通常是相关的程序。例如，对应收账款余额或银行存款余额的函证。但函证不必仅仅局限于账户余额。例如，注册会计师可能要求对被审计单位与第三方之间的协议和交易条款进行函证，询问协议是否做过修改，如果做过修改，要求被询证者提供相关的详细信息。另外，函证程序还可以用于获取不存在某些情况的审计证据，如不存在可能影响被审计单位收入确认的"背后协议"等。

函证方式分为积极的函证方式和消极的函证方式。注册会计师可以采用积极的或消极的函证方式进行函证，也可以将两种函证方式结合使用。

（1）积极的函证方式。如果采用积极的函证方式，注册会计师应当要求被询证者在所有情况下必须回函，确认询证函所列示信息是否正确，或填列询证函要求的信息。在采用积极的函证方式时，只有注册会计师收到回函，才能为财务报表认定提供审计证据。如果注册会计师没有收到回函，可能是由于被询证者根本不存在，或是由于被询证者没有收到询证函，也可能是由于询证者没有理会询证函，因此无法证明所函证信息是否正确。

（2）消极的函证方式。如果采用消极的函证方式，注册会计师只要求被询证者仅在不同意询证函列示信息的情况下才予以回函。对于消极的函证方式而言，未收到回函并不能明确表明被询证者已经收到询证函或已经核实了询证函中包含的信息是否准确。因为如果询证函中的信息对被询证者有利，回函的可能性就会相对较小，所以未收到消极式询证函的回函所提供的审计证据，远不如积极式询证函的回函所提供的审计证据具有说服力。基于上述原因，当同时存在以下情况时，注册会计师方可考虑消极的函证方式：①重大错报风险评估为低水平；②涉及大量余额较小的账户；③预期不存在大量的错误；④没有理由相信被询证者不认真对待函证。

5.重新计算

重新计算是指注册会计师以人工方式或使用计算机辅助审计技术，对记录或文件中的数据计算的准确性进行核对。重新计算通常包括计算销售发票和存货的总金额、加总日记账和明细账、检查折旧费用和预付费用的计算、检查应纳税额的计算等。

6.重新执行

重新执行是指注册会计师独立执行原本作为被审计单位内部控制组成部分的程序或控制。例如，注册会计师利用被审计单位的银行存款日记账和银行对账单，重新编制银行存款余额调节表，并与被审计单位编制的银行存款余额调节表进行比较。

7.分析程序

分析程序是指注册会计师通过研究不同财务数据之间以及财务数据与非财务数据之间

的内在关系，对财务信息做出评价。分析程序还包括在必要时对识别出的、与其他相关信息不一致或与预期值差异重大的波动或关系进行调查。

注册会计师实施分析程序的目的包括：（1）用作风险评估程序，以了解被审计单位及其环境。分析程序不仅可以帮助注册会计师发现财务报表中的异常变化，或者预期发生而未发生的变化，识别存在潜在重大错报风险的领域，而且还可以帮助注册会计师发现财务状况或盈利能力发生变化的信息和征兆，识别那些表明被审计单位持续经营能力问题的事项。（2）用作实质性程序，以有效降低检查风险。当使用分析程序比细节测试能更有效地将认定层次的检查风险降至可接受的水平时，注册会计师可以将分析程序作为实质性程序的一种，单独或结合其他细节测试，收集充分、适当的审计证据，以减少细节测试的工作量，节约审计成本，降低审计风险，使审计工作更有效率和效果。（3）对财务报表进行总体复核。在审计结束或临近结束时，注册会计师应当运用分析程序，在已收集的审计证据的基础上，对财务报表整体的合理性做最终把关，评价报表仍存在重大错报而未被发现的可能性，考虑是否需要追加审计程序，以便为发表审计意见提供合理基础。

值得说明的是，注册会计师在风险评估阶段和审计结束时的总体复核阶段必须运用分析程序，在实施实质性程序阶段可选用分析程序。

二、审计工作底稿

（一）审计工作底稿的含义

审计工作底稿是指注册会计师对制定的审计计划、实施的审计程序、获取的相关审计证据，以及得出的审计结论做出的记录。审计工作底稿是审计证据的载体，是注册会计师在审计过程中形成的审计工作记录和获取的资料。它形成于审计过程，也反映了整个审计过程。

注册会计师应当及时编制审计工作底稿。编制审计工作底稿的目的在于：（1）提供充分、适当的记录，作为审计报告的基础；（2）提供证据，证明注册会计师按照中国注册会计师审计准则的规定执行了审计工作。

除上述目的外，编制审计工作底稿还可以实现以下目的：（1）有助于项目组计划和执行审计工作；（2）有助于负责督导的项目组成员按照审计准则的规定，履行指导、监督与复核审计工作的责任；（3）便于项目组说明其执行审计工作的情况；（4）保留对未来审计工作持续产生重大影响的事项的记录；（5）便于注册会计师按照审计准则的规定，实施质量控制复核与检查；（6）便于监管机构和注册会计师协会根据相关法律法规或其他相关要求，对会计师事务所实施执业质量检查。

（二）审计工作底稿的内容

审计工作底稿通常包括总体审计策略、具体审计计划、分析表、问题备忘录、重大事项概要、询证函回函、管理层声明书、核对表、有关重大事项的往来信件（包括电子邮件），以及对被审计单位文件记录的摘要或复印件等。此外，审计工作底稿通常还包括审计业务约定书、管理建议书、项目组内部或项目组与被审计单位举行的会议记录、与其他人士（如其他注册会计师、专家等）的沟通文件及错报汇总表等。

审计工作底稿通常不包括已被取代的审计工作底稿的草稿或财务报表的草稿、不全面或初步思考的记录、存在印刷错误或其他错误而作废的文本，以及重复的文件记录等。由于这些草稿、错误的文本或重复的文件记录不直接构成审计结论和审计意见的支持性证据，因此注册会计师通常无需保留这些记录。

（三）审计工作底稿的存在形式

审计工作底稿可以以纸质、电子或其他介质形式存在。随着信息技术的广泛运用，审计工作底稿的形式从传统的纸质形式扩展到电子或其他介质形式。但无论审计工作底稿以哪种形式存在，会计师事务所都应当针对审计工作底稿设计和实施适当的控制，保证审计工作底稿的安全与完整。在实务中，为便于复核，注册会计师可以将以电子或其他介质形式存在的审计工作底稿通过打印等方式，转换成纸质形式的审计工作底稿，并与其他纸质形式的审计工作底稿一并归档，同时单独保存这些以电子或其他介质形式存在的审计工作底稿。

（四）审计工作底稿的要素

通常，审计工作底稿包括下列全部或部分要素：（1）审计工作底稿的标题；（2）审计过程记录；（3）审计结论；（4）审计标识及其说明；（5）索引号及编号；（6）编制者姓名及编制日期；（7）复核者姓名及复核日期；（8）其他应说明事项。其中，审计过程记录和审计结论是审计工作底稿的核心要素。

1.记录审计过程

在记录审计过程时，注册会计师应注意以下三点：

（1）在记录实施审计程序的性质、时间和范围时，注册会计师应当记录测试的特定项目或事项的识别特征。所谓识别特征，是指被测试的项目或事项表现出的征象或标志。识别特征因审计程序的性质和所测试的项目或事项不同而不同。但对某一个具体项目或事项而言，其识别特征通常具有唯一性，这种特性可以使其他人员根据识别特征在总体中识别该项目或事项并重新执行该测试。例如，在对被审计单位生成的订购单进行细节测试时，注册会计师可能以订购单的日期或编号作为订购单的识别特征。但在以日期或编号作为识别特征时，注册会计师需要同时考虑被审计单位对订购单编号的方式，若被审计单位按年对订购单依次编号，则识别特征是××××年的××号；若被审计单位仅以序列号进行编号，则可以直接将该号码作为识别特征。再如，对于观察程序，注册会计师可能会以观察的对象或观察过程、观察的地点和时间作为识别特征。

（2）应当记录重大事项和重大职业判断。所谓重大事项，是指可能会对审计风险、审计程序的执行、审计报告的出具等产生重大影响的事项。针对重大事项，注册会计师应当及时与管理层、治理层和其他人员进行讨论，并记录讨论的内容、时间、地点和参加人员。由于有关重大事项的记录可能分散在审计工作底稿的不同部分，因此需要汇总重大事项记录，编制重大事项概要。重大事项概要包括审计过程中识别的重大事项及其如何得到解决，或对其他支持性审计工作底稿的交叉索引等。重大事项概要不仅有助于注册会计师考虑重大事项对审计工作的影响，而且还便于审计工作的复核，提高复核工作的效率。当涉及重大事项和重大职业判断时，注册会计师需要编制与运用职业判断相关的审计工作底稿。

（3）应当记录针对重大事项的矛盾或不一致的处理情况。如果识别出的信息与针对某重大事项得出的最终结论相矛盾或不一致，注册会计师应当记录在形成最终结论时，是如何处理该矛盾或不一致的。这一记录非常必要，它有助于注册会计师关注这些矛盾或不一致，并对此执行必要的审计程序以恰当地解决这些矛盾或不一致。

2.得出审计结论

审计工作的每一部分都应包含与已实施审计程序的结果及其是否实现既定审计目标相

关的结论，还应包括审计程序识别出的例外情况和重大事项如何得到解决的结论。注册会计师恰当地记录审计结论非常重要。注册会计师需要根据所实施的审计程序及获取的审计证据得出结论，并以此作为对财务报表发表审计意见的基础。在记录审计结论时需要注意，在审计工作底稿中记录的审计程序和审计证据是否足以支持所得出的审计结论。

审计工作底稿举例，如表1-3所示。

表1-3　　　　　　　　　　　　　　**货币资金审定表**

被审计单位：**ABC股份有限公司**　　　　　索引号：**ZA0**

项目：**货币资金审计**　　　　　　　　　　截止日/期间：**2014-12-31**

编制：**张　军**　　　　　　　　　　　　　复核：**李　平**

日期：**2015-1-20**　　　　　　　　　　　日期：**2015-1-24**

项目名称	期末未审数	账项调整		重分类调整		索引号	期末审定数	上期末审定数
		借方	贷方	借方	贷方			
库存现金	19 635.07					ZA1-1	19 635.07	8 047.73
其中：人民币	16 138.14						16 138.14	1 024.98
港币	—						—	
美元	3 496.93						3 496.93	7 022.75
银行存款	167 772 665.39		2 126 815.30			ZA2-1	165 645 850.09	195 684 732.17
其中：人民币	166 762 129.18		2 126 815.30				164 635 313.88	183 613 535.88
港币	—						—	
美元	1 010 536.21						1 010 536.21	12 071 196.29
其他货币资金	25 350 000.00					ZA3-1	25 350 000.00	39 050 000.00
其中：人民币	25 350 000.00						25 350 000.00	39 050 000.00
港币	—						—	
美元	—						—	
合计	193 142 300.46	—	2 126 815.30	—	—		191 015 485.16	234 742 779.90

审计说明：

1. 银行存款需调整事项如下：

ZA2-4未入账的运费，调整分录为：

借：销售费用　　　　　　　　　　　　　　　　　　　　　2 126 815.30

　贷：银行存款　　　　　　　　　　　　　　　　　　　　2 126 815.30

2. 期末与期初比较，减少了43 727 294.74元，变动率为18.63%，主要原因系本年度固定资产投资（购买办公楼）增加40 000 000.00元。详细内容见现金流量表。

审计结论：除需调整事项外，未发现其他重大异常情况。

（五）审计工作底稿的编制与归档

1. 审计工作底稿的编制

注册会计师编制的审计工作底稿，应当使未曾接触该项审计工作的有经验的专业人士清楚地了解以下信息：（1）按照审计准则和相关法律法规的规定实施的审计程序的性质、时间和范围；（2）实施审计程序的结果和获取的审计证据；（3）审计中遇到的重大事项和得出的结论，以及在得出结论时做出的重大职业判断。

其中，有经验的专业人士，是指会计师事务所内部或外部的具有审计实务经验，并且对下列方面有合理了解的人士：（1）审计过程；（2）审计准则和相关法律法规的规定；（3）被审计单位所处的经营环境；（4）与被审计单位所处行业相关的会计和审计问题。

2.审计工作底稿的归档

对每项具体审计业务，注册会计师应当将审计工作底稿归整为审计档案。在实务中，审计档案可以分为永久性档案和当期档案：（1）永久性档案。永久性档案是指那些内容相对稳定、具有长期使用价值，并对以后的审计工作具有重要影响和直接作用的审计档案。如被审计单位的组织结构、批准证书、营业执照、章程、重要资产的所有权或使用权的证明文件的复印件等。若永久性档案中的某些内容已发生变化，注册会计师应当及时予以更新。为保持资料的完整性以便满足日后查阅历史资料的需要，永久性档案中被替换下的资料一般也需保留，作为单独部分归整在永久性档案中。（2）当期档案。当期档案是指那些记录内容经常变化，主要供当期审计使用的审计档案。例如，总体审计策略和具体审计计划等。

注册会计师应当按照规定，在审计报告日后60天内（如果未能完成审计业务，则在审计业务中止后60天内）将审计工作底稿归整为审计档案，这是审计工作底稿归档的期限要求。审计工作底稿的归档是一项事务性工作，不涉及实施新的审计程序或得出新的结论。如果在归档期间，需要对审计工作底稿做出变动，且这种变动是事务性的，注册会计师可以做出相应的变动。其中，事务性变动是指：（1）删除或废弃被取代的审计工作底稿；（2）对审计工作底稿进行分类、整理和交叉索引；（3）对审计档案归整工作的完成核对表签字认可；（4）记录在审计报告日前获取的、与审计项目组相关成员进行讨论并取得一致意见的审计证据。

一般情况下，归档的审计工作底稿不得变动，即注册会计师不得在规定的保存期届满前删除或废弃审计工作底稿。但存在下列两种情况时，注册会计师有必要修改现有审计工作底稿或增加新的审计工作底稿：（1）注册会计师已实施了必要的审计程序，取得了充分、适当的审计证据并得出了恰当的审计结论，但审计工作底稿的记录不够充分。（2）审计报告日后，发现例外情况要求注册会计师实施新的或追加审计程序，或导致注册会计师得出新的结论。其中，例外情况主要是指审计报告日后发现与已审计财务信息相关，且在审计报告日已经存在的事实，该事实如果被注册会计师在审计报告日前获知，可能影响审计报告。例如，注册会计师在审计报告日后才获知法院在审计报告日前已对被审计单位的诉讼、索赔事项做出最终判决结果。

在修改或增加审计工作底稿时，注册会计师应记录下列事项：（1）修改或增加审计工作底稿的具体理由；（2）修改或增加审计工作底稿的时间和人员，以及复核的时间和人员。

3.审计档案的保存期限

审计档案是会计师事务所的重要档案资料，会计师事务所应当自审计报告日起，对审计档案至少保存10年。如果注册会计师未能完成审计业务，会计师事务所应当自审计业务中止日起，对审计档案至少保存10年。值得注意的是，对于连续审计的情况，当期归整的永久性档案可能包括以前年度获取的资料（有可能是10年以前）。这些资料虽然是在以前年度获取的，但因其是本期档案的一部分，并作为支持审计结论的基础，所以注册会计师对于这些当期有效的档案，也应视为当期取得并保存10年。如果这些资料在某一审计期间被替换，被替换资料应当从被替换的年度起至少保存10年。

在完成最终审计档案的归整工作后，注册会计师不应在规定的保存期届满前删除或废弃任何性质的审计工作底稿。

本章小结

审计概述的内容构成如图1-3所示。

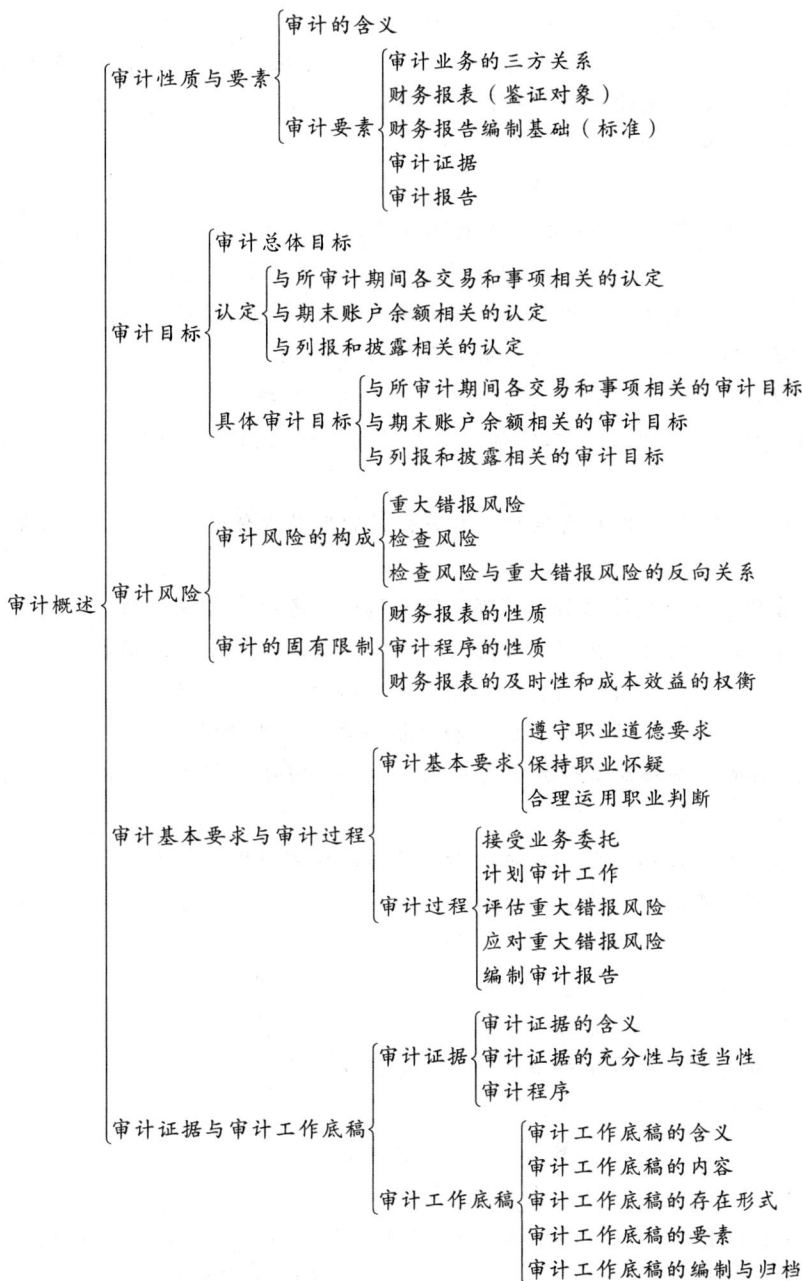

审计概述
- 审计性质与要素
  - 审计的含义
  - 审计要素
    - 审计业务的三方关系
    - 财务报表（鉴证对象）
    - 财务报告编制基础（标准）
    - 审计证据
    - 审计报告
- 审计目标
  - 审计总体目标
  - 认定
    - 与所审计期间各交易和事项相关的认定
    - 与期末账户余额相关的认定
    - 与列报和披露相关的认定
  - 具体审计目标
    - 与所审计期间各交易和事项相关的审计目标
    - 与期末账户余额相关的审计目标
    - 与列报和披露相关的审计目标
- 审计风险
  - 审计风险的构成
    - 重大错报风险
    - 检查风险
    - 检查风险与重大错报风险的反向关系
  - 审计的固有限制
    - 财务报表的性质
    - 审计程序的性质
    - 财务报表的及时性和成本效益的权衡
- 审计基本要求与审计过程
  - 审计基本要求
    - 遵守职业道德要求
    - 保持职业怀疑
    - 合理运用职业判断
  - 审计过程
    - 接受业务委托
    - 计划审计工作
    - 评估重大错报风险
    - 应对重大错报风险
    - 编制审计报告
- 审计证据与审计工作底稿
  - 审计证据
    - 审计证据的含义
    - 审计证据的充分性与适当性
    - 审计程序
  - 审计工作底稿
    - 审计工作底稿的含义
    - 审计工作底稿的内容
    - 审计工作底稿的存在形式
    - 审计工作底稿的要素
    - 审计工作底稿的编制与归档

图1-3　审计概述的内容构成

同步测试

一、不定项选择题

1.编制财务报表的责任在于（　　）。

A.公司管理层　　　　　　B.公司治理层　　　C.注册会计师　　D.公司会计人员

2.对于应收账款认定，通过实施函证程序，注册会计师认为最可能证实的是（　　）。

A.计价和分摊　　　　　B.分类　　　　　　C.存在　　　　　D.完整性

3.对于存货认定，通过向生产和销售人员询问是否存在过时或周转缓慢的存货，注册会计师认为最可能证实的是（　　）。

A.计价和分摊　　　　　B.分类　　　　　　C.存在　　　　　D.完整性

4.关于注册会计师执行财务报表审计工作的总体目标，正确的说法有（　　）。

A.对财务报表整体是否不存在重大错报获取合理保证，使得注册会计师能够对财务报表是否在所有重大方面按照适用的财务报告编制基础编制发表审计意见

B.对被审计单位的持续经营能力提供合理保证

C.对被审计单位内部控制是否存在值得关注的缺陷提供合理保证

D.按照审计准则的规定，根据审计结果对财务报表出具审计报告，并与管理层和治理层沟通

5.在确定执行审计工作的前提时，有关公司管理层责任的说法中，注册会计师认为正确的有（　　）。

A.公司管理层应当允许注册会计师查阅与编制财务报表相关的所有文件

B.公司管理层应当负责按照适用的财务报告编制基础编制财务报表

C.公司管理层应当允许注册会计师接触所有必要的相关人员

D.公司管理层应当负责设计、执行和维护必要的内部控制

6.在向公司管理层解释审计的固有限制时，有关审计固有限制的说法中，注册会计师认为正确的有（　　）。

A.审计工作可能因高级管理人员的舞弊行为而受到限制

B.审计工作可能因审计收费过低而受到限制

C.审计工作可能因项目组成员素质和能力的不足而受到限制

D.审计工作可能因财务报表项目涉及主观决策而受到限制

7.在评价自身做出的职业判断是否适当时，注册会计师认为应当考虑的有（　　）。

A.做出的判断是否反映了对审计准则和会计准则的适当运用

B.做出的判断是否有具体事实和情况所支持

C.做出的判断是否与截至审计报告日知悉的事实一致

D.做出的判断是否可以降低重大错报风险

8.关于注册会计师在计划和执行审计工作时保持职业怀疑的作用，正确的说法有（　　）。

A.降低检查风险　　　　　　　　　　　B.降低审计成本

C.避免过度依赖管理层提供的书面声明　　D.恰当识别、评估和应对重大错报风险

9.在确定审计证据的数量时，（　　）。

A.错报风险越大，需要的审计证据可能越多

B.审计证据质量越高，需要的审计证据可能越少

C.审计证据的质量存在缺陷，可能无法通过获取更多的审计证据予以弥补

D.通过调高重要性水平，可以降低所需获取的审计证据的数量

10.在确定审计证据的相关性时，（　　）。

A.特定的审计程序可能只为某些认定提供相关的审计证据，而与其他认定无关

B.针对某项认定从不同来源获取的审计证据存在矛盾，表明审计证据不存在说服力

C.只与特定认定相关的审计证据并不能替代与其他认定相关的审计证据

D.针对同一项认定可以从不同来源获取审计证据或获取不同性质的审计证据

11.在确定审计证据的可靠性时，（　　）。

A.以电子形式存在的审计证据比口头形式的审计证据更可靠

B.从外部独立来源获取的审计证据比从其他来源获取的审计证据更可靠

C.从复印件获取的审计证据比从传真件获取的审计证据更可靠

D.直接获取的审计证据比推论得出的审计证据更可靠

12.关于审计证据的说法中，正确的是（　　）。

A.审计证据主要是在审计过程中通过实施审计程序获取的

B.审计证据不包括会计师事务所接受与保持客户时实施质量控制程序获取的信息

C.审计证据包括支持和佐证管理层认定的信息，也包括与这些认定相矛盾的信息

D.在某些情况下，信息的缺乏（如管理层拒绝提供注册会计师要求的声明）本身也构成审计证据

13.关于审计证据充分性的说法中，正确的是（　　）。

A.审计证据的充分性是对审计证据数量的衡量，主要与确定样本量有关

B.获取更多的审计证据可以弥补这些审计证据质量的缺陷

C.注册会计师需获取审计证据的数量受其对重大错报风险评估的影响

D.需要获取的审计证据的数量受审计证据质量的影响

14.关于分析程序的说法中，错误的是（　　）。

A.注册会计师应当在每个审计项目中将分析程序用作风险评估程序、实质性程序和总体复核

B.对于特别风险，如果注册会计师不信赖内部控制，不能仅实施实质性分析程序，还应当实施细节测试

C.细节测试比实质性分析程序更能有效地应对认定层次的重大错报风险

D.注册会计师实施分析程序时应当使用被审计单位外部的数据建立预期

15.关于重大错报风险的说法中，错误的是（　　）。

A.重大错报风险是指如果存在某一错报，该错报单独或连同其他错报可能是重大的，注册会计师为将审计风险降至可接受的低水平而实施审计程序后没有发现这种错报的风险

B.重大错报风险包括财务报表层次和各类交易、账户余额以及列报认定层次的重大错报风险

C.财务报表层次的重大错报风险可能影响多项认定，此类风险通常与控制环境有

　　关，但也可能与其他因素有关

　　D.认定层次的重大错报风险可以进一步细分为固有风险和控制风险

　　16.属于注册会计师可以控制的风险有（　　　）。

　　A.审计风险　　　　　　　　　　B.重大错报风险

　　C.控制风险　　　　　　　　　　D.检查风险

　　17.在对营业收入进行细节测试时，注册会计师对顺序编号的销售发票进行了检查。针对所检查的销售发票，注册会计师记录的识别特征通常是（　　　）。

　　A.销售发票的开具人　　　　　　B.销售发票的编号

　　C.销售发票的金额　　　　　　　D.销售发票的付款人

　　18.注册会计师认为属于在归档期间对审计工作底稿做出事务性变动的情形是（　　　）。

　　A.注册会计师替换审计工作底稿

　　B.注册会计师对审计工作底稿进行分类、整理和交叉索引

　　C.注册会计师对审计档案归整工作的完成核对表签字认可

　　D.注册会计师记录在审计报告日后实施补充审计程序获取的审计证据

　　19.在某些例外情况下，如果在审计报告日后实施了新的或追加的审计程序，或者得出新的结论，应当形成相应的审计工作底稿。应包括在审计工作底稿中的是（　　　）。

　　A.有关例外情况的记录

　　B.实施的新的或追加的审计程序、获取的审计证据、得出的结论及对审计报告的影响

　　C.对审计工作底稿做出相应变动的时间和人员，以及复核的时间和人员

　　D.审计报告日后，修改后的被审计单位财务报表草稿

　　20.注册会计师接受委托对被审计单位2014年度财务报表进行审计，于2015年1月5日开始现场审计、3月31日出具审计报告，相关审计工作底稿于2015年5月20日归档。关于审计工作底稿的保存期限，正确的是（　　　）。

　　A.自2014年12月31日起至少10年　　　　B.自2015年1月5日起至少10年

　　C.自2015年3月31日起至少10年　　　　D.自2015年5月20日起至少10年

　　二、判断题

　　1.注册会计师审计就是注册会计师接受委托对被审计单位的财务报表进行审计并发表审计意见。　　　　　　　　　　　　　　　　　　　　　　　　　　　　　　（　　）

　　2.鉴证业务的目的是改善信息的质量或内涵，增强除责任方之外的预期使用者对鉴证信息的信任程度，即以适当保证或提高鉴证对象信息的质量为主要目的，而不涉及为如何利用信息提供建议。　　　　　　　　　　　　　　　　　　　　　　　　（　　）

　　3.被审计单位管理层的认定是指管理层对财务报表各组成要素所做出的认定。（　　）

　　4.注册会计师只有在执行注册会计师审计业务时才需要遵守《中国注册会计师职业道德守则》。　　　　　　　　　　　　　　　　　　　　　　　　　　　　　　（　　）

　　5.独立、客观和公正原则适用于注册会计师提供的各种专业服务，而不仅仅限于鉴证业务。　　　　　　　　　　　　　　　　　　　　　　　　　　　　　　　　（　　）

　　6.当重大错报风险的水平较高时，注册会计师必须追加审计程序，降低检查风险，以便使整个审计风险降至可接受的低水平。　　　　　　　　　　　　　　　　　（　　）

　　7.重大错报风险越高，表明财务报表存在重大错报的可能性就越大，相应地，要求检

查风险就越低。   （   ）

8.财务报表项目的性质不同，其被错报的风险也不同。   （   ）

9.审计的局限性决定了注册会计师不能对财务报表不存在由于舞弊或错误导致的重大错报获取绝对保证。   （   ）

10.为保证审计计划的严肃性，审计计划一旦制定，在执行中不得做出任何调整。

（   ）

三、分析题

1.注册会计师通常依据各类交易、账户余额和列报的相关认定确定审计目标，根据审计目标设计审计程序。表1-4给出了财务报表部分项目的相关认定。

表1-4　　　　　　　　　**项目的相关认定对应的审计目标与审计程序**

项　目	认　定	审计目标	审计程序
应收账款	计价和分摊		（1） （2）
营业收入	发生		（1） （2）
固定资产	权利和义务		（1） （2）
应付账款	完整性		（1） （2）
存货	存在		（1） （2）

要求：请根据表中给出项目确定对应审计目标，并针对每一审计目标设计两项审计程序。

2.注册会计师通常依据各类交易、账户余额和列报的相关认定确定审计目标，根据审计目标设计审计程序。表1-5给出了应收账款的相关认定：

表1-5　　　　　　　　**应收账款的相关认定、审计目标和审计程序**

应收账款的相关认定	审计目标	审计程序
存在		（1） （2）
权利和义务		（1） （2）
完整性		（1） （2）
计价和分摊		（1） （2）

要求：请根据表中给出的应收账款的相关认定确定审计目标，并针对每一审计目标设计两项审计程序。

3.A注册会计师负责对甲公司2014年度财务报表进行审计。与审计工作底稿相关的部分事项如下：

（1）由于在审计过程中识别出重大错报并提出审计调整建议，A注册会计师重新评估并修改了重要性水平，并将记录计划阶段评估重要性水平的工作底稿删除，代之以记录重新评估的重要性水平的工作底稿。

（2）对于询问被审计单位特定人员的程序，A注册会计师在形成审计工作底稿时，以询问的时间、被询问人的姓名和岗位名称为识别特征。

（3）A注册会计师在审计过程中无法就关联方关系及其交易获取充分适当的审计证据，并因此出具了保留意见审计报告。A注册会计师将该事项作为重大事项记录在审计工作底稿中。

（4）审计报告日期为2015年4月18日。A注册会计师于2015年4月20日将审计报告提交给甲公司管理层，并于2015年6月19日完成审计工作底稿的归档工作。

（5）在对审计工作底稿进行归档的过程中，A注册会计师对审计工作底稿进行了分类、整理和交叉索引，并签署了审计档案归整工作核对表。

（6）A注册会计师在审计工作底稿归档之后收到了一份银行询证函回函原件，于是用原件替换审计工作档案中的回函传真件。

要求：针对上述第（1）至（6）项，逐项指出A注册会计师的做法是否恰当。如不恰当，简要说明理由。

第二章 初步业务活动和计划审计工作

【学习目标】

1.明确初步业务活动的目的，了解初步业务活动的主要内容和程序。

2.掌握业务承接或保持的前提条件，了解审计业务约定书的内容与格式。

3.理解审计计划，了解制定总体审计策略和具体审计计划应考虑的主要因素。

第一节 初步业务活动

一、初步业务活动的内容和目的

初步业务活动是指注册会计师在本期审计业务开始时开展的业务活动，主要包括以下内容：（1）针对保持客户关系和具体审计业务实施相应的质量控制程序；（2）评价遵守相关职业道德要求的情况；（3）就审计业务约定条款达成一致意见。

针对保持客户关系和具体审计业务实施质量控制程序，并且根据实施相应程序的结果做出适当的决策是注册会计师控制审计风险的重要环节。《中国注册会计师审计准则第1121号——历史财务信息审计的质量控制》和《会计师事务所质量控制准则第5101号——业务质量控制》含有与客户关系和具体业务的接受与保持相关的要求，注册会计师应当按照其规定开展初步业务活动。

评价遵守职业道德规范的情况也是一项非常重要的初步业务活动。质量控制准则含有包括独立性在内的有关职业道德要求，注册会计师应当按照其规定执行。保持客户关系及具体审计业务和评价职业道德需要安排在其他审计工作之前去做。在连续审计的业务中，这两项工作往往是在上期审计工作结束后不久或将要结束时就开始做了。这样做的目的还是在于确保注册会计师已具备执行业务所需要的独立性和专业胜任能力，且不存在因管理层诚信问题而影响注册会计师保持该项业务意愿等情况。

在做出接受或保持客户关系及具体审计业务的决策后，注册会计师应当按照《中国注册会计师审计准则第1111号——就审计业务约定条款达成一致意见》的规定，在审计业务开始前，与被审计单位就审计业务约定条款达成一致意见，签订或修改审计业务约定书，以避免双方对审计业务的理解产生分歧。

综上所述，注册会计师开展初步业务活动的主要目的在于：（1）具备执行业务所需要的独立性和能力；（2）不存在因管理层诚信问题而可能影响注册会计师保持该项业务的意愿的事项；（3）与被审计单位之间不存在对业务条款的误解。

二、初步业务活动程序

注册会计师开展初步业务活动的工作步骤就是初步业务活动程序。该程序因首次接受业务委托和连续审计而存在一定的差别。

1.如果是首次接受业务委托，应实施下列程序：（1）与委托人面谈，讨论下列事项：①审计的目标；②审计报告的用途；③管理层对财务报表的责任；④审计范围；⑤执行审计工作的安排，包括出具审计报告的时间要求；⑥审计报告格式和对审计结果的其他沟通形式；⑦管理层提供必要的工作条件和协助；⑧注册会计师不受限制地接触任何与审计有关的记录、文件和所需要的其他信息；⑨与审计涉及的客户内部审计人员和其他员工工作的协调（必要时）；⑩审计收费，包括收费的计算基础和收费安排。（2）初步了解客户及其环境，进行初步业务风险评估并予以记录。（3）征得客户书面同意后，与前任注册会计师沟通。

2.如果是连续审计，应实施下列程序：（1）了解审计目标、审计报告的用途、审计范围和时间安排等是否发生变化；（2）查阅以前年度审计工作底稿，重点关注非标准审计报告、管理建议书和重大事项概要等；（3）初步了解客户及其环境发生的重大变化，进行初步业务风险评估并予以记录；（4）考虑是否需要修改业务约定条款，是否需要提醒客户注意现有的业务约定条款。

3.评价是否具备执行该项审计业务所需要的独立性和专业胜任能力。

4.完成业务承接评价表或业务保持评价表。

5.签订审计业务约定书（适用于首次接受业务委托，以及连续审计中修改长期审计业务约定书条款的情况）。

【知识链接2-1】非标准审计报告是指标准审计报告以外的其他审计报告，包括带强调事项段的无保留意见的审计报告和非无保留意见的审计报告。非无保留意见的审计报告包括保留意见的审计报告、否定意见的审计报告和无法表示意见的审计报告。

第二节　业务承接或保持

一、业务承接或保持的前提条件

（一）财务报告编制基础

承接鉴证业务的条件之一是《中国注册会计师鉴证业务基本准则》中提及的标准适当，且能够为预期使用者获取。适当的标准使注册会计师能够运用职业判断对鉴证对象做出合理一致的评价或计量。就审计准则而言，适用的财务报告编制基础为注册会计师提供了用以审计财务报表的标准。如果不存在可接受的财务报告编制基础，管理层就不具有编制财务报表的恰当基础，注册会计师也不具有对财务报表进行审计的适当标准。

1.确定财务报告编制基础的可接受性

在确定编制财务报表所采用的财务报告编制基础的可接受性时，注册会计师需要考虑下列相关因素：（1）被审计单位的性质（例如，被审计单位是商业企业、公共部门实体还是非营利组织）；（2）财务报表的目的（例如，编制财务报表是用于满足广大财务报表使用者共同的财务信息需求，还是用于满足财务报表特定使用者的财务信息需求）；（3）财务报表的性质（例如，财务报表是整套财务报表还是单一财务报表）；（4）法律法规是否规定了适用的财务报告编制基础。

2.通用目的编制基础

如果财务报告准则由经授权或获得认可的准则制定机构制定和发布，供某类实体使用，只要这些机构遵循一套既定和透明的程序（包括认真研究和仔细考虑广大利益相关者的观点），则认为财务报告准则对于这类实体编制通用目的财务报表是可接受的。这些财务报告准则主要有：国际会计准则理事会发布的《国际财务报告准则》，国际公共部门会计准则理事会发布的《国际公共部门会计准则》，以及某一国家或地区经授权或获得认可的准则制定机构，在遵循一套既定和透明的程序的基础上发布的会计准则，如我国财政部发布的《企业会计准则》。

在规范通用目的财务报表编制的法律法规中，这些财务报告准则通常被界定为适用的财务报告编制基础。

3.法律法规规定的财务报告编制基础

法律法规可能为某类实体规定了在编制通用目的财务报表时采用的财务报告编制基础。通常情况下，注册会计师认定这种财务报告编制基础对这类实体编制通用目的财务报表是可接受的，除非有迹象表明不可接受。

（二）就管理层的责任达成一致意见

按照审计准则的规定执行审计工作的前提是管理层已认可并理解其承担的责任。审计准则并不超越法律法规对这些责任的规定。然而，独立审计的理念要求注册会计师不对财务报表的编制或被审计单位的相关内部控制承担责任，并要求注册会计师合理预期能够获取审计所需要的信息（在管理层能够提供或获取的信息范围内）。因此，管理层认可并理解其责任，这一前提对执行独立审计工作至关重要。

1.按照适用的财务报告编制基础编制财务报表，并使其实现公允反映（如适用）。大多数财务报告编制基础包括与财务报表列报相关的要求。实现公允列报的报告目标非常重要，因而在与管理层达成一致意见的执行审计工作的前提中需要特别提及公允列报，或需要特别提及管理层负有确保财务报表根据财务报告编制基础编制并使其实现公允反映的责任。

2.设计、执行和维护必要的内部控制，以使财务报表不存在由于舞弊或错误导致的重大错报。由于内部控制的固有限制，无论其如何有效，也只能合理保证被审计单位实现其财务报告目标。注册会计师按照审计准则的规定执行的独立审计工作，不能代替管理层设计、执行和维护编制财务报表所需要的内部控制。因此，注册会计师需要就管理层认可并理解其与内部控制有关的责任与管理层达成共识。

3.向注册会计师提供必要的工作条件，包括允许注册会计师接触与编制财务报表相关的所有信息（如记录、文件和其他事项），向注册会计师提供审计所需要的其他信息，允许注册会计师在获取审计证据时不受限制地接触其认为必要的内部人员和其他相关人员。

（三）确认的形式

按照《中国注册会计师审计准则第1341号——书面声明》的规定，注册会计师应当要求管理层就其已履行的某些责任提供书面声明。因此，注册会计师需要获取针对管理层责任的书面声明、其他审计准则要求的书面声明，以及在必要时需要获取用于支持其他审计证据（用以支持财务报表或者一项或多项具体认定）的书面声明。注册会计师需要使管理层意识到这一点。如果管理层不认可其责任，或不同意提供书面声明，注册会计师将不能获取充分、适当的审计证据。在这种情况下，注册会计师承接此类审计业务是不恰当的，除非法律法规另有规定。如果法律法规要求承接此类审计业务，注册会计师可能需要向管理层解释这种情况的重要性及其对审计报告的影响。

二、业务承接或保持的评价

注册会计师在业务承接或保持时，应执行初步活动程序，并对客户信息、执行业务所需的独立性、专业胜任能力、时间和资源等进行评价，完成业务承接/保持评价表。

业务承接/保持评价表的格式，如表 2-1 所示。

表 2-1   业务承接/保持评价表

被审计单位：_____	索引号：_____
项目：_____	截止日/期间：_____
编制：_____	复核：_____
日期：_____	日期：_____

一、客户基本情况

1.法定名称：_____

地址：_____

电话：_____ 传真：_____ 电子信箱：_____

网址：_____

联系人：_____

2. 主要业务

_____

3. 所有制性质（国有/外商投资/民营/其他）_____

组织形式_____

4. 所有权结构、股东名称、注册资本、实收资本、公司成立日期

_____

5. 子公司、合营企业、联营企业、分公司的基本情况

_____

6. 所处行业是否属于高风险行业、发展趋势和竞争情况

_____

7. 会计记录是否完整

_____

8. 内容控制情况

_____

二、审计业务基本情况　　　　　　　　　　　　　　　　　　　　　　　续表

审计报告用途	□通用目的 □特殊目的：_____
已审计财务报表的预期使用者	
提交审计报告的时间	

三、评价客户的诚信

客户的诚信	记录内容
考虑因素： 1. 主要股东、关键管理人员、关联方及治理层的身份和商业信誉； 2. 客户的经营性质； 3. 主要股东、关键管理人员及治理层对内部控制环境和会计准则等的态度； 4. 客户是否过分考虑会计师事务所的收费维持在尽可能低的水平； 5. 注册会计师的工作范围受到不适当限制的迹象； 6. 客户可能涉嫌洗钱或其他刑事犯罪行为的迹象； 7. 变更会计师事务所的原因； ⋮ 信息来源：（1）与为客户提供专业会计服务的现任或前任人员进行沟通，并与其讨论；（2）向会计师事务所其他人员、监管机构、金融机构、法律顾问和客户的同行等第三方询问；（3）从互联网等相关数据库中搜索客户的背景信息等	
评价结论：	

四、可审性评价结论

根据上述对会计记录、内部控制和客户的诚信的了解,评价客户是否具有可审性

五、评价独立性　　　　　　　　　　　　　　　　　　　　　　　　　　　　　　续表

评价项目	是/否
1.识别并记录会计师事务所是否存在自身利益威胁、自我评价威胁、过度推介威胁、密切关系威胁和外在压力威胁等损害独立性的情形。这些情形包括但不限于： 　（1）向该客户收取的全部费用是否在会计师事务所审计收入总额中占有很大比重？ 　（2）是否存在或有收费？ 　（3）是否存在逾期收费？ 　（4）会计师事务所的审计人员是否曾接受客户提供的贵重礼品或超规格招待？ 　（5）会计师事务所是否与客户发生诉讼或可能发生诉讼？ 　（6）会计师事务所高级管理人员是否与客户的董事或高级管理人员存在直系亲属或近缘亲属关系？ 　（7）会计师事务所高级管理人员是否与客户对财务报表产生重大影响的员工存在直系亲属或近缘亲属关系？ 　（8）客户的董事或高级管理人员，或所处职位能够对财务报表产生重大影响的员工近期是否曾是会计师事务所的合伙人？ 　（9）会计师事务所是否在客户中拥有经济利益？ 　（10）会计师事务所是否为客户提供可能威胁独立性的服务，包括行使管理层职责的服务、代理记账或代编报表等服务？ 　（11）会计师事务所是否在法律诉讼中以客户名义进行辩护或在共同的推广活动中以客户名义进行宣传？ 　（12）是否存在会计师事务所同一名高级职员多年执行该客户审计业务的情况？	
2.如果对上述问题回答"是"，说明采取的防范措施 	
评价结论： 	

六、评价专业胜任能力、时间和资源 续表

时间和资源	是/否/不适用	记录内容
1.根据会计师事务所目前的人力资源情况,是否拥有足够的具有必要素质和专业胜任能力的人员组成项目组?		
2.是否能够在提交报告的最后期限内完成业务?		
专业胜任能力		
1.项目组关键人员是否熟悉客户所处行业及主要业务,是否能够获取对客户及其环境的整体了解?		
2.项目组关键人员是否充分了解适用于客户所处行业的会计处理?如否,是否能够获得相关知识,说明途径。		
3.执行业务是否需要特定专业知识?如是,是否能够获取这些知识或利用专家的工作,说明途径。		
4.如果需要项目质量控制复核,是否具备符合标准和资格要求的项目质量控制复核人员?		
评价结论:		

七、总体评价

对该项业务的总体评价:
基于我们目前对客户的了解,该客户的风险水平为: □高风险　　　□中等风险　　　□低风险

八、审计收费可回收性评价

1.预计审计收费:＿＿＿＿＿＿＿＿＿＿＿＿＿＿＿＿＿＿＿＿＿＿＿＿＿＿

2.成本能否收回:＿＿＿＿＿＿＿＿＿＿＿＿＿＿＿＿＿＿＿＿＿＿＿＿＿＿

九、结论

项目负责人: 基于上述方面,我们＿＿＿＿＿＿(接受或不接受)此项业务。 签名:＿＿＿＿＿＿＿＿＿＿＿＿＿＿＿＿ 日期:＿＿＿＿＿＿＿＿＿＿＿＿＿＿＿＿	风险管理负责人(必要时): 基于上述方面,我们＿＿＿＿＿＿(接受或不接受)此项业务。 签名:＿＿＿＿＿＿＿＿＿＿＿＿＿＿＿＿ 日期:＿＿＿＿＿＿＿＿＿＿＿＿＿＿＿＿
最终结论:＿＿＿＿＿＿＿＿＿＿＿＿＿＿＿＿＿＿＿＿＿＿＿＿＿＿＿＿＿＿＿＿＿＿＿＿	

三、签订审计业务约定书

审计业务约定书是指会计师事务所与被审计单位签订的,用以记录和确认审计业务的委托与受托关系、审计目标和范围、双方的责任以及报告的格式等事项的书面协议。会计师事务所承接任何审计业务，都应与被审计单位签订审计业务约定书。

审计业务约定书的具体内容和格式可能因被审计单位的不同而不同，但应当包括以下主要内容：（1）财务报表审计的目标与范围；（2）注册会计师的责任；（3）管理层的责任；（4）指出用于编制财务报表所适用的财务报告编制基础；（5）提及注册会计师拟出具的审计报告的预期形式和内容，以及对在特定情况下出具的审计报告可能不同于预期形式和内容的说明。

审计业务约定书的内容和格式如下。

审计业务约定书

甲方：S公司

乙方：××会计师事务所

兹由甲方委托乙方对20×5年度财务报表进行审计，经双方协商，达成以下约定：

一、业务范围与审计目标

1.乙方接受甲方委托，对甲方按照企业会计准则编制的20×5年12月31日的资产负债表，20×5年度的利润表、股东权益变动表和现金流量表以及财务报表附注（以下统称财务报表）进行审计。

2.乙方通过执行审计工作，对财务报表的下列方面发表审计意见：（1）财务报表是否按照企业会计准则的规定编制；（2）财务报表是否在所有重大方面公允反映甲方的财务状况、经营成果和现金流量。

二、甲方的责任与义务

（一）甲方的责任

1.根据《中华人民共和国会计法》及《企业财务会计报告条例》，甲方及甲方负责人有责任保证会计资料的真实性和完整性。因此，甲方管理层有责任妥善保存和提供会计记录（包括但不限于会计凭证、会计账簿及其他会计资料），这些记录必须真实、完整地反映甲方的财务状况、经营成果和现金流量。

2.按照企业会计准则的规定编制财务报表是甲方管理层的责任，这种责任包括：（1）设计、实施和维护与财务报表编制相关的内部控制，以使财务报表不存在由于舞弊或错误而导致的重大错报；（2）选择和运用恰当的会计政策；（3）作出合理的会计估计。

（二）甲方的义务

1.及时为乙方的审计工作提供其所要求的全部会计资料和其他有关资料（在20×6年×月×日之前提供审计所需的全部资料），并保证所提供资料的真实性和完整性。

2.确保乙方不受限制地接触任何与审计有关的记录、文件和所需的其他信息。

3.甲方管理层对其作出的与审计有关的声明予以书面确认。

4.为乙方派出的有关工作人员提供必要的工作条件和协助，主要事项将由乙方于外勤工作开始前提供清单。

5.按本约定书的约定及时足额支付审计费用以及乙方在审计期间的交通、食宿和其他相关费用。

三、乙方的责任和义务

（一）乙方的责任

1.乙方的责任是在实施审计工作的基础上对甲方财务报表发表审计意见。乙方按照中国注册会计师审计准则（以下简称审计准则）的规定进行审计。审计准则要求注册会计师遵守职业道德规范，计划和实施审计工作，以对财务报表是否不存在重大错报获取合理保证。

2.审计工作涉及实施审计程序，以获取有关财务报表金额和披露的审计证据。选择的审计程序取决于乙方的判断，包括对由于舞弊或错误导致的财务报表重大错报风险的评估。在进行风险评估时，乙方考虑与财务报表编制相关的内部控制，以设计恰当的审计程序，但目的并非对内部控制的有效性发表意见。审计工作还包括评价管理层选用会计政策的恰当性和作出会计估计的合理性，以及评价财务报表的总体列报。

3.乙方需要合理计划和实施审计工作，以使乙方能够获取充分、适当的审计证据，为甲方财务报表是否不存在重大错报获取合理保证。

4.乙方有责任在审计报告中指明所发现的甲方在某重大方面没有遵循企业会计准则编制财务报表且未按乙方的建议进行调整的事项。

5.由于测试的性质和审计的其他固有限制，以及内部控制的固有局限性，不可避免地存在着某些重大错报在审计后可能仍然未被乙方发现的风险。

6.在审计过程中，乙方若发现甲方内部控制存在乙方认为的重要缺陷，应向甲方提交管理建议书。但乙方在管理建议书中提出的各种事项，并不代表已全面说明所有可能存在的缺陷或已提出所有可行的改善建议。甲方在实施乙方提出的改善建议前应全面评估其影响，未经乙方许可，甲方不得向任何第三方提供乙方出具的管理建议书。

7.乙方的审计不能减轻甲方及甲方管理层的责任。

（二）乙方的义务

1.按照约定时间完成审计工作，出具审计报告。乙方应于20×6年×月×日前出具审计报告。

2.除下列情况外，乙方应当对执行业务过程中知悉的甲方信息予以保密：（1）取得甲方的授权；（2）根据法律法规的规定，为法律诉讼准备文件或提供证据，以及向监管机构报告发现的违反法规行为；（3）接受行业协会和监管机构依法进行的质量检查；（4）监管机构对乙方进行行政处罚（包括监管机构处罚前的调查、听证）以及乙方对此提起行政复议。

四、审计收费

1.本次审计服务的收费是以乙方各级别工作人员在本次工作中耗费的时间为基础计算的。乙方预计本次审计服务的费用总额为人民币××万元。

2.甲方应于本约定书签署之日起××日内支付×%的审计费用，其余款项于［审计报告草稿完成日］结清。

3.如果由于无法预见的原因，致使乙方从事本约定书所涉及的审计服务实际时间较本约定书签订时预计的时间有明显的增加或减少时，甲乙双方应通过协商，相应调整本约定书第四条第1项下所述的审计费用。

4.如果由于无法预见的原因，致使乙方人员抵达甲方的工作现场后，本约定书所涉及的审计服务不再进行，甲方不得要求退还预付的审计费用；如上述情况发生于乙方人员完成现场审计工作，并离开甲方的工作现场之后，甲方应另行向乙方支付人民币××元的补偿费，该补偿费应于甲方收到乙方的收款通知之日起××日内支付。

5.与本次审计有关的其他费用（包括交通费、食宿费等）由甲方承担。

五、审计报告和审计报告的使用

1.乙方按照《中国注册会计师审计准则第1501号——对财务报表形成审计意见和出具审计报告》和《中国注册会计师审计准则第1502号——在审计报告中发表非无保留意见》规定的格式和类型出具审计报告。

2.乙方向甲方致送审计报告一式××份。

3.甲方在提交或对外公布审计报告时，不得修改乙方出具的审计报告及其后附的已审计财务报表。当甲方认为有必要修改会计数据、报表附注和所作的说明时，应当事先通知乙方，乙方将考虑有关的修改对审计报告的影响，必要时，将重新出具审计报告。

六、本约定书的有效期间

本约定书自签署之日起生效，并在双方履行完毕本约定书约定的所有义务后终止。但其中第三（二）2、四、五、八、九、十项并不因本约定书终止而失效。

七、约定事项的变更

如果出现不可预见的情况，影响审计工作如期完成，或需要提前出具审计报告，甲、乙双方均可要求变更约定事项，但应及时通知对方，并由双方协商解决。

八、终止条款

1.如果根据乙方的职业道德及其他有关专业职责、适用的法律法规或其他任何法定的要求，乙方认为已不适宜继续为甲方提供本约定书约定的审计服务时，乙方可以采取向甲方提出合理通知的方式终止履行本约定书。

2.在终止业务约定的情况下，乙方有权就其于本约定书终止之日前对约定的审计服务项目所做的工作收取合理的审计费用。

九、违约责任

甲、乙双方按照《中华人民共和国合同法》的规定承担违约责任。

十、适用法律和争议解决

本约定书的所有方面均应适用中华人民共和国法律进行解释并受其约束。本约定书履行地为乙方出具审计报告所在地，因本约定书所引起的或与本约定书有关的任何纠纷或争议（包括关于本约定书条款的存在、效力或终止，或无效之后果），双方选择以下第＿＿种解决方式：

1.向有管辖权的人民法院提起诉讼；

2.提交××仲裁委员会仲裁。

十一、双方对其他有关事项的约定

本约定书一式两份，甲、乙方各执一份，具有同等法律效力。

甲方：S公司（盖章）　　　　　　　　乙方：××会计师事务所（盖章）
授权代表：（签名并盖章）　　　　　　授权代表：（签名并盖章）
二〇××年×月×日　　　　　　　　　二〇××年×月×日

第三节　计划审计工作

一、总体审计策略

审计计划分为总体审计策略和具体审计计划。注册会计师应当为审计工作制定总体审计策略。总体审计策略用以确定审计范围、时间安排和方向，并指导具体审计计划的制订。在制定总体审计策略时，应当考虑以下主要事项：

（一）审计范围

在确定审计范围时，注册会计师需要考虑以下具体事项：（1）编制拟审计的财务信息所依据的财务报告编制基础，包括是否需要将财务信息调整至按照其他财务报告编制基础编制；（2）与财务报告相关的行业特别规定，例如监管机构发布的有关信息披露法规、特定行业主管部门发布的与财务报告相关的法规等；（3）外币折算，包括外币交易的会计处理、外币财务报表的折算和相关信息的披露；（4）除为合并目的执行的审计工作之外，对个别财务报表进行法定审计的需求；（5）内部审计工作的可获得性及注册会计师拟依赖内部审计工作的程度；（6）被审计单位使用服务机构的情况，及注册会计师如何取得有关服务机构内部控制设计和运行有效性的证据；（7）对利用在以前审计工作中获取的审计证据（如获取的与风险评估程序和控制测试相关的审计证据）的预期；（8）信息技术对审计程序的影响，包括数据的可获得性和对使用计算机辅助审计技术的预期；（9）协调审计工作与中期财务信息审阅的预期涵盖范围和时间安排，以及中期审阅所获取的信息对审计工作的影响；（10）与被审计单位人员的时间协调和相关数据的可获得性。

【知识拓展2-1】对于企业集团的审计，注册会计师在确定审计范围时，还需要考虑：（1）预期审计工作涵盖的范围，包括应涵盖的组成部分（分公司或子公司）的数量及所在地点；（2）母公司和集团组成部分之间存在的控制关系的性质，以确定如何编制合并财务报表；（3）由组成部分注册会计师审计组成部分的范围；（4）拟审计的经营分部的性质，包括是否需要具备专门知识。

（二）报告目标、时间安排及所需沟通的性质

为计划报告目标、时间安排和所需沟通，注册会计师需要考虑以下事项：（1）被审计单位对外报告的时间表，包括中间阶段和最终阶段；（2）与管理层和治理层举行会谈，讨论审计工作的性质、时间安排和范围；（3）与管理层和治理层讨论拟出具报告的类型和时间安排及沟通的其他事项（口头或书面沟通），包括审计报告、管理建议书和向治理层通报的其他事项；（4）与管理层讨论预期就整个审计业务中审计工作的进展进行的沟通；（5）与组成部分注册会计师沟通拟出具报告的类型和时间安排，以及与组成部分审计相关的其他事项；（6）项目组成员之间沟通的预期性质和时间安排，包括项目组会议的性质和时间安排，以及复核已执行工作的时间安排；（7）预期是否需要和第三方进行其他沟通，包括与审计相关的法定或约定的报告责任。

（三）审计方向

总体审计策略的制定应当包括考虑影响审计业务的重要因素，以确定项目组工作方向，包括确定适当的重要性水平，初步识别可能存在较高的重大错报风险的领域，初步识

别重要的组成部分和账户余额，评价是否需要针对内部控制的有效性获取审计证据，识别被审计单位、所处行业、财务报告要求及其他相关方面最近发生的重大变化等。

在确定审计方向时，注册会计师需要考虑下列事项：（1）在制定总体审计策略时，需要确定重要性水平；（2）重大错报风险较高的审计领域；（3）评估的财务报表层次的重大错报风险对指导、监督及复核的影响；（4）项目组人员的选择（在必要时包括项目质量控制复核人员）和工作分工，包括向重大错报风险较高的审计领域分派具备适当经验的人员；（5）项目预算，包括考虑为重大错报风险可能较高的审计领域分配适当的工作时间；（6）如何向项目组成员强调在收集和评价审计证据过程中保持职业怀疑的必要性；（7）以往审计中对内部控制运行有效性进行评价的结果，包括所识别的控制缺陷的性质及应对措施；（8）管理层重视设计和实施健全的内部控制的相关证据，包括这些内部控制得以适当记录的证据；（9）业务交易量规模，以基于审计效率的考虑确定是否依赖内部控制；（10）对内部控制重要性的重视程度；（11）影响被审计单位经营的重大发展变化，包括信息技术和业务流程的变化，关键管理人员变化，以及收购、兼并和分立；（12）重大的行业发展情况，如行业法规变化和新的报告规定；（13）会计准则及会计制度的变化；（14）其他重大变化，如影响被审计单位的法律环境的变化。

（四）审计资源

注册会计师应当在总体审计策略中清楚地说明审计资源的规划和调配，包括确定执行审计业务所必需的审计资源的性质、时间安排和范围。具体包括：（1）向具体审计领域调配的资源，包括向高风险领域分派有适当经验的项目组成员，就复杂问题利用专家工作等；（2）向具体审计领域分配资源的多少，包括分派到重要地点进行存货监盘的项目组成员的人数，在集团审计中复核组成部分注册会计师工作的范围，向高风险领域分配的审计时间预算等；（3）何时调配这些资源，包括是在期中审计阶段还是在关键的截止日期调配资源等；（4）如何管理、指导、监督这些资源，包括预期何时召开项目组预备会和总结会，预期项目合伙人和经理如何复核，是否需要实施项目质量控制复核等。

二、具体审计计划

注册会计师应当针对总体审计策略中所识别的不同事项，制定具体审计计划，并考虑通过有效利用审计资源以实现审计目标。具体审计计划是针对具体事项制定的，因而具体、有针对性、可操作性强，其内容通常包括风险评估程序、计划实施的进一步审计程序和其他审计程序。

（一）风险评估程序

具体审计计划应当包括按照《中国注册会计师审计准则第1211号——通过了解被审计单位及其环境识别和评估重大错报风险》的规定，为了充分识别和评估财务报表重大错报风险，注册会计师计划实施的风险评估程序的性质、时间和范围。

（二）计划实施的进一步审计程序

具体审计计划应当包括按照《中国注册会计师审计准则第1231号——针对评估的重大错报风险采取的应对措施》的规定，针对评估的认定层次的重大错报风险，注册会计师计划实施的进一步审计程序的性质、时间和范围。

通常注册会计师计划实施的进一步审计程序可以分为进一步审计程序的总体方案和拟

实施的具体审计程序两个层次。进一步审计程序的总体方案主要是指注册会计师针对各类交易、账户余额和列报决定采用的总体方案，包括实质性方案或综合性方案；具体审计程序是进一步审计程序的总体方案的延伸和细化，它通常包括控制测试和实质性程序的性质、时间和范围。在实务中，注册会计师通常单独编制一套包括这些具体程序的"进一步审计程序表"，待具体实施审计程序时，进一步记录所实施的审计程序及结果，并最终形成有关进一步审计程序的审计工作底稿。

（三）计划其他审计程序

具体审计计划应当包括根据审计准则的规定，注册会计师针对审计业务需要实施的其他审计程序。计划实施的其他审计程序可以包括上述进一步审计程序的计划中没有涵盖的、根据其他审计准则的要求注册会计师应当执行的既定程序。如财务报表审计中对舞弊的考虑、持续经营财务报表审计中对法律的考虑、对关联方的考虑等。当然，由于被审计单位所处行业、环境各不相同，特别项目可能也有所不同。例如，有些企业可能涉及环境事项、电子商务等，在实务中注册会计师应根据被审计单位的具体情况确定特定项目并执行相应的审计程序。

三、审计计划的更改

计划审计工作并非审计业务的一个独立阶段，它是一个持续的、不断修正的过程，并贯穿于整个审计业务的始终。由于未预期事项、条件的变化或在实施审计程序中获取的审计证据等原因，注册会计师在必要时应当对总体审计策略和具体审计计划做出更新和修改，审计工作也随之进行相应的修正。例如，注册会计师在制定审计计划时，基于已获取的审计证据，认为有关材料采购交易的控制设计是合理的并得以有效执行，因此未将其评价为高风险领域并且计划执行控制测试。但在执行控制测试时获取的审计证据与计划审计工作时获得的审计证据相矛盾，注册会计师认为该类交易的控制没有得到有效执行，此时，注册会计师可能需要修正对该类交易的风险评估，并基于修正的评估风险修改计划的审计方案，如放弃控制测试，直接执行实质性程序等。

如果注册会计师在审计过程中对总体审计策略或具体审计计划做出重大修改，应当在审计工作底稿中记录做出的重大修改及其理由。

第四节 审计重要性

一、重要性的含义

重要性概念通常可以从下列三个方面理解：（1）如果合理预期错报（包括漏报）单独或汇总起来可能影响财务报表使用者依据财务报表做出的经济决策，则认为错报是重大的；（2）对重要性的判断是根据具体环境做出的，并受错报的金额或性质的影响，或受两者共同作用的影响；（3）判断某事项对财务报表使用者是否重大，是在考虑财务报表使用者整体共同的财务信息需求的基础上做出的。由于不同财务报表使用者对财务信息的需求可能差异很大，因此不考虑错报对个别财务报表使用者可能产生的影响。

在审计开始时，就必须对重大错报的规模和性质做出一个判断，包括确定财务报表整体的重要性和特定交易类别、账户余额和披露的重要性水平。当错报金额高于整体重要性水平时，就很可能被合理预期将对财务报表使用者根据财务报表做出的经济决策产生影响。

注册会计师使用整体重要性水平（将财务报表作为整体）的目的是：（1）决定风险评估程序的性质、时间安排和范围；（2）识别和评估重大错报风险；（3）确定进一步审计程序的性质、时间安排和范围。在整个业务过程中，随着审计工作的进展，注册会计师应当根据所获得的新信息更新重要性。在形成审计结论阶段，要使用整体重要性水平和为了特定交易类别、账户余额和披露而确定的较低金额的重要性水平来评价已识别的错报对财务报表的影响和对审计报告中审计意见的影响。

二、重要性水平的确定

在计划审计工作时，注册会计师应当确定一个合理的重要性水平，以发现在金额上重大的错报。注册会计师在确定计划的重要性水平时，需要考虑对被审计单位及其环境的了解、审计目标、财务报表各项目的性质及其相互关系、财务报表项目的金额及其波动幅度。

（一）财务报表整体的重要性

由于财务报表审计的目标是注册会计师通过执行审计工作对财务报表发表审计意见，因此，注册会计师应当考虑财务报表整体的重要性。只有这样，才能得出财务报表是否公允反映的结论。注册会计师在制定总体审计策略时，应当确定财务报表整体的重要性。

确定多大错报会影响到财务报表使用者所做决策，是注册会计师运用职业判断的结果。很多注册会计师根据所在会计师事务所的惯例及自己的经验，考虑重要性。

在确定重要性水平时，通常先选定一个基准，再乘以某一百分比作为财务报表整体的重要性。在选择基准时，需要考虑的因素包括：（1）财务报表要素。如资产、负债、所有者权益、收入和费用等。（2）是否存在特定会计主体的财务报表使用者特别关注的项目。如为了评价财务业绩，使用者可能更关注利润、收入或净资产等。（3）被审计单位的性质、所处的生命周期阶段以及所处行业和经济环境。（4）被审计单位的所有权结构和融资方式。例如，如果被审计单位仅通过债务而非权益进行融资，财务报表使用者可能更关注资产及资产的索偿权，而非被审计单位的收益。（5）基准的相对波动性。

适当的基准取决于被审计单位的具体情况，包括报告收益（如税前利润、营业收入、毛利和费用总额），以及所有者权益或净资产。对于以营利为目的的实体，通常以经常性业务的税前利润作为基准。如果经常性业务的税前利润不稳定，选用其他基准可能更加合适，如毛利或营业收入。就选定的基准而言，相关的财务数据通常包括前期财务成果和财务状况、本期最新的财务成果和财务状况、本期的预算和预测结果。当然，本期最新的财务成果和财务状况、本期的预算和预测结果需要根据被审计单位情况的重大变化（如重大的企业并购）与被审计单位所处行业和经济环境情况的相关变化等做出调整。例如，当按照经常性业务的税前利润的一定百分比确定被审计单位财务报表整体的重要性时，如果被审计单位本年度税前利润因情况变化而出现意外增加或减少，注册会计师可能认为按照近几年经常性业务的平均税前利润确定财务报表整体的重要性更加合适。

为选定的基准确定百分比需要运用职业判断。百分比和选定的基准之间存在一定的联系，如经常性业务的税前利润对应的百分比通常比营业收入对应的百分比要高。再如，对以营利为目的的制造行业实体，注册会计师可能认为经常性业务的税前利润的5%是适当的；而对非营利组织，注册会计师可能认为总收入或费用总额的1%是适当的。百分比无论是高一些还是低一些，只要符合具体情况，都是适当的。

注册会计师在确定重要性水平时，不需考虑与具体项目计量相关的固有不确定性。例如，财务报表含有高度不确定性的大额估计，注册会计师并不会因此而确定一个比不含有该估计的财务报表更高或更低的财务报表整体重要性。

（二）特定类别交易、账户余额或披露的重要性水平

根据被审计单位的特定情况，下列因素可能表明存在一个或多个特定类别的交易、账户余额或披露，其发生的错报金额虽然低于财务报表整体的重要性，但合理预期将影响财务报表使用者依据财务报表做出的经济决策：（1）法律法规或适用的财务报告编制基础是否影响财务报表使用者对特定项目（如关联方交易、管理层和治理层的薪酬）计量或披露的预期；（2）与被审计单位所处行业相关的关键性披露（如制药企业的研究与开发成本）；（3）财务报表使用者是否特别关注财务报表中单独披露的业务的特定方面（如新收购的业务）。

在根据被审计单位的特定情况考虑是否存在上述交易、账户余额或披露时，了解治理层和管理层的看法和预期通常是有用的。

（三）实际执行的重要性

实际执行的重要性是指注册会计师确定的低于财务报表整体重要性的一个或多个金额，旨在将未更正和未发现错报的汇总数超过财务报表整体的重要性的可能性降至适当的低水平。如果适用，实际执行的重要性还指注册会计师确定的低于特定类别的交易、账户余额或披露的重要性水平的一个或多个金额。同样，与确定特定类别的交易、账户余额或披露的重要性水平相关的实际执行的重要性，旨在将这些交易、账户余额或披露中未更正与未发现错报的汇总数超过这些交易、账户余额或披露的重要性水平的可能性降至适当的低水平。

确定实际执行的重要性并非简单机械的计算，需要注册会计师运用职业判断，并考虑下列因素的影响：（1）对被审计单位的了解（这些了解在实施风险评估程序的过程中得到更新）；（2）前期审计工作中识别出的错报的性质和范围；（3）根据前期识别出的错报对本期错报做出的预期。

通常而言，实际执行的重要性通常为财务报表重要性的50%～75%。接近财务报表整体重要性50%的情况包括：（1）非连续审计；（2）以前年度审计调整较多；（3）项目总体风险较高，如处于高风险行业，经常面临较大市场压力，首次承接的审计项目或者需要出具特殊目的的报告等。接近财务报表整体重要性75%的情况主要是：（1）连续审计，以前年度审计调整较少；（2）项目总体风险较低，如处于低风险行业，市场压力较小等。

（四）审计过程中修改重要性

由于存在下列原因，注册会计师可能需要修改财务报表整体的重要性和特定类别的交易、账户余额或披露的重要性水平（如适用）：（1）审计过程中情况发生重大变化，如决定处置被审计单位的一个重要组成部分。（2）获取新信息。（3）通过实施进一步审计程序，注册会计师对被审计单位及其经营所了解的情况发生变化。例如，注册会计师在审计过程中发现，实际财务成果与最初确定财务报表整体的重要性时使用的预期本期财务成果相比存在着很大差异，则需要修改重要性。

三、错报

（一）错报的定义

错报是指某一财务报表项目的金额、分类、列报或披露，与按照适用的财务报告编制基础应当列示的金额、分类、列报或披露之间存在的差异；或根据注册会计师的判断，为使财务报表在所有重大方面实现公允反映，需要对金额、分类、列报或披露做出的必要调整。

错报可能是由于错误或舞弊导致的，具体包括：（1）收集或处理用以编制财务报表的数据时出现错误；（2）遗漏某项金额或披露；（3）由于疏忽或明显误解有关事实导致做出不正确的会计估计；（4）注册会计师认为管理层对会计估计做出不合理的判断或对会计政策做出不恰当的选择和运用。

（二）累计识别出的错报

注册会计师可能将低于某一金额的错报界定为明显微小的错报，对这类错报不需要累积，因为注册会计师认为这些错报的汇总数明显不会对财务报表产生重大影响。其中，"明显微小"不等同于"不重大"。这些明显微小的错报，无论单独或者汇总起来，还是从规模、性质或其发生的环境来看，都是明显微不足道的。如果不确定一个或多个错报是否明显微小，就不能认为这些错报是明显微小的。因此，注册会计师需要在制定审计策略和审计计划时，确定一个明显微小错报的临界值，低于该临界值的错报视为明显微小的错报，可以不累积。

为了帮助注册会计师评价审计过程中累积的错报的影响，以及与管理层和治理层沟通错报事项，通常将错报区分为事实错报、判断错报和推断错报三种。

1.事实错报

事实错报是毋庸置疑的错报。这类错报产生于被审计单位收集和处理数据的错误，对事实的忽略或误解，或故意舞弊行为。例如，注册会计师在审计测试中发现购入存货的实际价值为15 000元，但账面记录的金额却为10 000元。因此，存货和应付账款分别被低估了5 000元，这里被低估的5 000元就是已识别的对事实的具体错报，即事实错报。

2.判断错报

由于注册会计师认为管理层对会计估计做出不合理的判断或不恰当地选择和运用会计政策而导致的差异。这类错报产生于两种情况：（1）管理层和注册会计师对会计估计的判断差异。例如，由于包含在财务报表中的管理层做出的估计值超出了注册会计师确定的一个合理范围，导致出现判断差异。（2）管理层和注册会计师对选择和运用会计政策的判断差异。由于注册会计师认为管理层选用会计政策造成错报，管理层却认为选用会计政策适当，导致出现判断差异。

3.推断错报

注册会计师对总体存在的错报做出的最佳估计数，涉及根据在审计样本中识别出的错报来推断总体的错报。推断错报通常是指通过测试样本估计出的总体的错报减去在测试中发现的已经识别的具体错报。例如，应收账款年末余额为2 000万元，注册会计师测试样本发现样本金额有100万元的高估，高估部分为样本账面金额的20%，据此注册会计师推断总体的错报金额为400万元（2 000×20%），那么上述100万元就是已识别的具体错报，其余300万元即推断错报。

（三）对审计过程识别出的错报的考虑

错报可能不会孤立发生，一项错报的发生还可能表明存在其他错报。例如，注册会计师识别出由于内部控制失效而导致的错报，或被审计单位广泛运用不恰当的假设或评估方法而导致的错报，均可能表明还存在其他错报。

抽样风险和非抽样风险可能导致某些错报未被发现。审计过程中累积错报的汇总数接近按照《中国注册会计师审计准则第1221号——计划和执行审计工作时的重要性》的规定确定的重要性，则表明存在比可接受的低风险水平更大的风险，即可能未被发现的错报连同审计过程中累积错报的汇总数，可能超过重要性。

【知识链接2-2】抽样风险是指注册会计师根据样本得出的结论，可能不同于如果对整个总体实施与样本相同的审计程序得出的结论的风险。抽样风险是由抽样引起的，与样本规模和抽样方法相关。非抽样风险是指注册会计师由于任何与抽样风险无关的原因而得出错误结论的风险。在审计过程中，可能导致非抽样风险的原因主要包括：（1）选择的总体不适合于测试目标；（2）未能适当地定义误差（包括控制偏差或错报）；（3）选择了不适于实现特定目标的审计程序；（4）未能适当地评价审计发现的情况；（5）其他原因。

注册会计师可能要求管理层检查某类交易、账户余额或披露，以使管理层了解注册会计师识别出的错报的产生原因，并要求管理层采取措施以确定这些交易、账户余额或披露实际发生错报的金额，以及对财务报表做出适当的调整。例如，在从审计样本中识别出的错报推断总体错报时，注册会计师可能提出这些要求。

经典案例2-1

××会计师事务所审计策略书

被审计单位名称：ABC公司　股票代码：600XXX

期间及截止期：20×4年度

一、审计工作范围

1.服务内容及性质

20×4年度财务报表审计等。

2.服务范围

序号	报告名称	报告格式（适用准则/惯例/案例）	是否与客户沟通	备　注
1	合并及母公司报表审计报告	业规201号《业务报告模板》	是	
2	各子公司审计报告	同上	是	在股份公司报告披露后出具子公司报告
3	控股股东及其他关联方资金占用情况的专项说明	同上	是	
4	内部控制审核报告	同上	是	视本年度交易所和证监局要求是否出具

3.客户对服务的要求与期望

(1) 准时提交报告,保证顺利公告;

(2) 与公司保持持续有效的沟通;

(3) 事先了解我们的相关计划与安排,统一各项工作进程;

(4) 对会计核算政策、程序方法予以关注,希望出具管理建议书。

二、风险评估相关内容摘要

(一) 了解被审计单位及其环境的结果

1.与报表相关的企业概况介绍(风险评估底稿索引号:××)

(1) ABC公司原为××系"老三股"之一,20×1年度受德隆事件影响,报表资产产生9.2亿元资产减值;

(2) 20×2年实质控制人变更为世界500强央企集团,现其持有股份49.57%,有较好的资金平台支撑,同时央企文化、管理理念全面进入ABC公司,内部控制框架中的控制环境有利于企业的风险控制;

(3) 是新疆地区最大的农产品初加工企业,与自治区23%农户产生直接经济联系,其生产经营已经事关自治区的社会稳定,地方政策支持力度较大;

(4) 流通股本805 604 226股,其中限售期399 319 200股。

2.20×4年度行业发展及变化对报表产生的影响(风险评估底稿索引号:××)

ABC公司属于农产品的初加工企业,包括番茄、食糖及杏酱,具体情况如下:

(1) 番茄产业

a.行业龙头地位。ABC公司在番茄行业占据世界第二、亚洲第一的位置,按照其战略规划,20×4年还在迅速扩张番茄生产规模。20×3年度加工鲜番茄208万吨,生产番茄酱28万吨,本年度在新建6条生产线的基础上,加工鲜番茄217万吨,生产番茄酱29万吨,本年度达产率仅为68%,20×4年预计销售番茄酱29万吨,实现销售收入129 688万元。

b.区域优势明显。近年来,主要番茄生产区欧盟及美国主动减产,低价优质的中国番茄迅速扩张,番茄制品初加工业务正在迅速向中国转移。

c.销售价格上升。主产区的主动减产及中国番茄逐步被世界市场认可,中国番茄酱的出口价格在逐步上涨,20×3年度平均每吨上涨27美元,20×4年度平均每吨上涨98美元。

d.原料供应紧张、价格上涨。原料供应是番茄行业发展面临的主要瓶颈,原料受气候等因素影响,内蒙古河套地区本年度降雨过盛导致番茄鲜果减产,受此影响,公司在巴彦淖尔地区收购的鲜番茄数量较预期收购量下降了47%,番茄酱减产6万吨,成本上涨1136元/吨,内蒙古片区番茄产生的毛利较去年减少5 000万元;另外,世界范围内的初级农产品价格在近期不断攀升,受农作物之间效益竞争及竞争企业影响,ABC公司番茄原料收购单价本年呈上升趋势,本年度鲜番茄收购价每吨增长15元,同时因为钢材的价格上涨导致包装物成本上涨。

e.主要面向国际市场。公司在中国的番茄市场占有率为50%左右,产品的95%以上用于出口,随着近年来中国番茄制品地位的提升,ABC公司利用上述优势在调整其客户结构,更多地和亨氏、联合利华等大客户合作,对报表盈利的稳定性产生积极影响。

（2）食糖产业

a. 销售行情好。因食糖与生物能源对接，20×2至20×3年度石油价格的飞涨，导致世界最大的产糖区巴西30%的制糖企业转产可燃酒精，食糖行业一度出现供小于求的市场状况。对于食糖加工业来说，其20×3年碰到了百年不遇的好行情，白糖的售价曾一度高达6 000元/吨，该售价是一年前的2倍，下半年随着国际市场的理性化及中国对食糖售价的调控（抛售国储糖），糖价回落至3900元/吨，20×4年度ABC公司食糖的平均销售价格在3 910元/吨，不含税价为3 342元/吨，毛利为40.78%，20×4年度其销售白糖40万吨，预计产生净利润20 000万元左右，是本年度的主要利润来源。

b. 运输成本高。ABC公司的食糖产品属北糖，主要内销国内市场，由于新疆地域广袤，食糖的运输成本高，吨运费达到350元，与南糖相比在抢占市场方面存在一定的压力。

c. 原料供应紧张、价格上涨。20×4年度，因原料主要供应商——四方糖业提供给农户的甜菜种子产生问题，导致原料供应不足，对四方糖业20×4～20×5榨季生产造成影响；受初级农产品涨价的大环境影响，本年度原材料——甜菜糖价格上涨，该因素导致成本上涨86元/吨。

d. 行业龙头地位。ABC公司的食糖产品属于甜菜糖，在新疆拥有40万亩丰产高品质的甜菜基地，旗下9家糖厂甜菜日处理能力达2.5万吨以及年产41万吨糖、18.3万吨颗粒粕、4.2万吨食用酒精的生产能力，糖产量占到新疆总产量的80%，占全国甜菜糖产量的36%，是中国最大的甜菜糖生产商。

（3）杏酱产业

a. 全球的杏酱市场规模不大，全球需求量基本保持在3万～4万吨之间，市场供大于求。

b. ABC公司是国内该行业的领先者，年产杏酱1万吨左右，本年度每吨杏酱销售单价为723美元。

c. 该产业盈利较小，每年贡献利润低于1 000万元，对报表影响不大。

3. 企业组织架构、股权架构及分（子）公司的信息（风险评估底稿索引号：××）

ABC公司本着推广组织结构扁平化、职能管理专业化的思路进行部门设置，减少管理层级，将公司原有的投资控股型组织架构调整成为经营管理型组织架构，并将采购、生产和销售三大职能分开，实行职能化管理，营销与物流系统进行整合，进行集中、统一的管理。

ABC公司主要分为三个业务单元，即番茄产业、食糖产业、杏酱产业。现设分公司19家司、子公司20家。实行自发式生产销售，相应的联营、合营企业较少，且均不重大，只有ABC水泥每年可向其分红2 000万元，持股比例为49%。

4. 主要会计核算特点简要介绍（风险评估底稿索引号：××）

（1）本年度全面实施新会计准则；

（2）国家认定的农业龙头企业，农产品初加工业务免交企业所得税；

（3）严格的收支两条线管理，下属分子公司仅设预算支出账户；

（4）严格的统一销售，仅股份公司面对客户；

（5）采购、物流统一管理和会计核算。

5．本年度发生的重大事项及对报表可能产生的影响（风险评估底稿索引号：××）

（1）实际控制人股权过户手续完成。20×4年3月15日，央企集团收购八一钢铁、新疆石油管理层的股权完成，央企集团成为ABC公司唯一的限售期股东，持股数量为399 319 200股，持股比例达到49.57%。上述情况一方面反映央企进驻发展ABC公司的决心，ABC公司获得了较有实力的央企支持，面临的经营风险将有所降低，另一方面，央企集团一家控股，管理层逾越内部控制所产生的舞弊风险将加大。

（2）本年度全面执行新企业会计准则，根据要求，董事会通过了公司所选用的重要会计政策和会计估计。随着新准则解释的出台及对新准则更为深入的理解，首次执行准则事项可能面临部分账务调整，对前期披露信息及本期会计报表产生影响。

（3）本年度大股东央企集团股改注入资产完成。根据同一控制下企业合并的规定，调整ABC公司年初数，并将其业绩包含在本年利润中，股改注入食糖资产为ABC公司带来约1.2亿元利润。

（4）本年度番茄产季内蒙古地区因天气原因，原料受灾，致使原料收购不足，影响产能，开工率只达到50%，内蒙古片区番茄厂接近亏损。内蒙古片区成本中心本年度考核面临巨大压力。

（5）非流动资产规模本年度增长较快。本年度根据战略规划，在原料产区内蒙古、疆内新增加7条生产线，使产能进一步扩大。

（6）本年度拟向央企集团定向增发2亿股，拟向中国银行发行短期融资债券5亿元进行融资。为实施定向增发及短期融资券的发行，可能对报表的列报信息产生影响。

（7）下属新瑞小番茄制品公司因产权存在法律障碍申请破产，将其主要资产通过偿债方式转入新设的ABC廊坊公司。

（8）ABC股改，其与大股东央企集团承诺20×4年实现净利润1.8亿元，20×5年实现净利润2.5亿元，若未能实现则央企集团无偿注入现金补足。上述承诺利润将产生重大的报表列报导向，ABC公司可能平滑近两期利润以靠近承诺利润目标。

6．重要账户余额和主要财务比率执行分析（风险评估底稿索引号：××）

我们以20×4年9月30日报表为基准，主要实施了科目变动分析，其结果如下：

（1）资产负债表重要项目（金额达到总资产5%以上，变动幅度30%以上）分析。

a．预付款项上升了1.4亿元，上升比例为411.65%，一方面由于执行新会计准则，将待摊费用并入预付账款核算，另一方面是由于合并范围扩大和预付设备款的增加导致的预付款项增加。

b．在建工程增加了9 000万元，占总资产的比重也上升了近2个百分点，主要是由于本年ABC公司新投入建设6条番茄生产线和1条食糖生产线所致。

c．预收款项增加了4 000万元，其中新纳入合并范围的企业预付账款为2 000万元，其余部分为原有公司自身增加，应予以关注。

d．新增其他应付款8.6亿元，增长比达到259%。依靠现有资料无法确定其变化的准确原因，应在年审时重点关注。

e．专项应付款增加近3 000万元，增长比为1 829%，是由于将环保专项资金调整至专项应付款所致。

f．20×4年三季度资本公积较上年同期增加2.5亿元，增加比为405%，主要是由于股权分置改革对报表的调整所致。

（2）利润表重要项目（金额达到总利润10%以上，变动幅度30%以上）分析。

a. 销售费用同营业收入关联度较高，本年三季度销售费用在营业收入增加72%的情况下有所增加属于正常，另外由于本年运费上涨，销售费用的增加比率要高于营业收入增长率。

b. 财务费用较上年同期增加2 000万元，增长28.12%，主要是由于本年人民币汇率波动较大，而番茄酱业务以出口为主，受汇率影响较大。

c. 营业外收入变化较大，依靠现有资料无法确定原因，在年审时要予以关注。

7. 以前年度存在问题（风险评估底稿索引号：××）

继央企集团接手ABC公司后，我所已连续审计3年，对其出具的报告均为标准无保留意见，以下要点从以前年度审计总结中汇总得出，此处所列问题为共性问题，各分、子公司存在的特殊问题在各自独立的审计计划中列示。

以前年度存在问题	对本期的影响及本期是否存在相同情况	建议采取的对策
糖业公司对颗粒粕计提减值以预测数据进行预估，取数不准确	可能存在	年审时进行复核，按实际量进行计提减值
新疆德斯公司已处于停业状态，上年度按照其预计可出售价格对长期股权投资计提了减值准备，保留600万元的余额，未纳入合并范围	本期根据CAS33号合并范围要求，需将其纳入合并范围	索取资料，建议企业尽快出售处理
由于管理的失误，造成截至20×3年年末，存放在各地的番茄酱短少80余吨，白糖短少近60吨	可能仍然存在	建议企业加强物流系统管理，本年度审计时对存货拟加大盘点力度
新瑞公司的清算、昌吉老糖厂的收购，ABC股份在操作这些注销、收购程序时，产生了一些法律风险	本年度尚未解决，风险依然存在	索取进展情况进行分析，建议尽快规范化处理，考虑报告中披露
上年度效益较以往年度增加幅度较大，故按照以往年度2.5倍计提了奖金，并按相应比例计提了福利费、职工教育经费等，从而导致上年年末应付工资结余3 189万元，应付福利费结余1 006万元	本年度根据CAS38及CAS9号的要求，需于年底将福利费余额进行冲销，将增加利润1 000万元	年审时关注，是否已结转利润
矮壮素超标客户拒收	类似事件可能存在	与销售部进行沟通，询问，了解类似事件
番茄销售的财务入账收入与进出口电子口岸的放行记录不符	本年仍会存在	结账日延迟几日，取得资料后再封账

（二）风险评估结果概述

1. 主要风险（风险评估底稿索引号：××）

（1）通过上述了解被审计单位及其环境，根据其提供的20×4 年11月财务报表，我们预期ABC公司本年度实现净利润处于2.5亿~3.1亿元之间，实现利润将超过其制定的20×4年度预算40%以上，超过大股东及资本市场对其的业绩预期。

（2）根据其定向增发、股权激励、核心管理层对今后的业绩考核压力过大的考虑，20×4年度其可能采取过度谨慎的态度列报财务报表。

（3）番茄业务单元。

a.番茄业务单元报表列报的盈利低于预期，因其收入95%以上均出口，收入全部有海关放行记录，少记收入的可能性较小，故虚增成本费用的可能性较大；

b.需通过监盘全面核实存货的存在性及成本的测算来核实计价和分摊，是否存在存货的高留低转情况；

c.对于产生亏损的内蒙古片区酱厂、科林酱厂、昌通酱厂，需要重点关注成本过高的原因。

（4）食糖业务单元。

a.食糖销售行情较20×3年有所下降，但整体来讲，销售仍处于较高水平，加之销量上升，可能存在隐瞒收入的错报风险；

b.食糖基本上为内销，统销、自销均有，存在利用控制薄弱环节的可能性；

c.颗粒粕近几年销售情况欠佳，以前年度审计时对其计提了相应的减值准备，经了解，本年度颗粒粕仍未销售，可能存在计提的减值已不充足的情况。

（5）预付款项、预收款项、其他应付款的巨幅波动需要实施进一步分析程序予以核实。

（6）费用的不正常增长，可能存在虚列成本费用隐瞒利润的错报风险。

（7）预收账款的增长可能存在收入跨期的错报风险。

2.主要应对措施（风险评估底稿索引号：××）

重点审计领域	主要针对性程序	责任人
异常、大额的资金流核查	函证银行存款、核对未达账项、对本期间的大额异常资金流进行细节测试	于 洋
外埠存货的存在性	对库存管理控制系统进行控制测试、存货监盘、库存商品的截止测试	解小雨
食糖的截止性测试	（1）函证预收账款并询证对方收货情况；（2）查阅白糖销售合同；（3）核对食糖销售台账与财务账的差异；（4）核查资产负债表前十五日的发货记录，实施截止测试	谭 学
成本费用测试	（1）番茄、食糖、杏酱成本测试，尤其12月的成本核算；（2）核对成本费用支出的财务核算和企业6S管理报告的差异；（3）检查12月份大额异常费用支出的原始记录	各小组负责人
或有事项	检查与德隆事件相关的或有事项处理情况，获取法律部门及代理律师的法律意见书	叶国才
资产减值	复核重大的资产减值	张 琼
新准则的首次执行事项	对首次执行新准则事项重新检查	解小雨
股改注入资产导致的同一控制下企业合并事项	检查合并事项的会计处理，以及本期财务报表的合并是否正确	解小雨
食糖期货业务	了解新业务的内部控制，实施专项控制测试	叶国才

三、审计总体策略

（一）预审策略

拟实施预审，除公司本部外，21家分子公司纳入预审范围内，进行详细预审，在预审后年审不再进入上述单位实施外勤工作，预审拟实施的主要工作如下：

1. 补充相应的风险评估工作底稿；

2. 生产与仓储循环的控制测试；

3. 抽查的样本单位的成本测试；

4. 预审外勤期间非资产负债表日工厂存货监盘；

5. 资产负债表日对外埠（天津港、阿拉山口、奎屯火车站、乌北火车站）监盘。

（二）风险评估策略

仅在合并报表层面进行风险评估，范围覆盖主要分（子）公司，编制一套风险评估底稿。在年审时一般不再执行更多的风险评估程序。

（三）内部控制策略

仅在合并报表层面进行控制测试，范围覆盖主要分（子）公司，编制一套内部控制底稿。在年审时对重要财务报表项目执行进一步审计程序时，将更多地采用综合性方案。

早期ABC公司作为德隆资本运作的标杆企业，内部控制框架的构建是较为科学合理的，德勤的全面内部控制咨询，较早期间执行平衡记分卡考核，央企进驻6S管理的导入等，其已经形成良好的内部控制环境，有较为科学的风险评估方法，有一套合理的控制程序。根据前期了解的内部控制情况及穿行测试的结果，ABC公司的内部控制设置一般能够达到控制目标，并且大都能得到较好的执行，因此，在审计中将更多执行控制测试来获取审计证据。

（四）实质性程序策略

在现场审计执行实质性程序时，我们将更多地运用实质性分析程序，减少细节测试的工作量，一般不进行凭证的抽查。另外，ABC公司实行统一销售、资金收支两条线管理，高度的规模化，各分（子）公司仅为成本中心，无销售权、无资金权，费用控制严格，性质差异化较小，且各分（子）公司分布地区极散。对这些分（子）公司我们将抽样进行现场审计，其他单位仅实施分析性程序。

（五）重要性水平策略

1. 合并报表整体层面重要性水平的确定

收入法计算对净利润影响的重要性水平（20×4年度收入为预计数）：

金额单位：万元

依据金额				比率	重要性水平	通用建议调整水平
20×2年收入	20×3年收入	20×4年预计收入	加权平均收入			
136 399	178 459	350 000	221 619	1%	2 200	110

资产法计算资产负债表重分类的重要性水平（20×4年资产总额为20×4年11月30日数据）：

金额单位：万元

依据金额				比率	重要性水平	通用建议调整水平
20×2年年末资产总额	20×3年年末资产总额	20×4年11月末资产总额	加权总资产			
303 288	322 548	502 911	376 249	1%	3 800	190

我们选择代表对净利润影响及对资产负债表重分类的重要性水平中较低者2 200万元作为合并报表整体层面的重要性水平。

2.重要性水平在审计中的运用

(1)建议调整水平。在执行细节测试时，当发现的错报（包括推断错报）小于110万元，可以忽略，不再汇总至审计差异汇总表中；当错报大于110万元，原则上可以进行审计调整，如果暂不调整则必须汇总到审计差异汇总表中。

(2)重要性水平的分配（可容忍错报）。首先将2 200万元扩大5倍，然后将扩大后的金额按照科目余额比例（其中应收账款、预付账款、存货、预收账款分配的权数取其余额比例的1/2）分至各账户确定。汇总某一账户错报时，当错报大于本账户分配的可容忍错误时，则应该进行审计调整，若遇客户坚持不愿调整等特殊情况，先汇总至审计差异汇总表中，然后视整体审计情况再作考虑。

(3)汇总报表总体错报时，当错报大于2 200万元，则必须进行审计调整，若不调整则不能出具无保留意见报告（仅影响资产负债表的可以适当扩大3至5倍）。

(4)以下项目是没有重要性可言的：

a.影响审计报告、已审财务报表、附注形式的差错；

b.应交税费项目；

c.对职工福利、房屋补贴及统筹金的预提是另一类敏感范围；

d.税后利润计提盈余公积；

e.注册资本。

(5)关于分（子）公司审计的重要性水平

分（子）公司单独出具工商年检报告的，报表层重要性水平按照上述原则的2倍计算确定。

(六)对分（子）公司及其他特别事项审计策略

ABC公司所属分（子）公司多达四十余家，且分布地域较广。我们对21家分（子）公司进行预审，重点分（子）公司包括本年新设工厂、新增生产线的老厂、毛利率异常的工厂及股改注入的四方集团，对自销公司进行重点关注。在年审时，对预审过程中发现较大问题的分（子）公司进行再一次的现场审计，关注相应问题是否得到有效解决，对于基本无重大变化、平稳经营的工厂仅在本部查看其账务系统即可，辅之以分析性程序。

各审计小组的审计底稿编制要求、裁减的审计程序详见"审计责任小组程序包"。

四、组织与管理

1.项目组主要成员

	姓名	从事本项目时间	
		担任本角色的时间	累计时间
项目负责合伙人	冯云慧		
项目质量控制复核人	文武兴		
项目负责经理	解小雨		
外勤主管	谭　学		
项目小组负责人	龙　云		

2.审计时间安排及人员分工

本项目划分为11个审计责任小组（一览表略），各审计责任小组具体的人员时间安排详见"审计责任小组程序包"中的审计安排表。

3.时间总体预算与收费

（1）总体时间安排：预审时间为20×4年12月17日至20×5年1月5日；年审时间为20×5年1月6日至20×5年1月30日。

（2）对外报送报告安排：20×5年1月31日。

（3）收费：统一收费，共50万元，各分（子）公司不再单独收取费用。

4.与客户、相关中介机构、政府主管或监管部门沟通

与管理层及治理层的会议——分（子）公司	不迟于20×5年1月20日
——ABC股份合并报表	不迟于20×5年1月25日
进场后与ABC水泥公司主审会计师的沟通	不迟于20×5年1月5日
初期与新疆证监局的沟通	不迟于20×5年1月10日
报告阶段与新疆证监局的沟通	不迟于20×5年1月26日
计划阶段与独立董事的沟通	不迟于20×5年1月5日
外勤结束阶段与管理当局的沟通	20×5年1月26日
报告阶段与独立董事的沟通	20×5年1月29日

5.内部沟通与协调

项目计划在所里的讨论	20×4年12月5日
项目组会议——项目启动会	20×4年12月6日
——项目组周会	现场审计后每周末以邮件或电话形式
——项目撤出会	20×5年1月30日
——项目总结会	20×5年4月上班后第一周

五、其他重要事项

1.各审计责任小组根据拟订的"审计责任小组程序包"开展工作。

2.拟不利用专家工作，对于ABC水泥利用其他注册会计师审计结果确定ABC股份所享权益。

3.对于不去现场的分厂，拟参考内部审计情况进行财务分析。

外勤主管: _____   日期: _____
项目负责经理: _____   日期: _____
项目负责合伙人: _____   日期: _____
项目质量控制复核人: _____   日期: _____

本章小结

初步业务活动和计划审计工作的内容构成如图2-1所示。

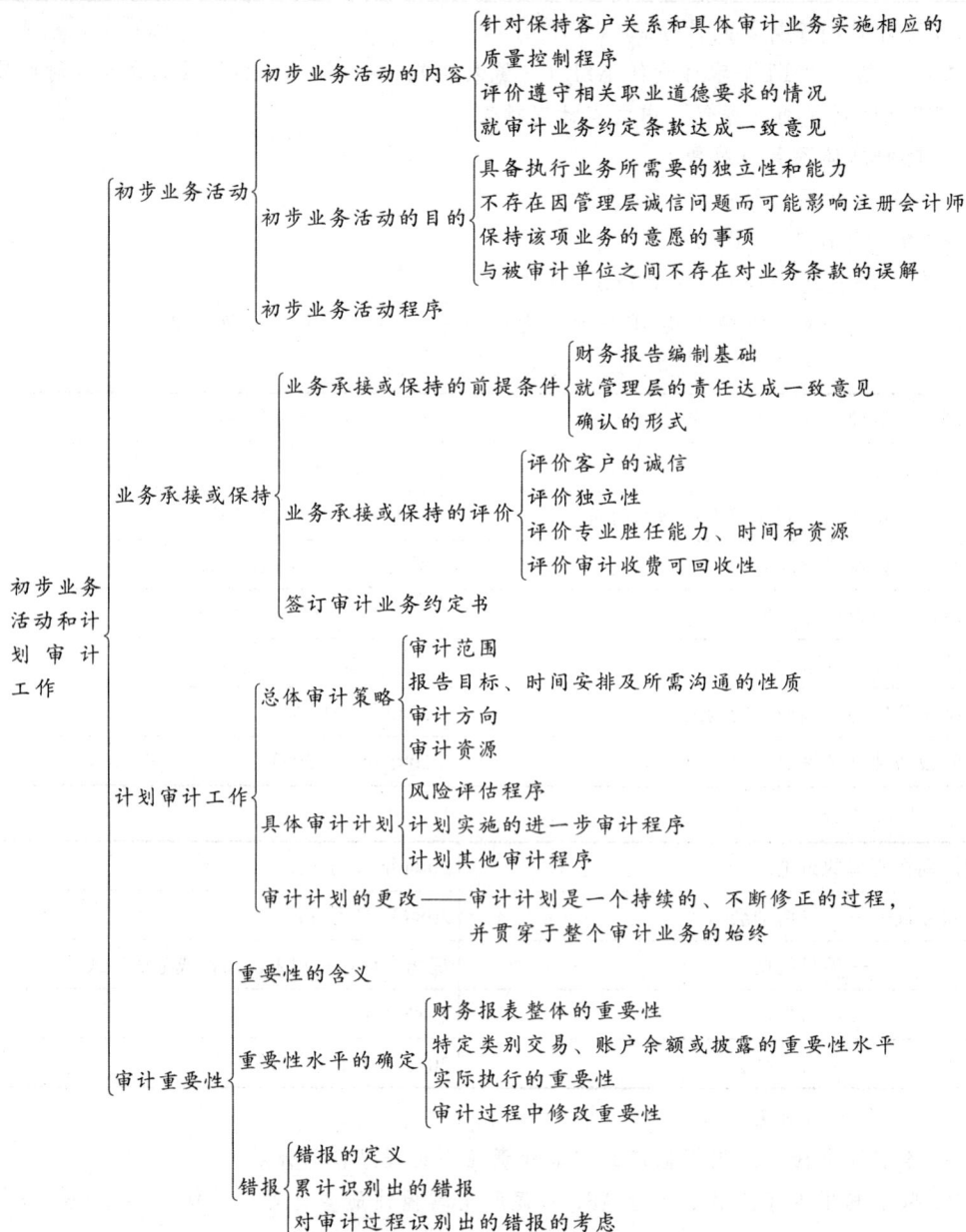

图2-1 初步业务活动和计划审计工作的内容构成

同步测试

一、不定项选择题

1.不属于审计项目初步业务活动的是（　　）。

A.针对接受或保持客户关系和业务委托的评估程序

B.确定项目组成员及拟利用的专家

C.评价遵守职业道德守则的情况

D.签署审计业务约定书

2.在本期审计业务开始时，注册会计师应当开展的初步业务活动是（　　）。

A.就审计范围与公司管理层沟通　　　　　B.获取公司管理层声明书

C.就审计责任与公司治理层沟通　　　　　D.评价项目组成员的独立性

3.注册会计师应当将达成一致意见的审计业务约定书条款记录于审计业务约定书或其他适当形式的书面协议中。不属于审计业务约定书的基本内容的是（　　）。

A.财务报表审计的目标

B.指出用于编制财务报表所适用的财务报告框架

C.审计收费

D.在首次接受委托时，对与前任注册会计师沟通的安排

4.审计的前提条件是指管理层在编制财务报表时对适用的财务报告框架的采用，以及管理层对注册会计师执行审计工作的前提的认同。为了确定审计的前提条件是否存在，注册会计师应当（　　）

A.明确审计业务的性质和范围

B.确定管理层在编制财务报表时采用的财务报告框架是否是可接受的

C.就管理层认可并理解其责任与管理层达成一致意见

D.明确被审计单位应协助的工作

5.计划审计工作包括针对审计业务制定总体审计策略和具体审计计划，充分地计划审计工作有利于注册会计师执行财务报表审计工作，具体包括（　　）。

A.有助于注册会计师适当关注重要的审计领域

B.有助于注册会计师及时发现和解决潜在的问题

C.有助于注册会计师恰当地组织和管理审计业务，以有效的方式执行审计业务

D.有助于指导和监督项目组成员并复核其工作

6.在（　　）情况下，除非法律法规另有规定，注册会计师不应承接拟议的审计业务。

A.如果管理层或治理层在拟议的审计业务约定条款中对审计工作的范围施加限制，以致注册会计师认为这种限制将导致其对财务报表发表无法表示意见

B.注册会计师确定被审计单位在编制财务报表时采用的财务报告框架不适当

C.注册会计师未能就管理层认可并理解其责任与管理层达成一致意见

D.管理层同意在财务报表中做出额外披露，以避免财务报表产生误解

7.注册会计师开展初步业务活动有助于确保在计划审计工作时达到（　　）的要求。

A.注册会计师已具备执行业务所需要的独立性和专业胜任能力

B.不存在因管理层诚信问题而影响注册会计师保持该项业务意愿的情况

C.与被审计单位不存在对业务约定条款的误解

D.风险评估程序的合理运用

8.在计划审计工作时,注册会计师需要对认为重大的错报金额做出判断。做出的判断为（   ）方面提供了基础。

A.明确审计业务的性质和范围

B.确定风险评估程序的性质、时间安排和范围

C.识别和评估重大错报风险

D.确定进一步审计程序的性质、时间安排和范围

9.制定总体审计策略时应考虑的因素包括（   ）。

A.审计范围   B.审计方向

C.报告目标、时间安排   D.与管理层和治理层沟通

10.具体审计计划的内容应当包括（   ）。

A.审计目标与范围   B.风险评估程序

C.拟实施的进一步审计程序   D.计划其他审计程序

二、判断题

1.初步业务活动的主要目的是了解被审计单位及其环境。（   ）

2.评价独立性和遵守职业道德的情况都是初步业务活动的主要内容。（   ）

3.不论是首次接受业务委托,还是连续审计都需要评价是否具备执行该项审计业务所需要的独立性和专业胜任能力。（   ）

4.虽然被审计单位财务报告的编制基础不可接受,但该业务委托仍具有可接受性。（   ）

5.在我国,只有企业会计准则体系才是可接受的财务报告的编制基础。（   ）

6.审计业务约定书是具有合同性质的书面协议。（   ）

7.总体审计策略用以确定审计范围、时间安排和方向,具体审计计划是总体审计策略的具体化。（   ）

8.企业会计准则的变化不会对审计总体策略产生影响,但会影响具体审计计划的制订。（   ）

9.审计资源的配置必须充分考虑执行审计业务的具体情况。（   ）

10.风险评估程序和进一步审计程序是具体审计计划的主要内容。（   ）

三、分析题

A注册会计师负责对常年审计客户甲公司20×4年度财务报表进行审计,撰写了总体审计策略和具体审计计划,部分内容摘录如下:

（1）初步了解20×4年度甲公司及其环境未发生重大变化,拟信赖以往审计中对管理层、治理层诚信形成的判断。

（2）因对甲公司内部审计人员的客观性和专业胜任能力存在疑虑,拟不利用内部审计的工作。

（3）如对计划的重要性水平做出修正,拟通过修改计划实施的实质性程序的性质、时

间和范围降低重大错报风险。

（4）假定甲公司在收入确认方面存在舞弊风险，拟将销售交易及其认定的重大错报风险评估为高水平，不再了解和评估相关控制设计的合理性并确定其是否已得到执行，直接实施细节测试。

（5）因甲公司20×4年9月关闭某地办事处并注销其银行账户，拟不再函证该银行账户。

（6）因审计工作时间安排紧张，拟不函证应收账款，直接实施替代审计程序。

（7）20×4年度甲公司购入股票作为可供出售金融资产核算。除实施询问程序外，预期无法获取有关管理层持有意图的其他充分、适当审计证据，拟就询问结果获取管理层书面声明。

针对上述事项（1）至（7），逐项指出A注册会计师拟订的计划是否存在不当之处。如有不当之处，简要说明理由。

第三章 风险评估与应对

【学习目标】

1.了解风险评估的目的，掌握风险评估程序与信息来源渠道。

2.掌握了解被审计单位及其环境的总体要求、基本内容与方法。

3.了解内部控制目标与要素，掌握了解被审计单位内部控制的基本方法。

4.理解重大错报风险，掌握重大错报风险的评估程序与应对措施。

第一节 风险评估程序

一、风险评估的目的

注册会计师审计是一种风险导向审计。注册会计师实施风险导向审计的目的是对财务报表不存在由于错误或舞弊导致的重大错报获取合理保证。风险导向审计是当今主流的审计方法，它要求注册会计师评估财务报表重大错报风险，设计和实施进一步审计程序以应对评估的错报风险，并根据审计结果出具恰当的审计报告。

众所周知，财务报表为被审计单位的财务活动提供了一个正式记录。财务活动开始于被审计单位的决策过程，受经营战略、控制活动和经营过程的影响。当决策开始执行后，交易活动随之发生，在会计记录中得以反映，并在财务报表中汇总体现。注册会计师只有了解被审计单位的经营性质、经营目标和舞弊因素、经营战略、企业文化和价值观（控制环境）、员工的胜任能力、组织结构和生产过程，以及用于应对风险的内部控制，才能够知道信息系统实际应该记录什么类型的信息。因此，审计准则对注册会计师执行的财务报表审计提出了如下要求：

1.要求注册会计师必须了解被审计单位及其环境。注册会计师通过了解被审计单位及其环境，包括了解内部控制，为识别财务报表层次以及各类交易、账户余额和披露认定层次重大错报风险提供更好的基础。

2.要求注册会计师在评估重大错报风险前必须实施风险评估程序。注册会计师应当将识别的风险与认定层次可能发生错报的领域相联系，实施更为严格的风险评估程序，不得未经风险评估直接将相关风险设定为高水平。

3.要求注册会计师将识别和评估的风险与实施的审计程序挂钩。在设计和实施进一步审计程序（控制测试和实质性程序）时，注册会计师应当将审计程序的性质、时间安排和范围与识别和评估的风险相联系，以防止机械地利用审计程序表从形式上迎合审计准则对审计程序的要求。

4.要求注册会计师针对重大的各类交易、账户余额和披露实施实质性程序。注册会计师对重大错报风险的评估是一种判断，被审计单位内部控制存在固有限制，无论评估的重大错报风险结果如何，注册会计师都应当针对重大的各类交易、账户余额和披露实施实质性程序，不得将实质性程序只集中在例外事项上。

5.要求注册会计师将识别、评估和应用风险的关键程序形成审计工作记录，以保证执业质量，明确执业责任。

【知识链接3-1】审计风险准则项目最早由国际审计与鉴证准则理事会（IAASB）起草，并受到联合工作组（Joint Working Group）和美国公共监督理事会（Public Oversight Board）的审计有效性研究工作组（原美国注册会计师协会下设组织）的影响。我国的审计风险准则主要包括《中国注册会计师审计准则第1101号——财务报表审计的目标和一般原则》、《中国注册会计师审计准则第1301号——审计证据》、《中国注册会计师审计准则第1211号——通过了解被审计单位及其环境识别和评估重大错报风险》和《中国注册会计师审计准则第1231号——针对评估的重大错报风险实施的程序》等。

二、风险评估程序和信息来源

了解被审计单位及其环境而实施的程序即为风险评估程序。注册会计师应当实施的风险评估程序包括：（1）询问管理层和被审计单位内部其他人员；（2）分析程序；（3）观察和检查。

（一）询问管理层和被审计单位内部其他人员

询问管理层和被审计单位内部其他人员是注册会计师了解被审计单位及其环境的一个重要信息来源。注册会计师可以考虑向管理层和财务负责人询问下列事项：（1）管理层所关注的主要问题。如新的竞争对手、主要客户和供应商的流失、新的税收法规的实施以及经营目标或战略的变化等。（2）被审计单位的最近财务状况、经营成果和现金流量。（3）可能影响财务报告的交易和事项，或者目前发生的重大会计处理问题。如重大的并购事宜等。（4）被审计单位发生的其他重大变化。如所有权结构、组织结构的变化，以及内部控制的变化等。

注册会计师通过询问获取的大部分信息主要来自管理层和负责财务报告的人员。注册会计师也可能通过询问被审计单位内部的其他不同层次的人员获取信息，为识别重大错报风险提供不同的视角。例如：（1）直接询问治理层，可能有助于注册会计师了解编制财务报表的环境；（2）直接询问内部审计人员，可能有助于注册会计师了解本年度针对被审计单位内部控制设计和运行有效性而实施的内部审计程序，以及管理层是否根据实施这些程序的结果采取了适当的应对措施；（3）询问参与生成、处理或记录复杂或异常交易的员工，可能有助于注册会计师评价被审计单位选择和运用某项会计政策的恰当性；（4）直接询问内部法律顾问，可能有助于注册会计师了解有关诉讼、遵守法律法规的情况、影响被审计单位的舞弊或舞弊嫌疑、产品保证、售后责任、与业务合作伙伴的安排（如合营企业）和合同条款的含义等信息；（5）直接询问营销或销售人员，可能有助于注册会计师了解被审计单位营销策略的变化、销售趋势或与客户的合同安排。

（二）实施分析程序

分析程序是指注册会计师通过研究不同财务数据之间以及财务数据与非财务数据之间

的内在关系，对财务信息做出评价。分析程序还包括调查识别出的、与其他相关信息不一致或与预期数据严重偏离的波动和关系。

分析程序既可用于风险评估程序和实质性程序，也可用于对财务报表的总体复核。注册会计师实施分析程序有助于识别异常的交易或事项，以及对财务报表和审计产生影响的金额、比率和趋势。在实施分析程序时，注册会计师应当预期可能存在的合理关系，并与被审计单位记录的金额、依据记录金额计算的比率或趋势相比较；如果发现异常或未预期到的关系，注册会计师应当在识别重大错报风险时考虑这些比较结果。

如果使用了高度汇总的数据，实施分析程序的结果可能仅初步显示财务报表存在重大错报，将分析程序的结果与识别重大错报风险时获取的其他信息一并考虑，可以帮助注册会计师了解并评价分析程序的结果。例如，被审计单位存在很多产品系列，各个产品系列的毛利率存在一定差异。对总体毛利率实施分析程序的结果可能仅初步显示销售成本存在重大错报，注册会计师需要实施更详细的分析程序，如对每一产品系列进行毛利率分析，或者将总体毛利率分析的结果连同其他信息一并考虑。

注册会计师通常编制分析程序表来实施分析程序。分析程序表的格式如表3-1所示。

表3-1   **分析程序表（用作风险评估程序）**

被审计单位：_____   索引号：_____
项目：_____   截止日/期间：_____
编制：_____   复核：_____
日期：_____   日期：_____

编制说明：在实施分析程序时，注册会计师应当将被审计单位的当期财务信息与前期及预期的财务信息进行比较。对于主要财务指标及关键经营指标，还可与行业的平均水平进行比较。根据比较的结果，分析、记录产生重大差异的原因，并评估被审计单位可能存在的重大错报风险。

一、资产负债表项目

项　　目	当期未审金额	当期金额的结构百分比	前期/预期金额	前期/预期金额的结构百分比	与前期/预期金额差异额	与前期/预期金额差异率	是否重点关注	编号
	A		B		C = A − B	D = C/B		
货币资金								
以公允价值计量且其变动计入当期损益的金额资产								
应收票据								
应收账款								
⋮								

附注

注：本表作为总体复核时应在本栏记录分析结论。

二、利润表项目　　　　　　　　　　　　　　　　　　　　　　　　　　　　　　　　续表

项　　目	当期未审金额	当期金额的结构百分比	前期金额	前期金额的结构百分比	与前期金额差异额	与前期金额差异率	预期金额	预期金额的结构百分比	与预期金额差异额	与预期金额差异率	是否重点关注	编号
	A		B		C = A − B	D = C/B	E		F = A − E	G = F/E		
营业收入												
减：营业成本												
营业税金及附加												
销售费用												
⋮												

附注

注：本表作为总体复核时应在本栏记录分析结论。

三、主要财务指标及关键经营指标

项　　目	当期未审数	前期数	预期数	行业平均水平	是否重点关注	编号
销售毛利率						
销售净利润率						
资产负债率						
应收账款周转率						
存货周转率						
⋮						
其他关键指标或关键经营指标(请说明计算方法)						

附注

注：本表作为总体复核时应在本栏记录分析结论。

四、识别的重大错报风险   续表

<table>
<tr><td></td></tr>
<tr><td></td></tr>
</table>

　　注：本表作为总体复核时应在本栏记录拟追加的审计程序。

（三）观察和检查

　　观察和检查程序可以支持对管理层和其他相关人员的询问结果，并可以提供有关被审计单位及其环境的信息。注册会计师应当实施下列观察和检查程序：

　　（1）观察被审计单位的经营活动。例如，观察被审计单位人员正在从事的生产活动和内部控制活动，增加注册会计师对被审计单位人员如何进行生产经营活动及实施内部控制的了解。

　　（2）检查文件、记录和内部控制手册。例如，检查被审计单位的经营计划、策略、章程，与其他单位签订的合同、协议，各专业流程操作指引和内部控制手册等，了解被审计单位组织结构和内部控制制度的建立健全情况。

　　（3）阅读由管理层和治理层编制的报告。例如，阅读被审计单位年度和中期财务报告，股东大会、董事会会议、高级管理层会议的会议记录或纪要，管理层的讨论和分析资料，对重要经营环节和外部因素的评价，被审计单位内部管理报告以及其他特殊目的的报告（如新投资项目的可行性分析报告）等，了解自上一期审计结束至本期审计期间被审计单位发生的重大事项。

　　（4）实地察看被审计单位的生产经营场所和厂房设备。通过现场访问和实地察看被审计单位的生产经营场所和厂房设备，可以帮助注册会计师了解被审计单位的性质及其经营活动。在实地察看被审计单位的厂房和办公场所的过程中，注册会计师有机会与被审计单位管理层和担任不同职责的员工进行交流，可以增强注册会计师对被审计单位的经营活动及重大影响因素的了解。

　　（5）追踪交易在财务报告信息系统中的处理过程（穿行测试）。这是注册会计师了解被审计单位业务流程及其相关控制时经常使用的审计程序。通过追踪某笔或某几笔交易在业务流程中如何生成、记录、处理和报告，以及相关控制如何执行，注册会计师可以确定被审计单位的交易流程和相关控制是否与之前通过其他程序所获得的了解一致，并确定相关控制是否得到执行。

（四）其他审计程序

　　除了采用上述程序从被审计单位内部获取信息外，如果根据职业判断认为从被审计单位外部获取的信息有助于识别重大错报风险，注册会计师还应当实施其他审计程序以获取这些信息。例如，询问被审计单位聘请的外部法律顾问、专业评估师、投资顾问和财务顾问等。

　　阅读外部信息也可能有助于注册会计师了解被审计单位及其环境。外部信息包括证券分析师、银行、评级机构出具的有关被审计单位及其所处行业的经济或市场环境等状况的报告，贸易与经济方面的报纸期刊，法规或金融出版物，以及政府部门或民间组织发布的行业报告和统计数据等。

　　此外，在风险评估过程中，注册会计师还应当考虑在承接客户或续约过程中获取的信

息，以及向被审计单位提供其他服务（如中期财务报告审阅业务）所获取的经验等是否有助于识别重大错报风险。

三、项目组内部的讨论

项目组内部的讨论可以保证所有事项得到恰当的考虑，通过安排具有较多经验的成员（如项目合伙人）参与项目组内部的讨论，其他成员还可以分享其见解和以往获取的被审计单位的经验，因而在所有业务阶段都非常必要。《中国注册会计师审计准则第1211号——通过了解被审计单位及其环境识别和评估重大错报风险》要求项目合伙人和项目组其他关键成员应当讨论被审计单位财务报表存在重大错报的可能性，以及如何根据被审计单位的具体情况运用适用的财务报告编制基础。

（一）讨论的目标

项目组内部的讨论为项目组成员提供了分享信息和见解的机会。项目组通过讨论可以使成员更好地了解在各自负责的领域中，由于舞弊或错误导致财务报表重大错报的可能性，并了解各自实施审计程序的结果如何影响审计的其他方面，包括对确定进一步审计程序的性质、时间安排和范围的影响。

（二）讨论的内容

项目组应当讨论被审计单位面临的经营风险、财务报表容易发生错报的领域以及发生错报的方式，特别是由于舞弊导致重大错报的可能性。

讨论的内容和范围受项目组成员的职位、经验和所需要的信息的影响。项目组讨论涉及的主要领域和可能涉及的信息举例，如表3-2所示。

（三）参与讨论的人员

注册会计师应当运用职业判断确定项目组内部参与讨论的成员。项目组的关键成员应当参与讨论，如果项目组需要拥有信息技术或其他特殊技能的专家，这些专家也应参与讨论。参与讨论人员的范围受项目组成员的职责经验和信息需要的影响。例如，在跨地区审计中，每个重要地区项目组的关键成员应该参加讨论，但不要求所有成员每次都参与项目组的讨论。

（四）讨论的时间和方式

项目组应当根据审计的具体情况，在整个审计过程中持续交换有关财务报表发生重大错报可能性的信息。

按照《中国注册会计师审计准则第1101号——注册会计师的总体目标和审计工作的基本要求》的规定，在计划和实施审计工作时，注册会计师应当保持职业怀疑，认识到可能存在导致财务报表发生重大错报的情形。项目组在讨论时应当强调在整个审计过程中保持职业怀疑，警惕可能发生重大错报的迹象，并对这些迹象进行严格追踪。通过讨论，项目组成员可以交流和分享在整个审计过程中获得的信息，包括可能对重大错报风险评估产生影响的信息或针对这些风险实施审计程序的信息。此外，项目组还可以根据实际情况讨论其他重要事项。

表 3-2   项目组讨论内容例示

讨论的主要领域	目的:了解被审计单位,进行开放式讨论
分享了解的信息	1.被审计单位的性质、管理层对内部控制的态度、从以往审计业务中获得的经验、重大经营风险因素。 2.已了解的影响被审计单位的外部和内部舞弊因素,可能为管理层或其他人员实施下列行为提供动机或压力: (1)实施舞弊; (2)为实施构成犯罪的舞弊提供机会; (3)利用企业文化或环境,寻找使舞弊行为合理化的理由; (4)侵占资产(考虑管理层对接触现金或其他易被侵占资产的员工实施监督的情况)。 3.确定财务报表哪些项目易于发生重大错报,表明管理层倾向于高估或低估收入的迹象
	目的:对审计建议和方法实施头脑风暴法
分享审计思路和方法	1.管理层可能如何编报和隐藏虚假财务报告,例如管理层凌驾于内部控制之上。根据对识别的舞弊风险因素的评估,设想可能的舞弊场景对审计很有帮助。例如,销售经理可能通过高估收入实现达到奖励水平的目的。这可能通过修改收入确认政策或进行不恰当的收入截止来实现。 2.出于个人目的的侵占或挪用被审计单位的资产行为如何发生。 3.考虑: (1)管理层进行高估/低估账目的方法,包括对准备和估计进行操纵以及变更会计政策等; (2)用于应对评估风险可能的审计程序/方法
	目的:为项目组指明审计方向
指明方向	1.强调在审计过程中保持职业怀疑态度的重要性。不应认为管理层完全诚实,也不应认为管理层完全不诚实。 2.列示表明可能存在舞弊可能性的迹象。例如: (1)识别警示信号(红旗),并予以追踪; (2)一个不重要的金额(例如,增长的费用)可能表明存在很大的问题,如管理层诚信。 3.决定如何增加拟实施审计程序的性质、时间安排和范围的不可预见性。 4.总体考虑。每个项目组成员拟执行的审计工作部分、需要的审计方法、特殊考虑、时间、记录要求,如果出现问题应联系的人员,审计工作底稿复核,以及其他预期事项。 5.强调对表明管理层不诚实的迹象保持警觉的重要性。

第二节　了解被审计单位及其环境

一、总体要求

注册会计师应当从下列方面了解被审计单位及其环境：（1）相关行业状况、法律环境与监管环境以及其他外部因素；（2）被审计单位的性质；（3）被审计单位对会计政策的选择和运用；（4）被审计单位的目标、战略以及可能导致重大错报的相关经营风险；（5）被审计单位财务业绩的衡量和评价；（6）被审计单位的内部控制。其中，第（1）项是被审计单位的外部环境，第（2）、（3）、（4）项以及第（6）项是被审计单位的内部因素，第（5）项既有外部因素也有内部因素。

值得注意的是，被审计单位及其环境的各个方面可能会互相影响。如被审计单位的行业状况、法律环境与监管环境以及其他外部因素可能影响到被审计单位的目标、战略以及相关经营风险，而被审计单位的性质、目标、战略以及相关经营风险可能影响到被审计单位对会计政策的选择和运用，以及内部控制的设计和执行等。因此，注册会计师在对被审计单位及其环境的各个方面进行了解和评估时，应当考虑各因素之间的相互关系。

注册会计师针对上述六个方面实施风险评估程序的性质、时间和范围取决于审计业务的具体情况，如被审计单位的规模和复杂程度，以及注册会计师的相关审计经验，包括以前对被审计单位提供审计和相关服务的经验和对类似行业、类似企业的审计经验等。另外，识别被审计单位及其环境在上述各方面与以前期间相比发生的重大变化，对充分了解被审计单位及其环境、识别和评估重大错报风险尤为重要。

二、行业状况、法律环境与监管环境以及其他外部因素

（一）了解的内容

1.行业状况

了解行业状况有助于注册会计师识别与被审计单位所处行业有关的重大错报风险。注册会计师应当了解被审计单位的行业状况，主要包括：（1）所处行业的市场与竞争，包括市场需求、生产能力和价格竞争；（2）生产经营的季节性和周期性；（3）与被审计单位产品相关的生产技术；（4）能源供应与成本；（5）行业的关键指标和统计指标。

2.法律环境与监管环境

了解法律环境与监管环境的主要原因在于：（1）某些法律法规或监管要求可能对被审计单位经营活动有重大影响，如不遵守将导致停业等严重后果；（2）某些法律法规或监管要求（如环保法规等）规定了被审计单位某些方面的责任和义务；（3）某些法律法规或监管要求决定了被审计单位需要遵循的行业惯例和核算要求。

因此，注册会计师应当了解被审计单位所处的法律环境与监管环境，主要包括：（1）会计原则和行业特定惯例；（2）受管制行业的法规框架；（3）对被审计单位经营活动产生重大影响的法律法规，包括直接的监管活动；（4）税收政策（关于企业所得税和其他税种的政策）；（5）目前对被审计单位开展经营活动产生影响的政府政策，如货币政策（包括外汇管制）、财政政策、财政刺激措施（如政府援助项目）、关税或贸易限制

政策等；（6）影响行业和被审计单位经营活动的环保要求。

3.其他外部因素

注册会计师应当了解影响被审计单位经营的其他外部因素，主要包括：（1）宏观经济景气度对被审计单位所处行业及其经营活动产生的重大影响；（2）当前的利率水平对被审计单位的经营活动、投资活动及筹资活动产生的重大影响；（3）当前的通货膨胀水平对被审计单位的销售和采购价格产生的影响；（4）汇率波动对被审计单位生产经营的影响。

（二）了解的重点和程度

注册会计师对行业状况、法律环境与监管环境以及其他外部因素了解的重点和程度会因被审计单位所处行业、规模以及其他因素（如在市场中的地位）的不同而不同。例如，对从事计算机硬件制造的被审计单位，注册会计师可能更关心市场和竞争以及技术进步的情况；对金融机构，注册会计师可能更关心宏观经济趋势以及货币、财政等方面的宏观经济政策；对化工等产生污染的行业，注册会计师可能更关心相关环保法规。注册会计师应当考虑将了解的重点放在对被审计单位的经营活动可能产生重要影响的关键外部因素以及与前期相比发生的重大变化。

注册会计师还应当考虑被审计单位所在行业的业务性质或监管程度是否可能导致特定的重大错报风险，考虑项目组是否配备了具有相关知识和经验的成员。例如，建筑行业长期合同涉及收入和成本的重大估计，可能导致重大错报风险；银行监管机构对商业银行的资本充足率有专门规定，不能满足这一监管要求的商业银行可能有操纵财务报表的动机和压力。

三、被审计单位的性质

（一）所有权结构

对被审计单位所有权结构的了解有助于注册会计师识别关联方关系并了解被审计单位的决策过程。注册会计师应当了解所有权结构以及所有者与其他人员或实体之间的关系，考虑关联方关系是否已经得到识别，以及关联方交易是否得到恰当核算。例如，注册会计师不仅应当了解被审计单位是属于国有企业、外商投资企业、民营企业或其他类型的企业，还应当了解其直接控股母公司、间接控股母公司、最终控股母公司和其他股东的构成，以及所有者与其他人员或实体（如控股公司控制的其他企业）之间的关系。注册会计师应当按照《中国注册会计师审计准则第1323号——关联方》的规定，了解被审计单位识别关联方的程序，获取被审计单位提供的有关关联方信息，并考虑关联方关系是否已经得到识别，关联方交易是否得到恰当记录和充分披露。

同时，注册会计师可能需要对其控股母公司（股东）的情况做进一步的了解，包括控股母公司的所有权性质、管理风格及其对被审计单位经营活动和财务报表可能产生的影响；控股母公司与被审计单位在资产、业务、人员、机构、财务等方面是否分开，是否存在占用资金等情况；控股母公司是否施加压力，要求被审计单位达到其设定的财务业绩目标等。

（二）治理结构

良好的治理结构可以对被投资单位的经营和财务运作实施有效的监督，从而降低财务报表发生重大错报的风险。因此，注册会计师应当了解被审计单位的治理结构，了解董事会的构成情况、董事会内部是否有独立董事，治理结构中是否设有审计委员会或监事会及其运作情况，以及治理层能否在独立于管理层的情况下对被审计单位事务（包括财务报告）做出客观判断。

（三）组织结构

复杂的组织结构可能导致某些特定的重大错报风险。例如，对于在多个地区拥有子公司、合营企业、联营企业或其他成员机构，或者存在多个业务分部和地区分部的被审计单位而言，不仅编制合并财务报表的难度增加，而且还存在其他可能导致重大错报风险的复杂事项，包括对子公司、合营企业、联营企业和其他股权投资类别的判断及其会计处理。所以，注册会计师应当了解被审计单位的组织结构，考虑复杂组织结构可能导致的重大错报风险，包括财务报表合并、商誉减值、长期股权投资核算等问题。

（四）经营活动

了解被审计单位经营活动有助于注册会计师识别预期在财务报表中反映的主要交易类别、重要账户余额和列报。注册会计师应当了解的经营活动主要包括主营业务的性质、与生产产品或提供劳务相关的市场信息、业务的开展情况、地区与行业分布、生产设施、仓库的地理位置及办公地点、关键客户、重要供应商、研究与开发支出、劳动用工情况以及关联方交易等。

（五）投资活动

了解被审计单位投资活动有助于注册会计师关注被审计单位在经营策略和方向上的重大变化。注册会计师应当了解的投资活动主要包括：（1）近期拟实施或已实施的并购活动与资产处置情况，包括业务重组或某些业务的终止。注册会计师应当了解并购活动如何与被审计单位目前的经营业务相协调，并考虑它们是否会引发进一步的经营风险。（2）证券投资、委托贷款的发生与处置。（3）资本性投资活动，如固定资产和无形资产投资，近期或计划发生的变动，以及重大的资本承诺等。（4）不纳入合并范围的投资，如对联营、合营企业的投资及其他投资，包括近期计划的投资项目。

（六）筹资活动

了解被审计单位筹资活动有助于注册会计师评估被审计单位在融资方面的压力，并进一步考虑被审计单位在可预见未来的持续经营能力。注册会计师应当了解的融资活动主要包括：（1）债务结构和相关条款，包括资产负债表外融资和租赁安排；（2）主要子公司和联营企业（无论是否处于合并范围内）的重要融资安排；（3）实际受益方及关联方；（4）衍生金融工具的使用。

四、被审计单位对会计政策的选择和运用

（一）被审计单位重要的会计政策

在了解被审计单位选用的会计政策时，注册会计师应当重点关注：（1）重大和异常交易的会计处理方法。例如，本期发生的企业合并的会计处理方法。某些被审计单位可能存在与其所处行业相关的重大交易，如银行向客户发放贷款、证券公司对外投资、医药企业的研究与开发活动等。注册会计师应当考虑对重大的和不经常发生的交易的会计处理方法是否适当。（2）在缺乏权威性标准或共识、有争议的或新兴领域采用重要会计政策产生的影响。在缺乏权威性标准或共识的领域，注册会计师应当关注被审计单位选用了哪些会计政策、为什么选用这些会计政策以及选用这些会计政策产生的影响。

（二）被审计单位重要的会计政策变更

如果被审计单位变更了重要的会计政策，注册会计师应当考虑变更的原因及其适当性，即考虑：（1）会计政策变更是否是法律、行政法规或者适用的会计准则和相关会计制度要求的变更；（2）会计政策变更是否能够提供更可靠、更相关的会计信息。除此之外，注册会计师还应当关注会计政策的变更是否得到恰当处理和充分披露。

除上述与会计政策的选择和运用相关的事项外，注册会计师还应对被审计单位下列与会计政策运用相关的情况予以关注：（1）是否采用激进的会计政策、方法、估计和判断；（2）会计人员是否拥有足够的运用会计准则的知识、经验和能力；（3）是否拥有足够的资源支持会计政策的运用，如人力资源及培训、信息技术的采用、数据和信息的采集等。

【知识链接3-2】被审计单位重要的会计政策包括：（1）存货发出的成本计价方法；（2）生产成本的核算方法；（3）制造费用的分配方法；（4）低值易耗品的摊销方法；（5）应收账款减值准备的计提方法；（6）固定资产的初始计量、折旧方法、可使用年限及残值率；（7）无形资产的摊销方法、可使用年限；（8）外币业务核算方法；（9）收入的确认原则；（10）被审计单位采用的符合行业惯例的会计政策等。

五、被审计单位的目标、战略以及相关经营风险

目标是企业经营活动的指针。企业管理层或治理层一般会根据企业经营面临的外部环境和内部各种因素，制定合理可行的经营目标。战略是企业管理层为实现经营目标采用的方法。为了实现某一既定的经营目标，企业可能有多个可行战略。经营风险是指可能对被审计单位实现目标和实施战略的能力产生不利影响的重要状况、事项、情况、作为（或不作为）所导致的风险，或由于制定不恰当的目标和战略而导致的风险。不同的企业可能面临不同的经营风险，这取决于企业经营的性质、所处行业、外部监管环境、企业的规模和复杂程度。管理层有责任识别和应对这些风险。

注册会计师应当了解被审计单位的目标、战略及其实现目标和实施战略转移面临的风险与应对措施，主要包括：（1）行业发展变化导致的风险及应对措施；（2）开发新产品或提供新服务导致的风险及应对措施；（3）业务扩张导致的风险及应对措施。

此外，注册会计师还应当了解被审计单位是否面临以下风险及应对措施：（1）新颁布的会计法规导致的风险及应对措施；（2）监管要求导致的风险及应对措施；（3）融资风险及应对措施；（4）信息技术导致的风险及应对措施等。

【小提示3-1】经营风险与财务报表重大错报风险是既有联系又相互区别的两个概念。前者比后者范围更广。多数经营风险最终会产生财务后果，从而影响财务报表，但并非所有的经营风险都会导致重大错报风险。所以，注册会计师了解被审计单位的经营风险有助于其识别财务报表重大错报风险。又由于并非所有的经营风险都与财务报表相关，所以注册会计师没有责任识别或评估对财务报表没有重大影响的经营风险。

六、被审计单位财务业绩的衡量和评价

内部财务业绩衡量可能显示未预期到的结果或趋势。在这种情况下，管理层通常会进行调查并采取纠正措施。与内部财务业绩衡量相关的信息可能显示财务报表存在错报风险，如内部财务业绩衡量可能显示被审计单位与同行业其他单位相比具有异常快的增长率

或盈利水平，此类信息如果与业绩奖金或激励性报酬等因素结合起来考虑，可能显示管理层在编制财务报表时存在某种倾向的错报风险。因此，注册会计师应当关注被审计单位内部财务业绩衡量所显示的未预期到的结果或趋势、管理层的调查结果和纠正措施，以及相关信息是否显示财务报表可能存在重大错报。

在了解被审计单位财务业绩衡量和评价情况时，注册会计师应当关注下列信息：（1）关键业绩指标（财务的或非财务的）、关键比率、趋势和经营统计数据；（2）同期财务业绩比较分析；（3）预算、预测、差异分析，分部信息与分部、部门或其他不同层次的业绩报告；（4）员工业绩考虑与激励性报酬政策；（5）被审计单位与竞争对手的业绩比较。

值得注意的是，如果拟利用被审计单位内部信息系统生成的财务业绩衡量指标，注册会计师应当考虑相关信息是否可靠，以及利用这些信息是否足以实现审计目标。如果被审计单位管理层在没有合理基础的情况下，认为内部生成的衡量财务业绩的信息是准确的，而实际上信息有误，那么根据有误的信息得出的结论也可能是错误的。如果注册会计师计划在审计中（如在实施分析程序时）利用财务业绩指标，应当考虑相关信息是否可靠，以及在实施审计程序时利用这些信息是否足以发现重大错报。

第三节 了解被审计单位内部控制

一、内部控制的含义

（一）内部控制的目标与要素

内部控制是被审计单位为了合理保证财务报告的可靠性、经营的效率和效果以及对法律法规的遵守，由治理层、管理层和其他人员设计与执行的政策及程序。内部控制由控制环境、风险评估过程、与财务报告相关的信息系统和沟通、控制活动和对控制的监督五要素构成，其目标是合理保证：（1）财务报告的可靠性，该目标与管理层履行财务报告编制责任密切相关；（2）经营的效率和效果，即经济有效地使用企业资源，以最优方式实现企业的目标；（3）遵守适用的法律法规的要求，即在法律法规的框架下从事经营活动。

实现内部控制目标的手段是设计和执行控制政策及程序。设计和实施内部控制的责任主体是治理层、管理层和其他人员，组织中的每一个人对内部控制都负有责任。

（二）与审计相关的控制

内部控制的目标是合理保证财务报告的可靠性、经营的效率和效果以及对法律法规的遵守。注册会计师审计的目标是对财务报表是否不存在重大错报发表审计意见，尽管要求注册会计师在财务报表审计中考虑与审计相关的内部控制，但目的并非对被审计单位内部控制的有效性发表意见。因此，注册会计师需要了解和评价的内部控制只是与财务报表审计相关的内部控制，并非被审计单位所有的内部控制。

注册会计师在判断一项控制单独或连同其他控制是否与审计相关时，可能考虑的事项包括：（1）重要性；（2）相关风险的重要程度；（3）被审计单位的规模；（4）被审计单位业务的性质，包括组织结构和所有权特征；（5）被审计单位经营的多样性和复杂性；（6）适用的法律法规；（7）内部控制的情况和适用的要素；（8）作为内部控制组成部分的系统（包括使用服务机构）的性质和复杂性；（9）一项特定控制（单独或连同其他控制）是否以及如何防止或发现并纠正重大错报。

（三）内部控制的局限性

内部控制无论如何有效，都只能为被审计单位实现财务报告目标提供合理保证。内部控制实现目标的可能性受其固有限制的影响。这些限制包括：（1）在决策时人为判断可能出现错误和因人为失误而导致内部控制失效；（2）控制可能由于两个或更多的人员串通或管理层不当地凌驾于内部控制之上而被规避；（3）行使控制职能的人员素质不适应岗位要求，影响了内部控制功能的正常发挥；（4）内部控制的成本效益问题影响其效能，即当实施某项控制成本大于控制效果而发生损失时，就没有必要设置该控制环节或控制措施。

此外，内部控制一般都是针对经常而重复发生的业务设置的，如果出现不经常发生或未预计到的业务，原有控制就可能不适用。

【知识链接3-3】COSO（The Committee of Sponsoring Organizations of the Treadway Commission）是由美国会计学会、美国注册会计师协会、财务总监协会、内部审计师协会和管理会计师协会等五个职业团体于1985年联合发起设立的一个民间组织，当时设立的主要动机是资助"财务报告舞弊研究全国委员会"。"财务报告舞弊研究全国委员会"负责研究导致财务报告舞弊的因素，并对公众公司、会计师事务所、证监会及其他监督机构提出建议。现在COSO致力于通过倡导良好的企业道德与有效的内部控制和公司治理，改进财务报告的质量。

二、了解内部控制的内容

（一）控制环境

控制环境包括治理职能和管理职能，以及治理层和管理层对内部控制及其重要性的态度、认识和措施。控制环境设定了被审计单位的内部控制基调，影响员工对内部控制的意识。良好的控制环境是实施有效内部控制的基础。防止或发现并纠正舞弊和错误是被审计单位治理层和管理层的责任。在评价控制环境的设计和实施情况时，注册会计师应当了解管理层在治理层的监督下，是否营造并保持了诚实守信和合乎道德的文化，以及是否建立了防止或发现并纠正舞弊和错误的恰当控制。

1. 对诚信和道德价值观念的沟通与落实

诚信和道德价值观念会影响到重要业务流程的内部控制设计和运行。内部控制的有效性直接依赖于负责创建、管理和监控内部控制的人员的诚信和道德观念。被审计单位是否存在道德行为规范，以及这些规范如何在被审计单位内部得到沟通和落实，决定了是否能产生诚信和道德行为。对诚信和道德价值观念的沟通与落实，既包括管理层如何处理不诚实、非法或不道德行为，也包括在被审计单位内部，通过行为规范以及高层管理人员的身体力行，对诚信和道德价值观念的营造和保持。

注册会计师在了解和评估被审计单位诚信和道德价值观念的沟通与落实时，考虑的主要因素可能包括：（1）被审计单位是否有书面的行为规范并向所有员工传达；（2）被审计单位的企业文化是否强调诚信和道德价值观念的重要性；（3）管理层是否身体力行，高级管理人员是否起表率作用；（4）对违反有关政策和行为规范的情况，管理层是否采取适当的惩罚措施。

2. 对胜任能力的重视

胜任能力是指具备完成某一职位的工作所应有的知识和能力。管理层对胜任能力的重视包括对于特定工作所需的胜任能力水平的设定，以及对达到该水平所必需的知识和能力的要求。注册会计师应当考虑主要管理人员和其他相关人员是否能够胜任承担的工作和职责，如财务人员是否对编报财务报表所适用的会计准则有足够的了解并能正确运用。

注册会计师在了解和评估被审计单位对胜任能力的重视情况时，考虑的主要因素可能包括：（1）财务人员以及信息管理人员是否具备与被审计单位业务性质和复杂程度相称的足够的胜任能力和培训，在发生错误时，是否通过调整人员或系统来加以处理；（2）管理层是否配备足够的财务人员以适应业务发展和有关方面的需要；（3）财务人员是否具备理解和运用会计准则所需的技能。

3.治理层的参与程度

被审计单位的控制环境在很大程度上受治理层的影响。治理层的职责应在被审计单位的章程和政策中予以规定。其职责不仅包括监督会计政策以及内部、外部的审计工作和结果，还包括监督用于复核内部控制有效性的政策和程序设计是否合理，执行是否有效。治理层（董事会）往往通过其自身的活动，并在审计委员会或类似机构的支持下，监督财务报告政策和程序。

注册会计师在了解和评估被审计单位治理层的参与程度时，需要考虑以下主要因素：（1）董事会是否建立了审计委员会或类似机构；（2）董事会、审计委员会或类似机构是否与内部审计人员以及注册会计师有联系和沟通，联系和沟通的性质以及频率是否与被审计单位的规模和业务复杂程度相匹配；（3）董事会、审计委员会或类似机构的成员是否具备适当的经验和资历；（4）董事会、审计委员会或类似机构是否独立于管理层；（5）审计委员会或类似机构会议的数量和时间是否与被审计单位的规模和业务复杂程度相匹配；（6）董事会、审计委员会或类似机构是否充分地参与了监督编制财务报告的过程；（7）董事会、审计委员会或类似机构是否对经营风险的监控有足够的关注，进而影响被审计单位和管理层的风险评估过程；（8）董事会成员是否保持相对的稳定性。

4.管理层的理念和经营风格

管理层负责企业的运作以及经营策略和程序的制定、执行与监督。管理的理念和经营风格影响着控制环境的各个方面。例如，管理层对内部控制的重视，有助于控制的有效执行，并减少特定控制被忽视或规避的可能性。管理层的经营风格可以表明管理层所能接受的业务风险的性质。了解管理层的经营风格，有助于注册会计师判断哪些因素影响管理层对待内部控制的态度，哪些因素影响在编制财务报表时，尤其是在做出会计估计以及选用会计政策时所做的判断。因此，了解管理层的理念和经营风格对注册会计师评估重大错报风险具有重要意义。

注册会计师了解和评价被审计单位管理层的理念和经营风格时，考虑的主要因素可能包括：（1）管理层是否对内部控制，包括信息技术的控制，给予了适当的关注；（2）管理层是否由一个或几个人所控制，董事会、审计委员会或类似机构对其是否实施有效监督；（3）管理层在承担和监控经营风险方面是风险偏好者还是风险规避者；（4）管理层在选择会计政策和做出会计估计时是倾向于激进还是保守；（5）管理层对于信息管理人员以及财会人员是否给予了适当关注；（6）对于重大的内部控制和会计事项，管理层是否征询注册会计师的意见，或者经常在这些方面与注册会计师存在不同意见。

5.组织结构及职权与责任的分配

被审计单位的组织结构为计划、运作、控制及监督经营活动提供了一个整体框架。通过集权或分权决策，可在不同部门间进行适当的职责划分，建立适当层次的报告体系。组织结构将影响权利、责任和工作任务在组织成员中的分配。对组织结构的审查，不仅有助于注册会计师确定被审计单位的职责划分应该达到何种程度，而且有助于评价被审计单位在机构设置及权责分配方面的不足对总体审计策略产生的影响。

注册会计师了解和评估被审计单位的组织结构与职权和责任的分配时，考虑的主要因素可能包括：（1）在被审计单位内部是否有明确的职责划分，是否将业务授权、业务记录、资产保管和维护，以及业务执行的责任尽可能地分离；（2）数据的所有权划分是否合理；（3）是否已针对授权交易建立适当的政策和程序。

6.人力资源政策与实务

政策与程序（包括内部控制）的有效性，通常取决于执行人。因此，被审计单位员工的能力与诚信是控制环境中不可缺少的因素。人力资源政策与实务涉及招聘、培训、考核、晋升和薪酬等方面。被审计单位是否有能力招聘并保留一定数量既有能力又有责任心的员工，在很大程度上取决于其人力资源政策与实务。

注册会计师了解和评估被审计单位的人力资源政策与实务时，考虑的主要因素可能包括：（1）被审计单位在招聘、培训、考核、晋升、薪酬、调动和辞退员工方面，特别是在会计、财务和信息系统方面是否都有适当的政策和程序；（2）是否有书面的员工岗位职责手册，或者在没有书面文件的情况下，对于工作职责和期望是否做了适当的沟通和交流；（3）人力资源政策与程序是否清晰，并且定期发布和更新；（4）是否设定适当的程序，对分散在各地区和海外的经营人员建立和沟通人力资源政策与程序。

综上所述，注册会计师应当对控制环境的构成要素获取足够的了解，并考虑内部控制的实质及其综合效果，以了解管理层和治理层对内部控制及其重要性的态度、认识以及所采取的措施。在评价控制环境各个要素时，注册会计师还应当考虑控制环境各要素是否得到执行。因为可能存在管理层建立了合理的内部控制，但却未有效执行。另外，因控制环境本身并不能防止或发现并纠正各类交易、账户余额和披露认定层次的重大错报，所以注册会计师在评估重大错报风险时，应当将控制环境连同其他内部控制要素产生的影响一并考虑。例如，将控制环境与对控制的监督和具体控制活动一并考虑等。

（二）风险评估过程

任何经济组织在经营活动中都会面临各种各样的风险，风险对其生存和竞争能力产生影响。风险评估是内部控制的重要环节，其作用在于识别、评估和管理企业实现经营目标的各种风险。在企业生产经营过程中，只有进行科学的风险评估，自觉地将风险控制在可承受范围之内，才能实现企业的可持续发展。

风险评估过程由目标设定、风险识别、风险分析和风险应对构成。因此，注册会计师在对被审计单位整体层面的风险评估过程进行了解时，考虑的主要因素可能包括：（1）被审计单位是否已建立并沟通其整体目标，并辅以具体策略和业务流程层面的计划；（2）被审计单位是否已建立风险评估过程，包括识别风险、估计风险的重大性、评估风险发生的可能性以及确定需要采取的应对措施；（3）被审计单位是否已建立某种机制，识别和应对可能对被审计单位产生重大且普遍影响的变化，如在金融机构中建立资产负债管理委员会，在制造型企业中建立期货交易风险管理组等；（4）会计部门是否建立了某种流程，以识别会计准则的重大变化；（5）当被审计单位业务操作发生变化并影响交易记录的流程时，是否存在沟通渠道以通知会计部门；（6）风险管理部门是否建立了某种流程，以识别经营环境包括监管环境发生的重大变化。

（三）控制活动

控制活动是指结合具体业务和事项，运用相应的控制政策和程序实施的控制。被审计单位应当结合风险评估结果，通过手工控制与自动控制、预防性控制与发现性控制相结合的方法，运用相应的控制措施，将风险控制在可承受的程度之内。控制措施一般包括不相容职务分离控制、授权审批控制、会计系统控制、财产保护控制、预算控制、运营分析控制、绩效考评控制等。

注册会计师对被审计单位整体层面的控制活动进行的了解和评价，主要是针对被审计单位的一般控制活动，特别是信息技术一般控制。在了解和评估时，考虑的主要因素可能包括：（1）被审计单位的主要经营活动是否都有必要的控制政策和程序；（2）管理层在预算、利润和其他财务及经营业绩方面是否都有清晰的目标，在被审计单位内部，是否对这些目标加以清晰的记录和沟通，并且积极地对其进行监控；（3）是否存在计划和报告系统，以识别与目标业绩的差异，并向适当层次的管理层报告该差异；（4）是否由适当层次的管理层对差异进行调查，并及时采取适当的纠正措施；（5）不同人员的职责应在何种程度上相分离，以降低舞弊和不当行为发生的风险；（6）会计系统中的数据是否与实物资产定期核对；（7）是否建立了适当的保护措施，以防止未经授权接触文件、记录和资产；（8）是否存在信息安全职能部门监控信息安全政策和程序。

（四）信息系统与沟通

信息系统与沟通是指企业及时、准确、完整地收集整理与企业经营管理相关的各种内外部信息，并借助信息技术，促进这些信息以恰当的方式在企业各个层级之间进行及时传递、有效沟通和正确使用的过程。信息系统与沟通贯穿于内部控制体系的控制环境、风险评估过程、控制活动、对控制的监督四个基本要素，同时又是四个基本要素的重要工具，为企业内部控制的有效运行提供信息保证，从而有助于提高企业内部控制的效率和效果。被审计单位应当建立信息与沟通制度，明确内部控制相关信息的收集、处理和传递程序，确保信息及时沟通，促进内部控制有效运行。

1.对与财务报告相关的信息系统的了解

与财务报告相关的信息系统包括用以生成、记录、处理和报告交易、事项和情况，对相关资产、负债和所有者权益履行经营管理者责任的程序和记录。注册会计师应当从以下方面了解和评价与财务报告相关的信息系统：（1）在被审计单位经营过程中，对财务报表具有重大影响的各类交易；（2）在信息技术和人工系统中，被审计单位的交易生成、记录、处理、必要的更正、结转至总账以及在财务报表中报告的程序；（3）用以生成、记录、处理和报告（包括纠正不正确的信息以及信息如何结转至总账）交易的会计记录、支持性信息和财务报表中的特定账户；（4）被审计单位的信息系统如何获取除交易以外的其他重大事项和情况；（5）用于编制被审计单位财务报表（包括做出的重大会计估计和披露）的财务报告过程；（6）与会计分录相关的控制，这些分录包括用以记录非经常性的、异常的交易或调整的非标准会计分录。

2.对与财务报告相关的沟通的了解

与财务报告相关的沟通包括使员工了解各自在与财务报告有关的内部控制方面的角色和

职责，员工之间的工作联系，以及向适当级别的管理层报告例外事项的方式。注册会计师应当了解被审计单位内部如何对财务报告的岗位职责以及与财务报告相关的重大事项进行沟通，包括管理层与治理层（特别是审计委员会）之间的沟通，以及被审计单位与外部（包括与监管部门）的沟通。具体包括：（1）管理层就员工的职责和控制责任是否进行了有效沟通；（2）针对可疑的不恰当事项和行为是否建立了沟通渠道；（3）组织内部沟通的充分性是否能够使人员有效地履行职责；（4）对于与客户、供应商、监管者和其他外部人士的沟通，管理层是否及时采取适当的进一步行动；（5）被审计单位是否受到某些监管机构发布的监管要求的约束；（6）外部人士，如客户和供应商，在多大程度上获知被审计单位的行为守则。

（五）对控制的监督

对控制的监督是企业内部控制得以有效实施的机制保障，在内部控制构成要素中，具有十分重要的作用。被审计单位应当制定内部控制监督制度，明确内部审计机构（或经授权的其他监督机构）和其他内部机构在内部监督中的职责权限，规范监督的程序、方法和要求。

注册会计师在对被审计单位整体层面的监督进行了解和评价时，考虑的主要因素可能包括：（1）被审计单位是否定期评价内部控制；（2）被审计单位人员在履行正常职责时，能够在多大程度上获得内部控制是否有效运行的证据；（3）与外部的沟通能够在多大程度上证实内部产生的信息或者指出存在的问题；（4）管理层是否采纳内部审计人员和注册会计师有关内部控制的建议；（5）管理层是否及时纠正控制运行中的偏差；（6）管理层根据监管机构的报告及建议是否及时采取纠正措施；（7）是否存在协助管理层监督内部控制的职能部门，如内部审计部门等。

三、了解内部控制的深度与步骤

（一）了解内部控制的深度

对内部控制了解的深度，是指在了解被审计单位及其环境时对内部控制了解的程度，包括评价控制的设计，并确定其是否得到执行，但不包括对控制是否得到一贯执行的测试。

1.评价控制的设计

注册会计师在了解内部控制时，应当评价控制的设计，并确定其是否得到执行。评价控制的设计，涉及考虑该控制单独或连同其他控制是否能够有效防止或发现并纠正重大错报。控制得到执行是指某项控制存在且被审计单位正在使用。评估一项无效控制的运行没有什么意义，因此，需要首先考虑控制的设计。设计不当的控制可能表明存在值得关注的内部控制缺陷。

2.获取控制设计和执行的审计证据

注册会计师通常实施下列风险评估程序，以获取有关控制设计和执行的审计证据：（1）询问被审计单位人员；（2）观察特定控制的运用；（3）检查文件和报告；（4）追踪交易在财务报告信息系统中的处理过程（穿行测试）。这些程序是风险评估程序在了解被审计单位内部控制方面的具体运用。值得注意的是，询问本身并不足以评价控制的设计以及确定其是否得到执行，注册会计师应当将询问与其他风险评估程序结合使用。

（二）了解内部控制的步骤

了解内部控制包括以下四个重要步骤：

第一步，识别需要降低哪些风险以预防财务报表中发生重大错报。

第二步，记录相关的内部控制。目的是识别是否存在内部控制以降低第一步所列出的风险因素，但没有必要记录和评价与审计无关的内部控制。

第三步，评价控制的执行。主要是实施穿行测试，以确信识别的内部控制实际上确实存在。

第四步，评估内部控制的设计。汇总获得的所有信息，并根据风险因素描绘识别出的（或执行的）控制。

完成上述四个步骤后，注册会计师应当确定内部控制是否存在重大缺陷。

第四节　评估重大错报风险

一、评估财务报表层次和认定层次的重大错报风险

（一）评估重大错报风险时应考虑的因素

在评估重大错报风险时，注册会计师应考虑的部分风险因素，如表3-3所示。

表3-3　　　　　　　　　　　　风险评估时考虑的部分风险因素

1. 已知的风险是什么？	
财务报表层次	1. 源于薄弱的被审计单位整体层面内部控制或信息技术一般控制； 2. 与财务报表整体广泛相关的特别风险； 3. 与管理层凌驾和舞弊相关的风险因素； 4. 管理层愿意接受的风险，例如小企业因缺乏职责分工导致的风险
认定层次	1. 与完整性、准确性、存在或计价相关的特定风险： （1）收入、费用和其他交易； （2）账户余额； （3）财务报表披露。 2. 可能产生多重错报的风险
相关内部控制程序	1. 特别风险； 2. 用于预防、发现或减轻已识别风险的恰当设计并执行的内部控制程序； 3. 仅通过执行控制测试应对的风险
2. 错报（金额影响）可能发生的规模有多大？	
财务报表层次	什么事项可能导致财务报表重大错报？考虑管理层凌驾、舞弊、未预期事件和以往经验
认定层次	考虑： （1）交易、账户余额或披露的固有性质； （2）日常和例外事件； （3）以往经验
3. 事件（风险）发生的可能性有多大？	
财务报表层次	考虑： （1）来自高层的基调； （2）管理层风险管理的方法； （3）采用的政策和程序； （4）以往经验
认定层次	考虑： （1）相关的内部控制活动； （2）以往经验
相关内部控制程序	识别对于降低事件发生可能性非常关键的管理层风险应对要素

（二）评估重大错报风险的程序

在评估重大错报风险时，注册会计师应当实施以下程序：

1.在了解被审计单位及其环境（包括与风险相关的控制）的整个过程中，结合对财务报表中各类交易、账户余额和披露的考虑，识别风险。例如，被审计单位因相关环境法规的实施需要更新设备，可能面临原有设备闲置或贬值的风险；宏观经济的低迷可能预示应收账款的回收存在问题；竞争者开发的新产品上市，可能导致被审计单位的主要产品在短期内过时，预示将出现存货跌价和长期资产（如固定资产）的减值。

2.结合对拟测试的相关控制的考虑，将识别的风险与认定层次可能发生错报的领域相联系。例如，销售困难使产品的市场价格下降，可能导致年末存货成本高于其可变现净值而需要计提存货跌价准备，这显示存货的计价认定可能发生错报。

3.评估识别出的风险，并评价其是否更广泛地与财务报表整体相关，进而潜在地影响多项认定。

4.考虑发生错报的可能性（包括发生多项错报的可能性），以及潜在错报的重大程度是否足以导致重大错报。

注册会计师应当利用实施风险评估程序获取的信息，包括在评价控制设计和确定其是否得到执行时获取的审计证据，作为支持风险评估结果的审计证据。注册会计师应当根据风险评估结果，确定实施进一步审计程序的性质、时间安排和范围。

（三）识别两个层次的重大错报风险

在对重大错报风险进行识别和评估后，注册会计师应当确定，识别的重大错报风险是与特定的某类交易、账户余额、列报的认定相关，还是与财务报表整体广泛相关，进而影响多项认定。

某些重大错报风险可能与特定的某类交易、账户余额、列报的认定相关。如被审计单位存在复杂的联营或合资，这一事项表明长期股权投资账户的认定可能存在重大错报风险。又如，被审计单位存在重大的关联方交易，该事项表明关联方及关联方交易的披露认定可能存在重大错报风险。

某些重大错报风险可能与财务报表整体广泛相关，进而影响多项认定。如在经济不稳定的国家和地区开展业务、资产的流动性出现问题、重要客户流失、融资能力受到限制等，可能导致注册会计师对被审计单位的持续经营能力产生重大疑虑。又如，管理层缺乏诚信或承受异常的压力可能引发舞弊风险，这些风险与财务报表整体相关。

（四）控制环境对评估财务报表层次重大错报风险的影响

财务报表层次的重大错报风险很可能源于薄弱的控制环境。薄弱的控制环境带来的风险可能对财务报表产生广泛影响，难以限于某类交易、账户余额和披露，注册会计师应当采取总体应对措施。例如，被审计单位治理层、管理层对内部控制的重要性缺乏认识，没有建立必要的制度和程序；或管理层经营理念偏于激进，又缺乏实现激进目标的人力资源等，这些缺陷源于薄弱的控制环境，可能对财务报表产生广泛影响，需要注册会计师采取总体应对措施。

（五）控制对评估认定层次重大错报风险的影响

在评估重大错报风险时，注册会计师应当将所了解的控制与特定认定相联系。这是由于控制有助于防止或发现并纠正认定层次的重大错报。在评估重大错报发生的可能性时，除了考虑可能的风险外，还要考虑控制对风险的抵消和遏制作用。有效的控制会减少错报发生的可能性，而控制不当或缺乏控制，错报就有可能变成现实。

控制可能与某一认定直接相关，也可能与某一认定间接相关。关系越间接，控制在防止或发现并纠正认定中错报的作用越小。例如，销售经理对分地区的销售网点的销售情况进行复核，与销售收入完整性的认定只是间接相关。相应地，该项控制在降低销售收入完整性认定中的错报风险方面的效果，要比与该认定直接相关的控制（如将发货单与开具的销售发票相核对）的效果差。

注册会计师可能识别出有助于防止或发现并纠正特定认定发生重大错报的控制。在确定这些控制是否能够实现上述目标时，注册会计师应当将控制活动和其他要素综合考虑。如将销售和收款的控制置于其所在的流程和系统中考虑，以确定其能否实现控制目标。因为单个的控制活动（如将发货单与销售发票相核对）本身并不足以控制重大错报风险，只有多种控制活动和内部控制的其他要素综合作用才足以控制重大错报风险。

当然，也有某些控制活动可能专门针对某类交易或账户余额的个别认定。例如，被审计单位建立的、以确保盘点工作人员能够正确地盘点和记录存货的控制活动，直接与存货账户余额的存在和完整性认定相关。注册会计师只需要对盘点过程和程序进行了解，就可以确定控制是否能够实现目标。

注册会计师应当考虑对识别的各类交易、账户余额和披露认定层次的重大错报风险予以汇总和评估，以确定进一步审计程序的性质、时间安排和范围。评估认定层次重大错报风险汇总表，如表3-4所示。

表3-4　　　　　　　　　　评估认定层次重大错报风险汇总表

重大账户	认　　定	识别的重大错报风险	风险评估结果
列示重大账户。如应收账款	列示相关的认定,如存在、完整性、计价或分摊等	汇总实施审计程序识别出的与该重大账户的某项认定相关的重大错报风险	评估该项认定的重大错报风险水平(应考虑控制设计是否合理、是否得到执行)

注：注册会计师也可以在该表中记录针对评估的认定层次重大错报风险而制定的相应审计方案。

（六）考虑财务报表的可审计性

注册会计师在了解被审计单位内部控制后，可能对被审计单位财务报表的可审计性产生怀疑。如对被审计单位会计记录的可靠性和状况的担心可能会使注册会计师认为可能很难获取充分、适当的审计证据，以支持对财务报表发表意见。又如，管理层缺乏诚信，注册会计师认为管理层在财务报表中做出虚假陈述的风险高到无法进行审计的程度。因此，如果通过对内部控制的了解发现下列情况，并对财务报表局部或整体的可审计性产生疑问，注册会计师应当考虑出具保留意见或无法表示意见的审计报告：（1）被审计单位会计记录的状况和可靠性存在重大问题，不能获取充分、适当的审计证据以发表无保留意见；（2）对管理层的诚信存在严重疑虑。必要时，注册会计师应当考虑解除业务约定。

二、需要特别考虑的重大错报风险

(一) 确定特别风险时应考虑的事项

特别风险是指注册会计师识别和评估的、根据判断认为需要特别考虑的重大错报风险。在确定特别风险时，注册会计师应当在考虑识别出的控制对相关风险的抵消效果前，根据风险的性质、潜在错报的重要程度（包括该风险是否可能导致多项错报）和发生的可能性，判断风险是否属于特别风险。

在确定风险的性质时，注册会计师应当考虑下列事项：(1) 风险是否属于舞弊风险；(2) 风险是否与近期经济环境、会计处理方法和其他方面的重大变化相关；(3) 交易的复杂程度；(4) 风险是否涉及重大的关联方交易；(5) 财务信息计量的主观程度，特别是计量结果是否具有高度不确定性；(6) 风险是否涉及异常或超出正常经营过程的重大交易。

(二) 非常规交易和判断事项导致的特别风险

一般情况下，日常的、不复杂的、经正规处理的交易不太可能产生特别风险，特别风险通常与重大的非常规交易和判断事项有关。

非常规交易是指由于金额或性质异常而不经常发生的交易。如企业合并、债务重组、重大或有事项等。由于非常规交易具有下列特征，与重大非常规交易相关的特别风险可能导致更高的重大错报风险：(1) 管理层更多地干预会计处理；(2) 数据收集和处理进行更多的人工干预；(3) 复杂的计算或会计处理方法；(4) 非常规交易的性质可能使被审计单位难以对由此产生的特别风险实施有效控制。

判断事项通常包括做出的会计估计（具有计量的重大不确定性）。如资产减值准备金额的估计、需要运用估值技术确定的公允价值计量等。由于下列原因，与重大判断事项相关的特别风险可能导致更高的重大错报风险：(1) 对涉及会计估计、收入确认等方面的会计原则存在不同的理解；(2) 所要求的判断可能是主观和复杂的，或需要对未来事项做出假设。

(三) 考虑与特别风险相关的控制

了解与特别风险相关的控制，有助于注册会计师制定有效的审计方案予以应对。对特别风险，注册会计师应当评价相关控制的设计情况，并确定其是否已经得到执行。由于与重大非常规交易或判断事项相关的风险很少受到日常控制的约束，注册会计师应当了解被审计单位是否针对该特别风险设计和实施了控制。如做出会计估计所依据的假设是否由管理层或专家进行复核，是否建立做出会计估计的正规程序，重大会计估计结果是否由治理层批准等。再如，管理层在收到重大诉讼事项的通知时采取的措施，包括这类事项是否提交适当的专家（如内部或外部的法律顾问）处理、是否对该事项的潜在影响做出评估、是否确定该事项在财务报表中的披露问题以及如何确定等。

如果管理层未能实施控制以恰当应对特别风险，注册会计师应当认为内部控制存在重大缺陷，并考虑其对风险评估的影响。在这种情况下，注册会计师应当就此类事项与治理层沟通。

三、仅通过实质性程序无法应对的重大错报风险

作为风险评估的一部分，如果认为仅通过实质性程序获取的审计证据无法将认定层次的重大错报风险降至可接受的低水平，注册会计师应当评价被审计单位针对这些风险设计

的控制，并确定其执行情况。

在被审计单位对日常交易采用高度自动化处理的情况下，审计证据可能仅以电子形式存在，其充分性和适当性通常取决于自动化信息系统相关控制的有效性，注册会计师应当考虑仅通过实施实质性程序不能获取充分、适当审计证据的可能性。如某企业通过高度自动化的系统确定采购品种和数量，生成采购订单，并通过系统中设定的收货确认和付款条件进行付款。除了系统中的相关信息以外，该企业没有其他有关订单和收货的记录。在这种情况下，如果认为仅通过实施实质性程序不能获取充分、适当的审计证据，注册会计师应当考虑依赖的相关控制的有效性，并对其进行了解、评估和测试。

四、对风险评估的修正

注册会计师对认定层次重大错报风险的评估应以获取的审计证据为基础，并可能随着不断获取审计证据而做出相应的变化。如注册会计师对重大错报风险的评估可能基于预期控制运行有效这一判断，即相关控制可以防止或发现并纠正认定层次的重大错报。但在测试控制运行的有效性时，注册会计师获取的证据可能表明相关控制在被审计期间并未有效运行。同时，在实施实质性程序后，注册会计师可能发现错报的金额和频率比在风险评估时预计的金额和频率高。因此，如果通过实施进一步审计程序获取的审计证据与初始评估获取的审计证据相矛盾时，注册会计师应当修正风险评估结果，并相应修改原计划实施的进一步审计程序。

与了解被审计单位及其环境一样，评估重大错报风险也是一个连续和动态地收集、更新与分析信息的过程，并贯穿于整个审计过程的始终。

在实务中，注册会计师汇总风险评估结果的审计工作底稿如表3-5所示。

表3-5 **风险评估结果汇总表**

被审计单位：_____ 索引号：_____
项目：_____ 截止日/期间：_____
编制：_____ 复核：_____
日期：_____ 日期：_____

一、识别的重大错报风险汇总表

识别的重大错报风险	索引号	属于财务报表层次还是认定层次	是否属于特别风险	是否属于仅通过实质性程序无法应对的重大错报风险	受影响的交易类别、账户余额和列报认定

二、财务报表层次风险应对方案表

财务报表层次重大错报风险	索引号	总体应对措施

续表

三、特别风险结果汇总及应对措施表

项目	经营目标	经营风险	特别风险	管理层应对或控制措施	财务报表项目及认定	审计措施	向被审计单位报告的事项
举例	被审计单位通过发展中小城市的新客户和放宽授信额度争取销售收入比上一年度增长25%	不严格执行对新客户的信用记录调查和筛选、放宽授信额度会增加坏账风险	应收账款坏账准备的计提可能不足	（1）总经理批准对新客户的赊销申请；（2）对超过一年未收回的账款由销售部门与客户签订还款协议，其条款须经总经理批准；（3）销售经理定期编制逾期应收账款还款协议签订及执行情况报告，并经总经理复核；（4）财务经理根据该报告并结合账龄分析报告，对有可能难以收回的应收账款计提坏账准备	应收账款（相关认定：计价和分摊）	（1）与总经理讨论对新客户信用调查和授信情况、应收账款的回收情况；（2）与财务经理讨论坏账准备的计提；（3）审阅账龄分析报告和还款协议签订及执行报告；（4）检查还款协议和账款收回情况	无或详见与管理层或治理层沟通函

第五节 风险应对

一、针对财务报表层次重大错报风险的总体应对措施

在财务报表重大错报风险评估过程中，注册会计师应当确定，识别的重大错报风险是与特定的某类交易、账户余额和披露的认定相关，还是与财务报表整体广泛相关，进而影响多项认定。如果是后者，则属于财务报表层次的重大错报风险。注册会计师应当针对财务报表层次的重大错报风险制定总体应对措施，具体包括：

（1）向项目组强调保持职业怀疑态度的必要性。

（2）指派更有经验或具有特殊技能的审计人员，或利用专家的工作。由于各行业在经营业务、经营风险、财务报告、法规要求等方面具有特殊性，审计人员的专业分工细化成为一种趋势。审计项目组成员中应有一定比例的人员曾经参与过被审计单位以前年度的审计，或具有被审计单位所处特定行业的相关审计经验。必要时，要考虑利用信息技术、税务、评估、精算等方面的专家的工作。

（3）提供更多的督导。对于财务报表层次重大错报风险较高的审计项目，项目组的高级别成员，如项目负责人、项目经理等经验丰富的人员，要对其他成员提供更详细、更经

常、更及时的指导和监督并加强项目质量复核。

（4）在选择实施的进一步审计程序时融入更多的不可预见的因素。被审计单位人员，尤其是管理层，如果熟悉注册会计师的审计思路，就可能采取种种规避手段，掩盖财务报告中的舞弊行为。因此，在设计拟实施审计程序的性质、时间安排和范围时，为了避免既定思维对审计方案的限制，避免对审计效果的人为干预，从而使得针对重大错报风险的进一步审计程序更加有效，注册会计师需要考虑使某些程序不为被审计单位管理层所预见或事先了解。

在实务中，注册会计师可能通过以下方式提高审计程序的不可预见性：①对某些未测试过的低于设定的重要性水平或风险较小的账户余额和认定实施实质性程序；②调整实施审计程序的时间，使被审计单位不可预期；③采取不同的审计抽样法，使当期抽取的测试样本与以前有所不同；④选取不同的地点实施审计程序，或预先不告知被审计单位所选定的测试地点。

（5）对拟实施审计程序的性质、时间安排和范围做出总体修改。财务报表层次的重大错报风险很可能源于薄弱的控制环境。薄弱的控制环境带来的风险可能对财务报表产生广泛影响，难以限于某类交易、账户余额和披露，注册会计师应当采取总体应对措施，对拟实施审计程序的性质、时间和范围做出总体修改，同时考虑：①在期末而非期中实施更多的审计程序。因为控制环境的缺陷往往会削弱期中获得的审计证据的可信赖程度。②通过实施实质性程序获取更广泛的审计证据。良好的控制环境是其他控制要素发挥作用的基础。控制环境的缺陷通常会削弱其他控制要素的作用，导致注册会计师可能无法依赖内部控制，而主要依赖实施实质性程序获取审计证据。③增加拟纳入审计范围的经营地点的数量。

【知识拓展3-1】增加审计程序不可预见性的示例，如表3-6所示。

表3-6　　　　　　　　　　　审计程序的不可预见性示例

审计领域	一些可能适用的具有不可预见性的审计程序
存货	向以前审计过程中接触不多的被审计单位员工询问，例如采购、销售、生产人员等
	在不事先通知被审计单位的情况下，选择一些以前未曾到过的盘点地点进行存货监盘
销售和应收账款	向以前审计过程中接触不多或未曾接触过的被审计单位员工询问，例如负责处理大客户的销售部人员
	改变实施实质性分析程序的对象，例如对收入按细类进行分析
	针对销售和销售退回延长截止测试期间

审计领域	一些可能适用的具有不可预见性的审计程序
销售和应收账款	实施以前未曾考虑过的审计程序，例如： （1）函证确认销售条款或者选定销售额较不重要、以前未曾关注的销售交易，例如对出口销售实施实质性程序。 （2）实施更细致的分析程序，例如使用计算机辅助审计技术复核销售及客户账户。 （3）测试以前未曾函证过的账户余额，例如，金额为负或是零的账户，或者余额低于以前设定的重要性水平的账户。 （4）改变函证日期，即把所函证账户的截止日期提前或者推迟。 （5）对关联公司销售和相关账户余额，除了进行函证外，再实施其他审计程序进行验证
采购和应付账款	如果以前未曾对应付账款余额普遍进行函证，可考虑直接向供应商函证确认余额。如果经常采用函证方式，可考虑改变函证的范围或者时间
	对以前由于低于设定的重要性水平而未曾测试过的采购项目，进行细节测试
	使用计算机辅助审计技术审阅采购和付款账户，以发现一些特殊项目，例如是否有不同的供应商使用相同的银行账户
库存现金和银行存款	多选几个月的银行存款余额调节表进行测试
	对有大量银行账户的，考虑改变抽样方法
固定资产	对以前由于低于设定的重要性水平而未曾测试过的固定资产进行测试，例如考虑实地盘查一些价值较低的固定资产，如汽车和其他设备等
集团审计项目	修改组成部分审计工作的范围或者区域，如增加某些不重要的组成部分的审计工作量，或实地去组成部分开展审计工作

二、针对认定层次重大错报风险的进一步审计程序

进一步审计程序是相对于风险评估程序而言的，是指注册会计师针对评估的各类交易、账户余额和披露认定层次重大错报风险实施的审计程序，包括控制测试和实质性程序。

（一）控制测试

控制测试是指用于评价内部控制在防止或发现并纠正认定层次重大错报方面的运行有效性的审计程序。与了解内部控制不同，控制测试的目的是获取关于控制是否有效运行的审计证据，而了解内部控制的目的则在于评价内部控制的设计，确定内部控制是否得到执行。

在测试控制运行的有效性时，注册会计师应当从以下方面获取关于控制是否有效运行的审计证据：（1）控制在所审计期间的不同时点是如何运行的；（2）控制是

否得到一贯执行；（3）控制由谁执行；（4）控制以何种方式运行（如人工控制或自动化控制）。

1.控制测试的要求

作为进一步审计程序的类型之一，控制测试并非在任何情况下都需要实施。当存在下列情形之一时，注册会计师应当实施控制测试：（1）在评估认定层次重大错报风险时，预期控制的运行是有效的；（2）仅实施实质性程序并不能够提供认定层次充分、适当的审计证据。

注册会计师通过实施风险评估程序，可能发现某项控制的设计是存在的，也是合理的，同时得到了执行。在这种情况下，出于成本效益的考虑，注册会计师可能预期，如果相关控制在不同时点都得到了一贯执行，与该项控制有关的财务报表认定发生重大错报的可能性就不会很大，也就不需要实施很多的实质性程序。为此，注册会计师可能会认为值得对相关控制在不同时点是否得到了一贯执行进行测试，即实施控制测试。这种测试主要是出于成本效益的考虑，其前提是注册会计师通过了解内部控制以后认为某项控制存在着被信赖和利用的可能。因此，只有认为控制设计合理、能够防止或发现并纠正认定层次的重大错报，注册会计师才有必要对控制运行的有效性实施测试。

对有些重大错报风险，注册会计师仅通过实质性程序无法予以应对。例如，在被审计单位对日常交易或与财务报表相关的其他数据（包括信息的生成、记录、处理、报告）采用高度自动化处理的情况下，审计证据可能仅以电子形式存在，此时审计证据是否充分和适当通常取决于自动化信息系统相关控制的有效性。如果信息的生成、记录、处理和报告均通过电子格式进行而没有适当有效的控制，则生成不正确信息或信息被不恰当修改的可能性就会大大增加。在认为仅通过实施实质性程序不能获取充分、适当的审计证据的情况下，注册会计师必须实施控制测试，且这种测试已经不再是单纯出于成本效益的考虑，而是必须获取的一类审计证据。

此外，被审计单位在所审计期间内可能由于技术更新或组织管理变更而更换了信息系统，从而导致在不同时期使用了不同的控制。如果被审计单位在所审计期间内的不同时期使用了不同的控制，注册会计师应当考虑不同时期控制运行的有效性。

2.控制测试的程序

虽然控制测试与了解内部控制的目的不同，但两者采用的审计程序的类型通常相同，包括询问、观察、检查和重新执行。

（1）询问。注册会计师可以向被审计单位适当员工询问，获取与内部控制运行情况相关的信息。例如，询问信息管理人员有无未经授权接触计算机硬件和软件，向负责复核银行存款余额调节表的人员询问如何进行复核，包括复核的要点是什么、发现不符事项如何处理等。然而，仅仅通过询问不能为控制运行的有效性提供充分的证据，注册会计师通常需要印证被询问者的答复，如向其他人员询问和检查执行控制时所使用的报告、手册或其他文件等。虽然询问是一种有用的手段，但它必须和其他测试手段结合使用才能发挥作用。在询问过程中，注册会计师应当保持职业怀疑。

（2）观察。观察是测试不留下书面记录的控制（如职责分离）的运行情况的有效方法。例如，观察存货盘点控制的执行情况。观察也可运用于实物控制，如查看仓库门是否锁好，或空白支票是否妥善保管。通常情况下，注册会计师通过观察直接获取的证据比间接获取的证据更可靠。但是，注册会计师还要考虑其所观察到的控制在注册会计师不在场时可能未被执行的情况。

（3）检查。对运行情况留有书面证据的控制，检查非常适用。书面说明、复核时留下的记号，或其他记录在偏差报告中的标志，都可以被当做控制运行情况的证据。例如，检查销售发票是否有复核人员签字，检查销售发票是否附有客户订购单和出库单等。

（4）重新执行。通常只有当询问、观察和检查程序结合在一起仍无法获取充分的证据时，注册会计师才考虑通过重新执行来证实控制是否有效运行。例如，为了合理保证计价认定的准确性，被审计单位的一项控制是由复核人员核对销售发票上的价格与统一价格单上的价格是否一致。但是，要检查复核人员有没有认真执行核对，仅仅检查复核人员是否在相关文件上签字是不够的，注册会计师还需要自己选取一部分销售发票进行核对，这就是重新执行。如果需要进行大量的重新执行，注册会计师就要考虑通过实施控制测试以缩小实质性程序的范围是否有效率。

由于询问本身并不足以测试控制运行的有效性，而观察提供的证据仅限于观察发生的时点，因此，将询问和观察与检查或重新执行结合使用，可能比仅实施询问和观察获取更高水平的保证。例如，被审计单位针对处理收到的邮政汇款单设计和执行了相关的内部控制，注册会计师通过询问和观察程序往往不足以测试此类控制的运行有效性，还需要检查能够证明此类控制在所审计期间的其他时段有效运行的文件和凭证，以获取充分、适当的审计证据。

3.控制测试的时间

控制测试的时间，包括何时实施控制测试和测试所针对的控制适用的时点或期间。如果测试特定时点的控制，注册会计师仅需获取该时点控制运行有效性的审计证据；如果测试某一期间的控制，注册会计师可获取控制在该期间有效运行的审计证据。因此，注册会计师应当根据控制测试的目的确定控制测试的时间，并确定拟依赖的相关控制的时点或期间。

控制测试的目的不同，控制测试的时间亦不同。如果仅需要测试控制在特定时点的运行有效性（如对被审计单位期末存货盘点进行控制测试），注册会计师只需要获取该时点的审计证据。如果需要获取控制在某一期间有效运行的审计证据，仅获取与时点相关的审计证据是不充分的，注册会计师应当辅以其他控制测试，包括测试被审计单位对控制的监督。其中其他控制测试应能够提供相关控制在所有相关时点都运行有效的审计证据。被审计单位对控制的监督起到的就是一种检验相关控制在所有相关时点是否都有效运行的作用，因此，注册会计师测试这类活动能够强化控制在某一期间运行有效性的审计证据的效力。

4.控制测试的范围

控制测试的范围主要是指某项控制活动的测试次数。注册会计师应当设计控制测试，以获取控制在整个拟信赖的期间有效运行的充分、适当的审计证据。

在确定控制测试的范围时，除考虑对控制的信赖程度外，注册会计师还可能考虑下列因素：（1）在拟信赖的期间，被审计单位执行控制的频率。控制执行的频率越高，控制测试的范围越大。（2）在所审计期间，注册会计师拟信赖控制运行有效性的时间长度。拟信赖控制运行有效性的时间长度不同，在该时间长度内发生的控制活动次数也不同。拟信赖的期间越长，控制测试的范围越大。（3）控制的预期偏差。预期偏差，也称预期偏差率，可以用控制未得到执行的预期次数占控制应当得到执行次数的比率加以衡量。控制的预期偏差率越高，需要实施控制测试的范围越大。如果控制的预期偏差率过高，注册会计师应当考虑控制可能不足以将认定层次的重大错报风险降至可接受的低水平，从而针对某一认定实施的控制测试可能是无效的。（4）通过测试与认定相关的其他控制获取的审计证据的范围。针对同一认定，可能存在不同的控制。当针对其他控制获取审计证据的充分性和适当性较高时，测试该控制的范围可适当缩小。（5）拟获取的有关认定层次控制运行有效性的审计证据的相关性和可靠性。对审计证据的相关性和可靠性要求越高，控制测试的范围越大。

在确定控制测试范围时，注册会计师还需要特别考虑被审计单位的自动化控制。因为信息技术处理具有内在一贯性，除非系统发生变动，否则一项自动化应用控制应当一贯运行。所以，对于一项自动化应用控制，一旦确定被审计单位正在执行该控制，注册会计师通常无须扩大控制测试的范围，但需要考虑执行下列测试以确定该控制持续有效运行：（1）测试与该应用控制有关的一般控制的运行有效性；（2）确定系统是否发生变动，如果发生变动，是否存在适当的系统变动控制；（3）确定对交易的处理是否使用授权批准的软件版本。

（二）实质性程序

实质性程序是指用于发现认定层次重大错报的审计程序，包括对各类交易、账户余额和列报的细节测试和实质性分析程序。

细节测试是对各类交易、账户余额和列报的具体细节进行测试，目的在于直接识别财务报表认定是否存在错报。细节测试被用于获取与某些认定相关的审计证据，如存在、准确性、计价等。

实质性分析程序主要是通过研究数据间关系来评价信息，以识别各类交易、账户余额、列报及相关认定是否存在错报。从技术特征上看，实质性分析程序仍然是分析程序，通常更适用于在一段时间内存在可预期关系的大量交易。

注册会计师实施的实质性程序应当包括下列与财务报表编制完成阶段相关的审计程序：（1）将财务报表与其所依据的会计记录进行核对或调节。（2）检查财务报表编制过程中做出的重大会计分录和其他调整。注册会计师对会计分录和其他会计调整进行检查的性质和范围，取决于被审计单位财务报告过程的性质和复杂程度，以及由此产生的重大错报风险。

由于注册会计师对重大错报风险的评估是一种判断，可能无法充分识别所有的重大错报风险，并且由于内部控制存在固有局限性，无论评估的重大错报风险结果如何，注册会计师都应当针对所有重大类别的交易、账户余额和披露执行实质性程序。

本章小结

风险评估与应对的内容构成如图3-1所示。

风险评估与应对
├─ 风险评估程序
│ ├─ 风险评估的目的
│ ├─ 风险评估程序和信息来源
│ │ ├─ 询问管理层和被审计单位内部其他人员
│ │ ├─ 实施分析程序
│ │ ├─ 观察和检查
│ │ └─ 其他审计程序
│ └─ 项目组内部的讨论
│   ├─ 讨论的目标
│   ├─ 讨论的内容
│   ├─ 参与讨论的人员
│   └─ 讨论的时间和方式
├─ 了解被审计单位及其环境
│ ├─ 总体要求
│ ├─ 行业状况、法律环境与监管环境以及其他外部因素
│ │ ├─ 行业状况
│ │ ├─ 法律环境与监管环境
│ │ ├─ 其他外部因素
│ │ └─ 了解的重点和程度
│ ├─ 被审计单位的性质
│ │ ├─ 所有权结构
│ │ ├─ 治理结构
│ │ ├─ 组织结构
│ │ ├─ 经营活动
│ │ ├─ 投资活动
│ │ └─ 筹资活动
│ ├─ 被审计单位对会计政策的选择和运用
│ │ ├─ 被审计单位重要的会计政策
│ │ └─ 被审计单位重要的会计政策变更
│ ├─ 被审计单位的目标、战略以及相关经营风险
│ └─ 被审计单位财务业绩的衡量与评价
├─ 了解被审计单位内部控制
│ ├─ 内部控制的目标
│ │ ├─ 合理保证财务报告的可靠性
│ │ ├─ 合理保证经营的效率和效果
│ │ └─ 合理保证遵守适用的法律法规的要求
│ ├─ 内部控制的要素——控制环境、风险评估过程、与财务报告相关的信息系统和沟通、控制活动和对控制的监督
│ └─ 了解内部控制的深度和步骤
├─ 评估重大错报风险
│ ├─ 评估财务报表层次和认定层次的重大错报风险
│ │ ├─ 评估重大错报风险时应考虑的因素
│ │ └─ 评估重大错报风险的程序
│ ├─ 需要特别考虑的重大错报风险
│ │ ├─ 确定特别风险时应考虑的事项
│ │ ├─ 非常规交易和判断事项导致的特别风险
│ │ └─ 考虑与特别风险相关的控制
│ ├─ 仅通过实质性程序无法应对的重大错报风险
│ └─ 对风险评估的修正
└─ 风险应对
   ├─ 针对财务报表层次重大错报风险的总体应对措施
   └─ 针对认定层次重大错报风险的进一步审计程序
      ├─ 控制测试
      └─ 实质性程序

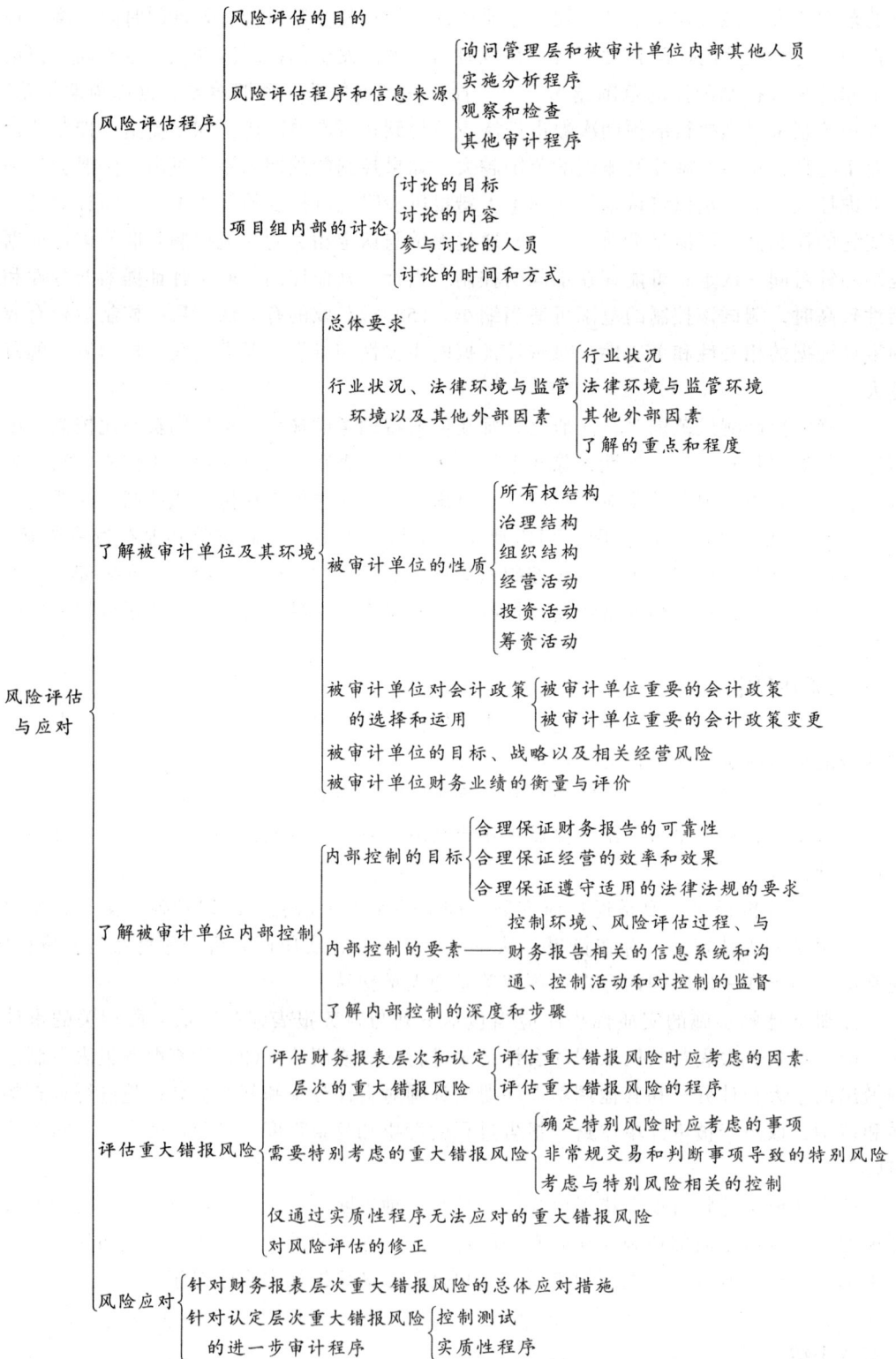

图3-1　风险评估与应对的内容构成

同步测试

一、不定项选择题

1.审计中，注册会计师在了解被审计单位内部控制时通常采用的是（   ）程序。

A.询问　　　　　　　　　　　　B.观察

C.分析程序　　　　　　　　　　D.检查

2.关于内部控制的说法中，正确的是（   ）。

A.如果认为仅通过实质性程序无法将认定层次的检查风险降至可接受的低水平，应当了解相关的内部控制

B.针对特别风险，应当了解与该风险相关的控制

C.当某重要业务流程有显著变化时，应当根据变化的性质及其对相关账户发生重大错报的影响程度，考虑是否需要对变化前后的业务都执行穿行测试

D.应当了解所有与财务报告相关的控制

3.下列关于特别风险的说法中，正确的是（   ）。

A.确定哪些风险是特别风险时，应当在考虑识别出的控制对相关风险的抵消效果前，根据风险的性质、潜在错报的重要程度和发生的可能性进行判断

B.特别风险通常与重大的非常规交易和判断事项相关

C.管理层未能实施控制以恰当应对特别风险，并不一定表明内部控制存在重大缺陷的迹象

D.如果针对特别风险实施的程序仅为实质性程序，这些程序应当包括细节测试

4.下列有关控制测试目的的说法中，错误的是（   ）。

A.控制测试旨在评价内部控制在防止或发现并纠正认定层次重大错报方面的运行有效性

B.控制测试旨在发现认定层次发生错报的金额

C.控制测试旨在验证实质性程序结果的可靠性

D.控制测试旨在确定控制是否得到执行

5.下列有关控制环境的说法中，正确的是（   ）。

A.控制环境本身能防止或发现并纠正认定层次的重大错报

B.控制环境的好坏影响注册会计师对财务报表层次重大错报风险的评估

C.控制环境影响被审计单位内部生成的审计证据的可信赖程度

D.控制环境影响实质性程序的性质、时间安排和范围

6.注册会计师认为属于控制活动的有（   ）。

A.授权　　　　　　　　　　　　B.业绩评价

C.风险评估　　　　　　　　　　D.职责分离

7.在对内部控制进行初步评价并进行风险评估后，注册会计师通常需要在审计工作底稿中形成结论的有（   ）。

A.控制本身的设计是否有效　　　　B.控制是否得到执行

C.是否信赖控制并实施控制测试　　D.是否实施实质性程序

8.在识别出被审计单位的特别风险后,采取的下列应对措施中,正确的有(   )。

A.将特别风险所影响的财务报表项目与具体认定相联系

B.对于管理层应对特别风险的控制,无论是否信赖,都需要进行了解

C.应当专门针对识别的特别风险实施实质性程序

D.对于管理层应对特别风险的控制,无论是否信赖,都需要进行测试

9.在识别和评估重大错报风险时,注册会计师应当(   )。

A.在了解被审计单位及其环境的整个过程中识别风险并考虑各类交易、账务余额和列报

B.将识别的风险与认定层次可能发生错报的领域相联系

C.考虑识别的风险是否重大

D.考虑识别的风险导致财务报表发生重大错报的可能性

10.在测试内部控制运行的有效性时,注册会计师应当获取的审计证据有(   )。

A.控制是否存在   B.控制在所审计期间不同时点是如何运行的

C.控制是否得到一贯执行   D.控制由谁执行

11.在确定控制测试的性质时,注册会计师正确的做法有(   )。

A.当拟实施的进一步审计程序以控制测试为主时,应当获取有关控制运行有效性的更高的保证水平

B.根据特定控制的性质选择所需实施审计程序的类型

C.询问本身不足以测试控制运行的有效性,应当与其他审计程序结合使用

D.考虑测试与认定直接相关和间接相关的控制

12.在确定控制测试的范围时,注册会计师正确的做法有(   )。

A.在风险评估时对控制运行有效性的拟信赖程度较高,通常应当考虑扩大实施控制测试的范围

B.如果控制的预期偏差率较高,通常应当考虑扩大实施控制测试的范围

C.对于一项持续有效运行的自动化控制,通常考虑扩大实施控制测试的范围

D.如果拟信赖控制运行有效性的时间长度较长,通常应当考虑扩大实施控制测试的范围

13.在确定进一步审计程序的性质时,注册会计师应当考虑的主要因素有(   )。

A.不同的审计程序应对特定认定错报风险的效力

B.认定层次重大错报风险的评估结果

C.认定层次重大错报风险产生的原因

D.各类交易、账户余额和列报的特征

14.在确定进一步审计程序的时间时,注册会计师应当考虑的主要因素有(   )。

A.评估的认定层次重大错报风险

B.审计意见的类型

C.错报风险的性质

D.审计证据适用的期间或时点

15.在确定进一步审计程序的范围时,注册会计师应当考虑的主要因素有(   )。

A.审计程序与特定风险的相关性

B.评估的认定层次重大错报风险

C.计划获取的保证程度

D.可容忍的错报或偏差率

二、判断题

1.注册会计师无需了解被审计单位的所有内部控制，而只需了解与审计相关的内部控制。　　　　　　　　　　　　　　　　　　　　　　　　　　　　　　（　　）

2.重大错报风险评估结果一旦确定，不应当再予以更新。　　　　　　　（　　）

3.如果注册会计师不打算依赖被审计单位的内部控制，则无需对内部控制进行了解。
（　　）

4.了解被审计单位的性质有助于注册会计师理解预期在财务报表中反映的各类交易、账户余额与列报。　　　　　　　　　　　　　　　　　　　　　　　　　（　　）

5.注册会计师应当了解被审计单位的投资活动，对投资活动的了解有助于注册会计师评估被审计单位在融资方面的压力，并进一步考虑被审计单位在可预见未来的持续经营能力。　　　　　　　　　　　　　　　　　　　　　　　　　　　　　（　　）

6.注册会计师应当了解被审计单位的可能导致财务报表重大错报的相关经营风险，而无需关注被审计单位的目标和战略。(　　　　　　　　　　　　　　　　　　）

7.对被审计单位财务业绩的衡量和评价的信息，通常来自被审计单位的内部和外部。
（　　）

8.财务报表层次的重大错报风险与财务报表整体相关。　　　　　　　　（　　）

9.控制测试的目的在于确定控制是否存在并得到执行。　　　　　　　　（　　）

10.评估的认定层次的重大错报风险越高，需要实施的实质性程序的范围就越大。
（　　）

三、分析题

甲公司是ABC会计师事务所的常年审计客户，主要从事医疗机械设备的生产和销售。A类产品为大中型医疗器械设备，主要销往医院；B类产品为小型医疗器械设备，主要通过经销商销往药店。X注册会计师负责审计甲公司20×4年度财务报表。

资料一：

X注册会计师在审计工作底稿中记录了所了解的甲公司情况及其环境，部分内容摘录如下：

（1）20×4年年初，甲公司在5个城市增设了销售服务处，使销售服务处数量增加到11个，销售服务人员数量比上年年末增加了50%。

（2）对于A类产品，甲公司负责将设备运送到医院并安装调试，医院验收合格后签署设备验收单，甲公司根据设备验收单确认销售收入。甲公司自20×4年起向医院提供1个月的免费试用期，医院在试用期结束后签署设备验收单。

（3）由于市场上B类产品竞争激烈，甲公司在20×4年年初将B类产品的价格平均下调10%。

（4）甲公司从20×3年起推出针对经销商的返利计划。按经销商已付款采购额的3%～6%，在年度终了后12个月内向经销商支付返利。甲公司未与经销商就返利计划签订书面协议，而是由销售人员口头传达。

（5）20×4年12月，一名已离职员工向甲公司董事会举报，称销售总监有虚报销售费用的行为。甲公司已对此事展开调查，目前尚无结论。

（6）甲公司生产设备使用的备件的购买和领用不频繁，但各类备件的种类繁多。为减轻年末存货盘点的工作量，甲公司管理层决定于20×4年11月30日对备件进行盘点，其余存货在20×4年12月31日进行盘点。

资料二：

X注册会计师在审计工作底稿中记录了所获取的甲公司的财务数据，部分内容如表3-7所示。

表3-7　　　　　　　　　　　　甲公司的财务数据（部分内容）　　　　　　　　　　金额单位：万元

项　目	未审数（20×4年）		已审数（20×3年）	
	A类产品	B类产品	A类产品	B类产品
主营业务收入	6 800	6 300	4 500	6 000
减：销售返利	0	300	0	280
营业收入	6 800	6 000	4 500	5 720
营业成本	3 500	4 300	2 700	3 700
销售费用				
——员工薪酬	1 300		800	
——办公室租金	390		350	
利润总额	2 000		1 200	
应收账款	4 900		3 500	
坏账准备	（100）		（80）	
存货				
——发出商品	410		400	
——备件	290		330	
其他应付款				
——返利	420		280	
——租金	120		90	

资料三：

X注册会计师在审计中记录了审计计划，部分内容摘录如下：

（1）20×3年度财务报表整体的重要性为利润总额的5%，即60万元。考虑到本项目属于连续审计业务，以往年度审计调整少，风险较低，因此将20×4年度财务报表整体的重要性确定为利润总额的10%，即200万元。

（2）根据以往年度审计结果，甲公司针对主要业务流程（包括销售与收款、采购与付款以及生产与存货）的内部控制是有效的，因此在20×4年度审计中将继续采用综合性审计方案。

资料四：

X注册会计师在审计工作底稿中记录了拟实施的实质性程序，部分内容摘录如下：

（1）取得5个新设销售服务处的办公室租赁合同，连同以前年度获得的6个销售服务处的租赁合同，估算本年度办公室租金费用。

（2）计算20×4年度每月毛利率，如果存在较大波动，向管理层询问波动原因。

（3）检查20×3年度计提的销售返利的实际支付情况，并向管理层询问予以佐证，评估20×4年度计提的销售返利金额的合理性。

（4）从A类产品销售收入明细账中选取若干笔记录，检查销售合同、发票和设备验收单，确定记录的销售收入金额是否与合同和发票一致，收入确认的时点是否与合同约定的交易条款和设备验收单的日期相符。

（5）检查年末应收账款的账龄分析以及年内实际发生的坏账，评估坏账准备的合理性。

（6）分别在20×4年11月30日和20×4年12月31日对甲公司的存货盘点实施监盘。

要求：

（1）针对资料一（1）至（6）项，结合资料二，假定不考虑其他条件，逐项指出资料一所列事项是否可能表明存在重大错报风险。如果认为存在重大错报风险，简要说明理由，并说明该风险主要与哪些项目（仅限于营业收入、营业成本、销售收入、应收账款、坏账准备、存货和其他应付款）的哪些认定相关。

（2）逐项指出资料三（1）和（2）项审计计划是否适当，并简要说明理由。

（3）针对资料四（1）至（6）项的实质性程序，假定不考虑其他条件，逐项指出实质性程序与根据资料一和资料二识别的重大错报风险是否直接相关。如果直接相关，提出对应的是识别的哪一项重大错报风险，并简要说明理由。

第四章　控制测试

【学习目标】

1. 了解业务循环的划分和各业务循环的特点。
2. 了解和评价各业务循环内部控制的内容和程序。
3. 掌握各业务循环内部控制测试的内容和程序。
4. 掌握库存现金和银行存款的内部控制及其测试。

第一节　销售与收款循环的控制测试

一、销售与收款循环的主要业务及相关记录

（一）涉及的主要业务活动

销售与收款循环涉及的主要业务活动包括：

1. 接受客户订购单

客户提出订货要求是整个销售与收款循环的起点，是购买某种货物或接受某种劳务的一项申请。客户订购单只有在符合企业管理层的授权标准时，才能被接受。例如，管理层一般设有已批准销售的客户名单。销售单管理部门在决定是否同意接受某客户的订购单时，应追查该客户是否被列入这张名单。如果该客户未被列入，通常需要由销售单管理部门的主管来决定是否同意销售。

很多企业在批准了客户订购单之后，应编制一式多联的销售单。销售单是证明销售交易的"发生"认定的凭据之一。此外，由于客户订购单是来自外部的引发销售交易的文件之一，有时也能为有关销售交易的"发生"认定提供补充证据。

2. 批准赊销信用

赊销批准是由信用管理部门根据管理层的赊销政策在每个客户的已授权的信用额度内进行的。信用管理部门在收到销售单管理部门的销售单后，应将销售单与客户已被授权的赊销信用额度及至今尚欠的账款余额进行比较，决定是否批准赊销。执行人工赊销信用检查时，还应合理划分工作职责，以避免销售人员为扩大销售而使企业承受不适当的信用风险。

对于新客户，企业应进行信用调查，包括获取信用评审机构对客户信用等级的评定报告。无论是否批准赊销，都要求被授权的信用管理部门的人员在销售单上签署意见，然后再将已签署意见的销售单送回销售单管理部门。

设计信用批准控制的目的是为了降低坏账风险，因此，该项控制与应收账款账面余额

的"计价和分摊"认定有关。

3.按销售单供货

企业管理层通常要求商品仓库只有在收到经过批准的销售单时才能供货。设立该控制程序的目的是为了防止仓库在未经授权的情况下擅自发货。因此，已批准销售单的一联通常应送达仓库，作为仓库按销售单供货和发货给装运部门的授权依据。

4.按销售单装运货物

按销售单供货与按销售单装运货物的职责应当相分离，有助于避免负责装运货物的职员在未经授权的情况下装运产品。此外，装运部门的职员在装运前，还必须进行独立验证，以确定从仓库提取的商品都附有经批准的销售单，所提取商品的内容与销售单相一致。装运货物后，装运部门的职员应填制事先连续编号的出库单或类似的发运凭证。

5.向客户开具销售发票

向客户开具并寄送事先连续编号的销售发票，有助于解决以下问题：（1）是否对所有装运的货物都开具了销售发票（即"完整性"认定问题）；（2）是否只对实际装运的货物才开具发票，有无重复开具销售发票或虚构交易（即"发生"认定问题）；（3）是否按已授权批准的商品价目表所列价格计价开具销售发票（即"准确性"认定问题）。

为了降低销售发票开具过程中出现的遗漏、重复、错误计价或其他差错风险，企业应当设立以下控制程序：（1）销售发票开具人员应在每张销售发票开具前，独立检查是否存在装运凭证和相应的经批准的销售单；（2）依据已授权批准的商品价目表开具销售发票；（3）独立检查销售发票计价和计算的正确性；（4）将装运凭证上的商品总数与相对应的销售发票上的商品总数进行比较。

上述控制程序有助于保证用于记录销售交易的销售发票的正确性。因此，这些控制与销售交易的"发生"、"完整性"和"准确性"认定有关。

6.记录销售

在手工会计系统中，记录销售的过程包括区分赊销、现销，按销售发票编制转账凭证或收款凭证，并据以登记销售明细账和应收账款明细账或库存现金、银行存款日记账。

记录销售的控制程序包括以下内容：（1）只依据附有有效装运凭证和销售单的销售发票记录销售。这些装运凭证和销售单应能证明销售交易的发生及其发生的日期。（2）控制所有事先连续编号的销售发票。（3）独立检查已处理销售发票上的销售金额与会计记录金额的一致性。（4）记录销售的职责应与处理销售交易的其他功能相分离。（5）对记录过程中所涉及的有关记录的接触予以限制，以减少未经授权批准的记录发生。（6）定期独立检查应收账款明细账与总账的一致性。（7）定期向客户寄送对账单，并要求客户将任何例外情况直接向指定的未执行或记录的销售交易的会计主管报告。

上述控制与"发生"、"完整性"、"准确性"及"计价和分摊"认定有关。对该项职能，注册会计师应重点关注销售发票是否记录正确，并归属适当的会计期间。

7.办理和记录库存现金、银行存款收入

在办理和记录库存现金、银行存款收入时，应特别关注货币资金失窃的可能性。货币资金失窃可能发生在货币资金收入登记入账之前，也可能在登记入账之后。处理货币资金收入时最重要的是保证货币资金如数、及时地记入库存现金、银行存款日记账或应收账款明细账，并如数、及时地将库存现金存入银行。在这方面，汇款通知书能够发挥重要作用。

8.办理和记录销售退回、销售折扣与折让

在办理和记录销售退回、销售折扣与折让业务时，必须经授权批准，并应保证与办理此事有关的部门和职员各司其职，分别控制实物流和会计处理。在这方面，严格使用贷项通知单无疑会起到关键的作用。

9.注销坏账

当销售企业认为某项货款无法收回时，就必须注销该笔货款。注销坏账的正确处理方法是获取货款无法收回的确凿证据，并经适当审批后及时做出相应的会计处理。

10.提取坏账准备

企业应当根据应收款项的实际状况，合理估计可能发生的坏账损失，计提坏账准备。坏账准备提取的数额必须能够抵补企业以后无法收回的销货款。

（二）涉及的主要凭证与会计记录

为全面反映上述主要业务活动，并对业务活动过程实施有效控制，典型的销售与收款循环所涉及的主要凭证和会计记录如下：

1.客户订购单

客户订购单即客户提出的书面购货要求。企业可以通过销售人员或其他途径，如采用电话、信函和向现有的及潜在的客户发送订购单等方式接受订购，取得客户订购单。

2.销售单

销售单是列示客户所订商品的名称、规格、数量以及其他与客户订购单有关信息的凭证，作为销售方内部处理客户订购单的依据。

3.发运凭证

发运凭证即在发运货物时编制的，用以反映发出商品的规格、数量和其他有关内容的凭证。发运凭证的一联寄送给客户，其余联（一联或数联）由企业保留。这种凭证可用做向客户开具销售发票的依据。

4.销售发票

销售发票是一种用来表明已销售商品的名称、规格、数量、销售金额等内容的凭证。销售发票也是在会计账簿中登记销售业务的基本凭证之一。

5.商品价目表

商品价目表是列示已经授权批准的、可供销售的各种商品的价格清单。

6.贷项通知单

贷项通知单是一种用来表示由于销货退回或经批准的折让而引起的应收销货款减少的凭证。这种凭证的格式通常与销售发票的格式相同，只不过它不是用来说明应收账款的增加，而是用来说明应收账款的减少。

7.应收账款账龄分析表

通常，应收账款账龄分析表按月编制，反映月末尚未收回的应收账款总额的账龄，并详细反映每个客户月末尚未偿还的应收账款数额和账龄。

8.应收账款明细账

应收账款明细账是用来记录每个客户各项赊销、还款、销货退回及折让的明细账。各应收账款明细账的余额合计数应与应收账款总账的余额相等。

9.主营业务收入明细账

主营业务收入明细账是一种用来记录销售业务的明细账。它通常记载和反映不同类别产品或服务的营业收入的明细发生情况和总额。

10.折扣与折让明细账

折扣与折让明细账是一种用来核算企业销售商品时，按销售合同规定为了及早收回货款而给予客户的销售折扣和因商品品种、质量等原因而给予客户的销售折让情况的明细账。企业也可以不设置折扣与折让明细账，而将该业务记录于主营业务收入明细账中。

11.汇款通知书

汇款通知书是一种与销售发票一起寄给客户，由客户在付款时再寄回销货单位的凭证。这种凭证注明了客户的姓名、销售发票号码、销售单位开户银行账号以及金额等内容。

12.库存现金日记账和银行存款日记账

库存现金日记账和银行存款日记账是用来记录应收账款的收回或现销收入以及其他各种库存现金、银行存款收入和支出的日记账。

13.坏账审批表

坏账审批表是一种用来批准将某些应收账款注销为坏账，仅在企业内部使用的凭证。

14.客户月末对账单

客户月末对账单是一种按月定期寄送给客户的用于购销双方定期核对账目的凭证。客户月末对账单上应注明应收账款的月初余额、本月各项销售额、本月已收到的货款、各贷项通知单的数额以及月末余额等内容。

15.转账凭证

转账凭证是指记录转账业务的记账凭证，它是根据有关转账业务（即不涉及库存现金、银行存款收付的各项业务）的原始凭证编制的。

16.收款凭证

收款凭证是指用来记录库存现金和银行存款收入业务的记账凭证。

【知识链接4-1】企业的收入主要来自出售商品、提供服务等，由于所处行业不同，企业具体的收入来源也有所不同。不同行业类型的主要收入来源如表4-1所示。

表4-1　　　　　　　　　　　　不同行业类型的主要收入来源

行业类型	收入来源
贸易业	作为零售商向普通大众(最终消费者)零售商品;作为批发商向零售商供应商品
一般制造业	通过采购原材料并将其用于生产流程,制造产成品卖给客户取得收入
专业服务业	律师、会计师、商业咨询师等主要通过提供专业服务取得服务费收入;医疗服务机构通过提供医疗服务取得收入,包括给住院病人提供病房和医护设备,为病人提供精细护理、手术和药品等取得收入
金融服务业	向客户提供金融服务取得手续费;向客户发放贷款取得利息收入;通过协助客户对其资金进行投资取得相关理财费用
建筑业	通过提供建筑服务完成建筑合同取得收入

二、了解和评价销售与收款循环的内部控制

(一)主要工作内容

了解和评价销售与收款循环的内部控制属于风险评估程序中在业务流程层面了解和评价被审计单位的内部控制，其主要工作内容包括：（1）了解被审计单位销售与收款循环和与财务报告相关的内部控制，并记录获得的了解；（2）针对销售与收款循环的控制目标，记录相关控制活动，以及受该控制活动影响的交易和账户余额及其认定；（3）执行穿行测试，证实对交易流程和相关控制的了解，并确定相关控制是否得到执行；（4）记录在了解和测试销售与收款循环的控制设计和执行过程中识别的风险，以及拟采取的应对措施。

(二)主要工作程序

1.了解内部控制设计

注册会计师通常采用询问、观察和检查等程序了解本循环的主要控制流程，并采用文字叙述、问卷、核对表和流程图等方式，或几种方式相结合，记录对控制流程的了解。对重要业务活动控制流程的了解与记录应当涵盖本循环的整个过程，包括以下内容：

（1）了解销售与收款业务涉及的主要人员。销售与收款业务所涉及的主要人员可能包括：总经理、财务经理、会计主管、出纳员、应收账款记账员、应收账款主管、办税员、信用管理经理、销售经理、信息管理员、业务员、生产计划经理、生产经理、技术经理、单证员、仓储经理、仓库保管员等。

（2）了解有关职责分工的政策和程序。被审计单位应当建立相应的职责分工政策和程序，包括：不相容职务相分离，即订购单的接受与赊销的批准、销售合同的订立与审批、销售与运货、实物资产保管与会计记录、收款审批与执行等职务相分离；各相关部门之间相互牵制并在其授权范围内履行职责，同一部门或个人不得处理销售与收款业务的全过程。

（3）了解主要业务活动。概括地说，本循环的主要业务活动一般包括销售、记录应收账款、记录税金、收款和维护客户档案等，注册会计师应当重点了解被审计单位主要销售内容和销售方式、相关文件记录、对销售与收款政策的制定和修改程序、对职责分工政策的制定和修改程序等。

2.评价内部控制设计

在执行财务报表审计业务时，注册会计师需要运用职业判断，结合被审计单位的实际情况了解和测试能够保证控制目标实现的控制活动。表4-2所列示的仅是通常情况下本循环的控制目标、受影响的相关交易和账户余额及其认定以及常用的控制活动，注册会计师需要依据被审计单位的控制活动对实现控制目标是否有效来评价其控制设计的合理性。

3.确定控制是否得到执行

在执行财务报表审计业务时，注册会计师还需要运用职业判断，结合被审计单位的实际情况设计和执行穿行测试，以取得本循环的内部控制是否得到执行的审计证据。

根据了解本循环控制的设计并评估其执行情况所获取的审计证据，注册会计师对控制的评价结论可能是：①控制设计合理，并得到执行；②控制设计合理，未得到执行；③控制设计无效或缺乏必要的控制。

表4-2   销售与收款循环的控制目标及控制活动

主要业务活动	控制目标	受影响的相关交易和账户余额及其认定	常用的控制活动
销售	仅接受在信用额度内的订购单	应收账款：计价和分摊	管理层审核批准信用额度
	管理层核准销售订购单的价格、条件	应收账款：存在 主营业务收入：发生	管理层必须审批所有销售订购单，超过特定金额或毛利异常的销售应取得较高管理层核准
	已记录的销售订购单的内容准确	应收账款：计价和分摊 主营业务收入：准确性、分类	由不负责输入销售订购单的人员比较销售订购单数据与支持性文件是否相符
	销售订购单均已得到处理	应收账款：完整性 主营业务收入：完整性	销售订购单、销售发票已连续编号，编号连续性已被核对
记录应收账款	已记录的销售均确已发出货物	应收账款：存在、权利和义务 主营业务收入：发生	销售发票需与出库单证核对，如有不符应及时调查和处理
	已记录的销售交易计价准确	应收账款：计价和分摊 主营业务收入：准确性	定期与客户对账，如有差异应及时进行调查和处理
	与销售货物相关的权利均已记录至应收账款	应收账款：完整性 主营业务收入：完整性	销售订购单、销售发票已连续编号，编号连续性已被核对
	销售货物交易均已记录于适当期间	应收账款：存在 主营业务收入：截止	检查资产负债表日前后发出的货物，以保证记录于适当期间
	已记录的销售退回、折扣与折让均为真实发生的	应收账款：完整性 主营业务收入：完整性	管理层制定有关销售退回、折扣与折让的政策和程序，并监督其执行
	已发生的销售退回、折扣与折让均已记录	应收账款：存在 主营业务收入：发生	定期与客户对账，如有差异应及时进行调查和处理
	已发生的销售退回、折扣与折让均记录于适当期间	应收账款：存在、完整性 主营业务收入：截止	用以记录销售退回、折扣与折让事项的表单连续编号，编号连续性已被核对
	已发生的销售退回、折扣与折让均已准确记录	应收账款：计价和分摊 主营业务收入：准确性	管理层复核和批准对应收账款的调整
	准确计提坏账准备和核销坏账，并记录于恰当期间	应收账款：计价和分摊	管理层复核坏账准备费用，包括考虑是否记录于适当期间
收款	收款是真实发生的	应收账款：完整性、权利和义务	管理层复核收款记录
	准确记录收款	应收账款：计价和分摊	管理层复核收款记录
	收款均已记录	应收账款：存在	定期将日记账中的收款记录与银行对账单进行核对
	收款均已记录于恰当期间	应收账款：存在、完整性	定期将日记账中的收款记录与银行对账单进行核对
	监督应收账款及时收回	应收账款：权利和义务	定期编制与分析应收账款账龄分析报告
维护客户档案	对客户档案变更均为真实有效的	应收账款：完整性、存在 主营业务收入：完整性、发生	核对客户档案变更记录和原始授权文件，确定已正确处理
	对客户档案变更均为准确的	应收账款：计价和分摊 主营业务收入：准确性	核对客户档案变更记录和原始授权文件，确定已正确处理
	对客户档案变更均已于适当期间进行处理	应收账款：权利和义务、存在、完整性 主营业务收入：完整性、发生	变更客户档案申请应连续编号，编号顺序已被核对
	保证客户档案数据及时更新	应收账款：权利和义务、存在、完整性 主营业务收入：完整性、发生	管理层定期复核客户档案的正确性，并保证其及时更新

三、对销售与收款循环实施控制测试

(一) 控制测试内容

如果被审计单位销售与收款循环的控制设计合理，并得到执行，则注册会计师需要对本循环实施控制测试，以获取控制运行有效性的审计证据。测试工作包括：(1) 针对了解的被审计单位销售与收款循环的控制活动，确定拟进行测试的控制活动；(2) 测试控制运行的有效性，并记录测试过程和结论；(3) 根据测试结论，确定对实质性程序的性质、时间安排和范围的影响。

(二) 控制测试程序

对本循环的控制测试程序同样包括询问程序和针对控制目标实施的测试程序。通过实施询问程序，注册会计师可以确定下列事项：(1) 本年度未发现任何特殊情况、错报和异常项目；(2) 财务或投资管理部门的人员在未得到授权的情况下无法访问或修改系统内数据；(3) 本年度未发现控制活动未得到执行；(4) 本年度未发现控制活动发生变化。

针对控制目标实施的测试程序则包括以下几个方面：

1. 对销售实施的控制测试

针对销售实施的控制测试程序一般包括：(1) 抽取新客户基本情况表，检查是否按政策审批信用额度，并抽取现有客户订购单，检查是否适当复核，以取得仅接受在信用额度内的订购单的审计证据；(2) 抽取新客户订购单，检查是否符合经批准的信用额度，以取得管理层核准销售订购单的价格、条件的审计证据；(3) 抽取销售信息报告，检查是否已经编制，如有差异，是否已进行调查和处理，以取得已记录的销售订购单的内容准确及销售订购单均已得到处理的审计证据。

2. 对记录应收账款实施的控制测试

针对记录应收账款实施的控制测试程序一般包括：(1) 抽取销售订购单、销售发票、发运凭证，检查其内容是否一致，以取得已记录的销售均已发出货物的审计证据；(2) 抽取客户对账单，检查其与应收账款明细账金额是否一致，如有差异，是否已进行调查和处理，以取得已记录的销售交易计价准确及已发生的销售退回、折扣与折让均已记录的审计证据；(3) 抽取销售订购单、销售发票、发运凭证，检查其内容是否一致，以取得与销售货物相关的权利均已记录至应收账款的审计证据；(4) 抽取客户索赔处理表，检查是否真实发生，取得已记录的销售退回、折扣与折让均为真实发生，且均已记录于适当期间的审计证据；(5) 抽取记账凭证，检查与客户索赔处理表金额是否一致，并经适当复核，以取得已发生的销售退回、折扣与折让均已准确记录的审计证据；(6) 抽取销售部门出具的应收账款可收回性分析报告，检查是否编写会计估计变更建议，经财务经理复核后报董事会批准，以取得准确计提坏账准备和核销坏账，并记录于适当期间的审计证据。

3. 对收款实施的控制测试

针对收款实施的控制测试程序一般包括：(1) 抽取收款凭证，检查其是否经会计主管复核，是否加盖"核销"印戳，以取得收款是真实发生的，并准确记录收款的审计证据；(2) 抽取应收账款账龄分析报告，检查是否编制并经复核，以取得监督应收账款及时收回的审计证据。

4.对维护客户档案实施的控制测试

针对维护客户档案实施的控制测试程序一般包括：（1）抽取月度客户信息更改报告，检查是否已经复核，以取得客户档案变更均为真实有效且于适当期间进行处理的审计证据；（2）抽取按月编制的编号记录表，检查其是否已经复核，以取得客户档案变更准确的审计证据；（3）抽取客户档案，检查是否已及时更新，以取得保证客户档案数据及时更新的审计证据。

第二节　采购与付款循环的控制测试

一、采购与付款循环的主要业务与相关记录

（一）涉及的主要业务活动

采购与付款交易通常包括"请购－订货－验收－付款"等程序。企业应当将各项职能活动指派给不同的部门或职员来完成，这样每个部门或职员都可以独立检查其他部门和职员工作的正确性。现以商品采购为例，阐述采购与付款循环中的主要经济活动及其适当的控制程序和相关的认定。

1.请购商品和服务

仓库负责对需要购买的已列入存货清单的项目填写请购单，其他部门也可以对所需要购买的未列入存货清单的项目编制请购单。大多数企业对正常经营所需的物资的购买均作一般授权。比如，仓库在现有库存达到再订购点时就可直接提出采购申请，其他部门也可为正常的维修工作和类似工作直接申请采购有关物品。但对资本支出和租赁合同，企业通常要求作特别授权，只允许指定人员提出请购。请购单可由手工编制，也可以由计算机编制，但由于企业内不少部门都可以填列请购单，不便事先编号，为加强控制，每张请购单必须经过对这类支出预算负责的主管人员签字批准。

请购单是证明有关采购交易的"发生"认定的凭据之一，也是采购交易的起点。

2.编制订购单

采购部门在收到请购单后，只能对经过批准的请购单发出订购单。订购单应预先予以编号，一式多联。对每张订购单，采购部门应确定最佳的供应来源。对一些大额、重要的采购项目，应采取竞价方式来确定供应商，以保证供货的质量、及时性和成本的低廉。

订购单应正确填写所需要的商品品名、数量、价格、厂商名称和地址等，并经被授权的采购人员签名确认。其正联应送交供应商，副联分别送至企业内部的验收部门、应付凭单部门和编制请购单的部门。随后，应独立检查订购单的处理，以确定是否确实收到商品并正确入账。这项检查与采购交易的"完整性"和"发生"认定有关。

3.验收商品

有效的订购单代表企业已授权验收部门接受供应商发运来的商品。验收部门首先应比较所收商品与订购单上的要求是否相符，如商品的品名、摘要、数量、到货时间等，然后再盘点商品并检查商品有无损坏。

验收后，验收部门应对已收货的每张订购单编制一式多联、预先编号的验收单，作为验收和检验商品的依据。验收人员将商品送交仓库或其他请购部门时，应取得经过签字的

收据，或要求其在验收单的副联上签收，以确立他们对所采购的资产应负的保管责任。验收人员还应将其中的一联验收单送交应付凭单部门。

验收单是支持资产或费用以及与采购有关的负债的"存在或发生"认定的重要凭证。定期独立检查验收单的顺序以确定每笔采购交易都已编制凭单，这与采购交易的"完整性"认定有关。

4.储存已验收的商品

将已验收商品的保管与采购的其他职责相分离，可减少未经授权的采购和盗用商品的风险。存放商品的仓库应相对独立，限制无关人员接近。这些控制与商品的"存在"认定有关。

5.编制应付凭单

应付凭单部门应在记录采购之前，编制付款凭单。该项控制的功能包括：（1）确定供应商发票的内容与验收单、订购单的一致性；（2）确定供应商发票计算的正确性；（3）编制有预先编号的付款凭单，并附上支持性凭证，如订购单、验收单和供应商发票等支持性凭证。交易对象不同，支持性凭证的种类亦不同；（4）独立检查付款凭单计算的正确性；（5）在付款凭单上填入应借记的资产或费用账户名称；（6）由被授权人员在凭单上签字，以示批准按凭单要求付款，所有未付凭单的副联应保存在未付凭单档案中，以待日后付款。

经适当批准和有预先编号的付款凭单为记录采购交易提供了依据，因此，这些控制与应付账款的"存在"、"发生"、"完整性"、"权利和义务"和"计价和分摊"等多项认定有关。

6.确认与记录负债

正确确认已验收货物和已接受服务的债务，并准确、及时地记录这些负债，对企业财务报表的反映和企业实际现金支出均有重大影响。因此，必须特别注意，按正确的数额记载企业确实已发生的购货和接受劳务事项。

确认与记录应付账款的相关部门一般有责任检查购置的财产，并在应付凭单登记簿或应付账款明细账中加以记录。在收到供应商的发票账单时，应付账款部门应将发票账单上所记载的品名、规格、价格、数量、条件及运费与订货单上的有关资料核对，如有可能，还应与验收单上的资料进行比较。

确认与记录负债的一项重要控制是要求记录现金支出的人员不得经手现金、有价证券和其他资产。在手工系统下，应将已批准的未付款凭单送达会计部门，据以编制有关记账凭证和登记有关账簿。会计主管应监督为采购交易而编制的记账凭证中账户分类的恰当性；通过定期核对编制记账凭证的日期与凭单副联的日期，监督入账的及时性。而独立检查会计人员则应核对所记录的凭单总数与应付凭单部门送来的每日凭单汇总表是否一致，并定期独立检查应付账款总账余额与应付凭单部门未付款凭单档案中的总金额是否一致。

7.付款

通常由应付凭单部门负责确定在未付凭单到期日付款。款项的支付结算方式有多种，以支票结算方式为例，编制和签署支票的有关控制包括：（1）独立检查已签署支票的总额与所处理付款凭单的总额的一致性；（2）应由被授权的财务部门的人员负责签署支票；（3）被授权签署支票的人员应确定每张支票都附有一张经适当批准的未付凭单，并确定支票收款人姓名和金额与凭单内容相一致；（4）支票一经签署就应在所附凭单和支持性凭证上加盖印戳或打洞将其注销，以免重复付款；（5）支票签署人不应签发无记名甚至空白的支票；（6）支票应预先连续编号，保证已签发支票的完整性和作废支票处理的恰当性；（7）应保证只有被授权的人员才能接近未经使用的空白支票。

8.记录库存现金、银行存款支出

仍以支票结算方式为例，在手工系统下，会计部门应根据已签发的支票编制付款凭证，并据以登记银行存款日记账及其他相关账户。以记录银行存款支出为例，有关控制包括：（1）会计主管应独立检查记入银行存款日记账和应付账款明细账的金额的一致性，以及与支票汇总记录的一致性；（2）通过定期比较银行存款日记账记录的日期与支票存根的日期，独立检查入账的及时性；（3）独立编制银行存款余额调节表。

（二）涉及的主要凭证和会计记录

在采购与付款循环，企业通常需要采用以下主要凭证和记录来反映本循环的上述业务活动，并对业务活动过程实施控制：

1.请购单

请购单是由产品制造、资产使用等部门的有关人员填写，送交采购部门，申请购买商品、服务或其他资产的书面凭证。

2.订购单

订购单是由采购部门填写，向另一企业购买订购单上所指定的商品、服务或其他资产的书面凭证。

3.验收单

验收单是收到商品、资产时所编制的凭证，列示从供应商处收到的商品、资产的种类和数量等内容。

4.卖方发票

卖方发票是供应商开具的，交给买方以载明发运的货物或提供的服务、应付款金额等事项的凭证。

5.付款凭单

付款凭单是采购方的应付凭单部门编制的，载明已收到的商品或接受服务、应付款金额和付款日期的凭证。付款凭单是采购方内部记录和支付负债的授权证明文件。

6.转账凭证

转账凭证是指记录转账交易的记账凭证，它是根据有关转账业务（即不涉及库存现金、银行存款收付的各项业务）的原始凭证编制的。

7.付款凭证

付款凭证包括现金付款凭证和银行存款付款凭证，是指用来记录库存现金和银行存款支出业务的记账凭证。

8.应付账款明细账

9.库存现金日记账和银行存款日记账

10.供应商对账单

供应商对账单是由供应商按月编制的，标明期初余额、本期购买、本期支付和期末余额的凭证。供应商对账单是供应商对有关交易的陈述，如果不考虑买卖双方在收发货物上可能存在的时间差等因素，其期末余额通常应与采购方相应的应付账款明细账的期末余额一致。

【知识链接4-2】不同的企业性质决定企业除了有一些共同性的费用支出外，还会发生一些不同类型的支出。不同行业类型的采购和费用支出如表4-3所示。

表4-3   不同行业类型的采购和费用支出

行业类型	典型的采购和费用支出
贸易业	产品的选择和购买、产品的存储和运输、广告促销费用、售后服务费用
一般制造业	生产过程所需的设备支出，原材料、易耗品、配件的购买与存储支出，市场经营费用，把产成品运达客户所发生的运输费用、管理费用
专业服务业	律师、会计师、财务顾问的费用支出包括印刷、通讯、差旅费、电脑、车辆等办公设备的购置和租赁，书籍资料和研究设施的费用
金融服务业	建立专业化的安全的计算机信息网络和用户自动存取款设备的支出，给付储户的存款利息，支付其他银行的资金拆借利息、手续费，现金存放、现金运送和网络银行设施的安全维护费用，客户关系维护费用
建筑业	建材支出，建筑设备和器材的租金或购置费用，支付给分包商的费用；保险支出和安保成本；建筑保证金和许可审批方面的支出；交通费、通讯费等。当在外地施工时还会发生建筑工人的食宿费用

二、了解和评价采购与付款循环的内部控制

(一) 主要工作内容

了解和评价采购与付款循环的内部控制属于风险评估程序中在业务流程层面了解和评价被审计单位的内部控制，其主要工作包括：(1) 了解被审计单位采购与付款循环与财务报告相关的内部控制的设计，并记录获得的了解；(2) 针对采购与付款循环的控制目标，记录相关控制活动，以及受该控制活动影响的交易和账户余额及其认定；(3) 执行穿行测试，证实对交易流程和相关控制的了解，并确定相关控制是否得到执行；(4) 记录在了解和评价采购与付款循环的控制设计和执行过程中识别的风险，以及拟采取的应对措施。

(二) 主要工作程序

在了解控制的设计并确定其是否得到执行时，注册会计师需要使用询问、观察和检查程序，并记录所获取的信息和审计证据来源。具体包括：

1.了解内部控制设计

注册会计师需要从以下方面了解并记录被审计单位的控制流程：

(1) 了解采购与付款业务涉及的主要人员。采购与付款业务涉及的主要人员通常包括：总经理、财务经理、会计主管、出纳员、应付账款记账员、应付账款主管、采购经理、采购员、采购信息管理员及生产经理等。

(2) 了解有关职责分工的政策与程序。本循环有关职责分工的政策与程序主要包括：不相容职务相分离，即询价与确定供应商、采购合同的订立与审批、采购与验收、实物资产的保管与会计记录、付款审批与执行等职务相分离；各相关部门之间相互牵制并在其授权范围内履行职责，同一部门或个人不得处理采购与付款业务的全过程。

（3）了解主要业务活动。概括起来说，本循环的主要业务活动包括采购、记录应付账款、付款和维护供应商档案等。注册会计师应重点了解被审计单位主要采购内容和采购方式、相关文件记录、对采购与付款政策的制定和修改程序、对职责分工政策的制定和修改程序等。

注册会计师可以采用文字叙述、问卷、核对表和流程图等方式，或几种方式相结合，记录对控制流程的了解。对重要业务活动控制流程的记录应涵盖自交易开始至与其他业务循环衔接为止的整个过程。例如，对材料采购业务活动的记录应当自请购开始直至所采购的材料进入生产与仓储循环止，这一整个过程。

2.评价内部控制设计

企业不同，其内部控制设计可能不同，在执行财务报表审计业务时，注册会计师需要运用职业判断，结合被审计单位的实际情况了解和测试能够保证控制目标实现的控制活动。表4-4所列示的仅是通常情况下本循环的控制目标、受影响的相关交易和账户余额及其认定以及常用的控制活动，注册会计师需要依据被审计单位的控制活动对实现控制目标是否有效来评价其控制设计的合理性，并确定受影响的相关交易和账户余额及其认定。

表4-4 　　　　　　　　　　采购与付款循环的控制目标及控制活动

主要业务活动	控制目标	受影响的相关交易和账户余额及其认定	常用的控制活动
采购	只有经过核准的采购订单、费用申请单才能发给供应商	应付账款：存在 管理费用：发生 销售费用：发生	管理层必须核准所有采购订单，对非经常性和超过特定金额的采购，以及其他特殊的采购事项，应取得较高层次管理层的核准，并适当记录
	已记录的采购订单内容准确	应付账款：计价和分摊 管理费用：准确性、分类 销售费用：准确性、分类	由不负责输入采购订单的人员比较采购订单数据与支持性文件(如请购单)是否相符
	采购订单均已得到处理	应付账款：完整性 销售费用：完整性 管理费用：完整性	采购订单连续编号，采购订单的顺序已被核对
记录应付账款	已记录的采购均确已收到物品	应付账款：存在、权利和义务	对采购发票与验收单不符的事项进行调查；如果付款金额与采购发票金额不符，应经适当层次的管理层核准
	已记录的采购均确已接受服务	应付账款：存在、权利和义务 管理费用：发生 销售费用：发生	对不符事项进行调查，并经适当层次的管理层核准；对已接受服务的发票进行授权并附有适当的支持性文件
	已记录的采购交易计价正确	应付账款：计价和分摊 管理费用：准确性、分类 销售费用：准确性、分类	定期与供应商对账，如有差异应及时进行调查和处理
	与采购物品或服务相关的义务均已确认并记录至应付账款	应付账款：完整性 管理费用：完整性 销售费用：完整性	定期与供应商对账，如有差异应及时进行调查和处理
	采购物品交易记录于适当期间	应付账款：存在、完整性	定期与供应商对账，如有差异应及时进行调查和处理
	接受服务交易记录于适当期间	应付账款：完整性 管理费用：截止 销售费用：截止	检查资产负债表日前后已接受的服务以保证其完整并记录于适当期间

续表

主要业务活动	控制目标	受影响的相关交易和账户余额及其认定	常用的控制活动
付款	仅对已记录的应付账款办理支付	应付账款：完整性	管理层在核准付款前复核支持性文件。在签发支票后注销相关文件
	准确记录付款	应付账款：计价和分摊	管理层在核准付款前复核支持性文件。在签发支票后注销相关文件
	付款均已记录	应付账款：存在	定期将日记账中的付款记录与银行对账单进行核对
	付款均于恰当期间进行记录	应付账款：存在、完整性	定期将日记账中的付款记录与银行对账单进行核对
维护供应商档案	对供应商档案的变更均为真实和有效的	应付账款：存在、完整性 管理费用：发生、完整性 销售费用：发生、完整性	核对供应商档案变更记录和原始授权文件，确定已正确处理
	供应商档案变更均已进行处理	应付账款：完整性 管理费用：完整性 销售费用：完整性	对供应商档案变更应连续编号，编号顺序已被核对
	供应商档案变更均为准确的	应付账款：计价和分摊 管理费用：准确性、分类 销售费用：准确性、分类	核对供应商档案变更记录和原始授权文件，确定已正确处理
	对供应商档案变更均已于适当期间进行处理	应付账款：权利和义务、存在、完整性 管理费用：完整性、发生 销售费用：完整性、发生	对供应商档案变更应连续编号，编号顺序已被核对
	保证供应商档案数据及时更新	应付账款：权利和义务、存在、完整性 管理费用：完整性、发生 销售费用：完整性、发生	管理层定期复核供应商档案的正确性，保证其及时更新

3.确定控制是否得到执行

注册会计师通常执行穿行测试程序，以取得控制是否得到执行的审计证据，并记录测试过程和结论。在具体执行时，注册会计师仍然需要运用职业判断，结合被审计单位的实际情况设计和执行穿行测试。具体方法是，针对每一项主要业务活动，选取部分业务，检查相关凭证、记录及其他支持性文件是否按照控制设计要求执行，记录测试过程和结论，保留与所测试的控制活动相关的文件或记录的复印件等。穿行测试应当涵盖交易自发生至记账的整个过程。

根据了解本循环控制的设计并评估其执行情况所获取的审计证据，注册会计师对控制的评价结论可能是：（1）控制设计合理，并得到执行；（2）控制设计合理，未得到执行；（3）控制设计无效或缺乏必要的控制。

三、对采购与付款循环实施控制测试

（一）控制测试内容

在了解和评价采购与付款循环内部控制的基础上，如果本循环的内部控制存在并得到执行，注册会计师拟信赖本循环的内部控制，则需要实施控制测试，以取得有关控制是否有效运行的审计证据。测试本循环控制运行有效性的工作包括：（1）针对了解的被审计单位采购与付款循环的控制活动，确定拟进行测试的控制活动；（2）测试控制运行的有效性，并记录测试过程和结论；（3）根据测试结论，确定对实质性程序的性质、时间安排和范围的影响。

（二）控制测试程序

对本循环的控制测试程序同样包括询问程序和针对控制目标实施的测试程序。其中，针对控制目标实施的测试程序包括以下几个方面：

1.对材料采购的控制测试程序

对材料采购实施的控制测试程序通常包括：（1）抽取请购单并检查是否得到适当审批，以取得只有经过核准的采购订单才能发给供应商的审计证据；（2）抽取采购信息报告，检查其是否已复核，如有不符，是否已经及时调查和处理，以取得已记录的采购订单内容准确的审计证据；（3）检查应付账款记账员是否已复核采购信息报告，同时检查报告上的采购订单是否按顺序编号以及是否出现任何不符合连续编号的情况，以取得采购订单均已得到处理的审计证据。

2.对记录应付账款的控制测试程序

对记录应付账款的控制测试程序通常包括：（1）抽取采购订单、验收单和采购发票，检查所载内容是否核对一致，并检查发票上是否盖上"相符"印戳，以取得已记录的采购均已收到物品的审计证据；（2）抽取费用发票，检查发票是否得到适当审批，并加盖"相符"印戳，以取得已记录的采购均已收到服务的审计证据；（3）抽取应付账款调节表，检查调节项目与有效的支持性文件是否相符，以及是否与应付账款明细账相符，以取得已记录的采购交易计价正确、与采购物品相关的义务均已确认并记录至应付账款、与接受服务相关的义务均已确认并记录至应付账款及采购物品交易均确认并记录于适当期间的审计证据。

3.对付款的控制测试程序

对付款的控制测试程序是：抽取付款凭证，检查其是否经会计主管复核和审批，并检查有关的支票和信用证授权表是否得到适当人员的复核和审批，以取得仅对已记录的应付账款办理支付及准确记录付款的审计证据。

4.对维护供应商档案的控制测试程序

对维护供应商档案的控制测试程序一般包括：（1）抽取更改申请表，检查其是否已经审批，以取得对供应商档案的变更均为真实和有效的审计证据；（2）抽取更改信息报告，检查其是否已经复核，以取得供应商档案变更均于适当期间进行准确处理的审计证据；（3）抽取供应商档案，检查其是否已及时更新，以取得保证供应商档案数据及时更新的审计证据。

第三节　生产与仓储循环的控制测试

一、生产与仓储循环的主要业务与相关记录

不同行业,其生产类型不同,存货的性质亦不同。为说明生产与仓储循环的内部控制,我们以制造业为例,详细阐述该循环涉及的主要业务活动和相关会计记录。

(一)涉及的主要业务活动

在制造业,生产与仓储循环涉及的主要业务活动包括计划和安排生产、发出原材料、生产产品、核算产品成本、储存产成品、发出产成品等。这些业务活动涉及的部门包括生产计划部门、仓库部门、生产部门、人事部门、销售部门和会计部门等。

1.计划和安排生产

生产计划部门的职责是根据客户订购单或者对销售预测和产品需求的分析来决定生产授权。如决定授权生产,即签发预先编号的生产通知单。该部门通常应将发出的所有生产通知单编号并加以记录控制。此外,还需要编制一份材料需求报告,列示所需要的材料和零件及其库存。

2.发出原材料

仓库部门的责任是根据从生产部门收到的领料单发出原材料。领料单上必须列示所需的材料数量和种类,以及领料部门的名称。领料单可以一料一单,也可以多料一单,通常需一式三联。仓库发料后,将其中一联连同材料交还领料部门,其余两联经仓库登记材料明细账后,送会计部门进行材料收发核算和成本核算。

3.生产产品

生产部门在收到生产通知单及领取原材料后,便将生产任务分解到每一个生产工人,并将所领取的原材料交给生产工人,据以执行生产任务。生产工人在完成生产任务后,将完成的产品经生产部门查点后转交检验员验收,并办理入库手续;或将所完成的产品移交下一个部门,做进一步加工。

4.核算产品成本

为了正确地核算并有效控制产品成本,企业必须建立健全成本会计制度,将生产控制和成本核算有机结合在一起。一方面,生产过程中的各种记录、生产通知单、领料单、计工单、入库单等文件资料都要汇集到会计部门,由会计部门对其进行检查和核对,了解和控制生产过程中存货的实物流转;另一方面,会计部门要设置相应的会计账户,会同有关部门对生产过程中的成本进行核算和控制。成本会计制度可以非常简单,只是在期末记录存货余额;也可以是完善的标准成本制度,它持续地记录所有材料处理、在产品和产成品,并形成对成本差异的分析报告。完善的成本会计制度应该提供原材料转为在产品,在产品转为产成品,以及按成本中心、分批生产任务通知单或生产周期归集和分配所消耗的材料、人工和间接费用的详细资料。

5.储存产成品

产成品入库,须由仓库部门先行点验和检查,然后签收。签收后,将实际入库数量通知会计部门。据此,仓库部门确立了本身应承担的责任,并对验收部门的工作进行验证。

除此之外，仓库部门还应根据产成品的品质特征分类存放，并填制标签。

6.发出产成品

产成品的发出须由独立的发运部门进行。装运产成品时必须持有经有关部门核准的发运通知单，并据此编制出库单。出库单至少一式四联，一联交仓库部门、一联发运部门留存、一联送交客户、一联作为给客户开发票的依据。

（二）涉及的主要凭证与会计记录

为记录和控制本循环的业务活动，企业通常会设置以下主要凭证和相关记录：

1.生产指令

生产指令又称"生产任务通知单"，是企业下达制造产品等生产任务的书面文件，用以通知供应部门组织材料发放，生产车间组织产品制造，会计部门组织成本计算。广义的生产指令也包括用于指导产品加工的工艺规程，如机械加工企业的"路线图"等。

2.领发料凭证

领发料凭证是企业为控制材料发出所采用的各种凭证，如材料发出汇总表、领料单、限额领料单、领料登记簿、退料单等。

3.产量和工时记录

产量和工时记录是登记工人或生产班组在出勤时间内完成产品数量、质量和生产这些产品所耗费工时数量的原始记录。产量和工时记录的内容与格式是多种多样的，在不同的生产企业中，甚至在同一企业的不同生产车间中，由于生产类型不同而采用不同格式的产量和工时记录。常见的产量和工时记录主要有工作通知单、工序进程单、工作班产量报告、产量通知单、产量明细表、废品通知单等。

4.工薪汇总表及工薪费用分配表

工薪汇总表是为了反映企业全部工薪的结算情况，并据以进行工薪结算、总分类核算和汇总整个企业工薪费用而编制的，它是企业进行工薪费用分配的依据。工薪费用分配表反映了各生产车间、各产品应负担的生产工人工薪及福利费。

5.材料费用分配表

材料费用分配表是用来汇总反映各生产车间各产品所耗费的材料费用的原始记录。

6.制造费用分配汇总表

制造费用分配汇总表是用来汇总反映各生产车间各产品所应负担的制造费用的原始记录。

7.成本计算单

成本计算单是用来归集某一成本计算对象所应承担的生产费用，计算该成本计算对象的总成本和单位成本的记录。

8.存货明细账

存货明细账是用来反映各种存货增减变动情况和期末库存数量及相关成本信息的会计记录。

【知识链接4-3】不同行业类型的存货，其性质具有很大的差别，具体如表4-5所示。

表4-5　　　　　　　　　　　　　　　不同行业类型的存货性质

行业类型	存货性质
贸易业	从厂商、批发商或其他零售商处采购的商品
一般制造业	采购的原材料、易耗品和配件等、生产的半成品和产成品
金融服务业	一般只有消耗品存货,如文具、办公设备、教学器材等
建筑业	建筑材料、在建项目成本(一般包括建造活动发生的直接人工成本和间接费用,以及支付给分包商的建造成本等)

二、了解和评价生产与仓储循环的内部控制

(一)主要工作内容

了解和评价生产与仓储循环的内部控制属于风险评估程序中在业务流程层面了解和评价被审计单位的内部控制,其主要工作内容包括:(1)了解被审计单位生产与仓储循环和与财务报告相关的内部控制,并记录获得的了解;(2)针对生产与仓储循环的控制目标,记录相关控制活动,以及受该控制活动影响的交易和账户余额及其认定;(3)执行穿行测试,证实对交易流程和相关控制的了解,并确定相关控制是否得到执行;(4)记录在了解和测试生产与仓储循环的控制设计和执行过程中识别的风险,以及拟采取的应对措施。

(二)主要工作程序

1.了解内部控制设计

注册会计师通常采用询问、观察和检查等程序了解本循环的主要控制流程,并采用文字叙述、问卷、核对表和流程图等方式,或几种方式相结合,记录对控制流程的了解。对重要业务活动控制流程的了解与记录应当涵盖本循环的整个过程,具体包括以下内容:

(1)了解生产与仓储业务涉及的主要人员。生产与仓储业务所涉及的主要人员可能包括:总经理、财务经理、会计主管、生产成本记账员、应付职工薪酬记账员、质检经理、质量检验员、生产经理、生产计划经理、车间主任、仓储经理、仓库保管员等。

(2)了解有关职责分工的政策和程序。被审计单位应当建立相应的职责分工政策和程序,包括:不相容职务相分离,即存货的保管与清查;存货的销售与收款;存货处置的申请与审批、审批与执行;存货业务的审批、执行与相关会计记录等职务相分离。各相关部门之间相互牵制并在其授权范围内履行职责,同一部门或个人不得处理生产与仓储业务的全过程。

(3)了解主要业务活动。概括地说,本循环的主要业务活动一般包括材料验收与仓储、计划与安排生产、生产与发运、存货管理等,注册会计师应当重点了解被审计单位生产成本的归集及分配方法、相关文件记录、库存材料或商品管理制度的制定和修改程序、对职责分工政策的制定和修改程序等。

2.评价内部控制设计

在执行财务报表审计业务时,注册会计师需要运用职业判断,结合被审计单位的实际情况了解和测试能够保证控制目标实现的控制活动。表4-6所列示的仅是通常情况下本循环的控制目标、受影响的相关交易和账户余额及其认定以及常用的控制活动,注册会计师需要依据被审计单位的控制活动对实现控制目标是否有效来评价其控制设计的合理性。

表4-6 　　　　　　　　　　生产与仓储循环的控制目标及控制活动

主要业务活动	控制目标	受影响的相关交易和账户余额及其认定	常用的控制活动
材料验收和仓储	已验收材料均附有有效采购订单	存货：存在	验收单与采购订单应进行核对
	已验收材料均已准确记录	存货：计价和分摊 主营业务成本：准确性、分类	管理层定期复核以保证记录的正确性
	已验收材料均已记录	存货：完整性 主营业务成本：完整性	验收单均预先连续编号并已记录
	已验收材料均已记录于适当期间	存货：存在、完整性 主营业务成本：截止	定期由不负责日常存货保管或存货记录的人员实地盘点存货，如有差异应及时调查和处理
计划和安排生产	管理层授权进行生产	存货：存在	生产指令应经适当管理层批准
生产与发运	发出材料均已准确记录	存货：计价和分摊 主营业务成本：准确性、完整性、分类	管理层定期复核以保证记录的正确性
	发出材料均记录于适当期间	存货：存在、完整性 主营业务成本：截止	定期由不负责日常存货保管或存货记录的人员实地盘点存货，发现差异应予以调整
	已记录的生产成本均真实发生且与实际成本一致	存货：存在、计价和分摊 主营业务成本：发生、准确性	管理层定期复核以保证生产成本与其支持性文件一致
	已发生的生产成本均已记录	存货：完整性、计价和分摊 主营业务成本：完整性	管理层定期复核以保证生产成本与其支持性文件一致
	已发生的生产成本均已记录于适当期间	存货：存在、完整性、计价和分摊 主营业务成本：截止	管理层定期复核以保证生产成本与其支持性文件一致
	存货流转均已准确地记录于适当期间	存货：计价和分摊、完整性、存在 主营业务成本：截止、准确性	管理层定期复核以保证生产成本与其支持性文件一致
	完工产成品均已准确地记录于适当期间	存货：计价和分摊 主营业务成本：截止、准确性	验收单均预先连续编号并已记录入账
	产成品发运均已记录	存货：存在 主营业务成本：发生	出库单均事先连续编号并已记录入账
	产成品发运均已准确记录	存货：计价和分摊 主营业务成本：准确性、分类	管理层定期复核以保证记录的正确性
	已发运产成品均附有有效销售订单	存货：完整性 主营业务成本：发生	货物发运之前应由独立人员核对销售订单和发运货物
	产成品发运均已记录于适当期间	存货：存在、完整性 主营业务成本：截止	定期由不负责日常存货保管或存货记录的人员实地盘点存货，发现差异应予以调整
存货管理	适当保管存货	存货：存在	适当保管存货并限制无关人员接近
	准确记录存货价值	存货：计价和分摊	对存货库龄进行分析
	存货价值调整已于适当期间记录	存货：计价和分摊	管理层复核并批准存货价值调整
	存货价值调整是真实发生的	存货：计价和分摊	管理层复核并批准存货价值调整

3.确定控制是否得到执行

在执行财务报表审计业务时，注册会计师还需要运用职业判断，结合被审计单位的实际情况设计和执行穿行测试，以取得本循环的内部控制是否得到执行的审计证据。

根据了解本循环控制的设计并评估其执行情况所获取的审计证据，注册会计师对控制的评价结论可能是：（1）控制设计合理，并得到执行；（2）控制设计合理，未得到执行；（3）控制设计无效或缺乏必要的控制。

三、对生产与仓储循环实施控制测试

（一）控制测试内容

如果被审计单位生产与仓储循环的控制设计合理，并得到执行，则注册会计师需要对本循环实施控制测试，以获取控制运行有效性的审计证据。测试工作包括：（1）针对了解的被审计单位生产与仓储循环的控制活动，确定拟进行测试的控制活动；（2）测试控制运行的有效性，并记录测试过程和结论；（3）根据测试结论，确定对实质性程序的性质、时间安排和范围的影响。

（二）控制测试程序

对本循环的控制测试程序同样包括询问程序和针对控制目标实施的测试程序。其中，针对控制目标实施的测试程序主要包括以下几个方面：

1.对材料验收和仓储的控制测试程序

该项控制测试的一般程序包括：（1）抽取验收单检查是否与采购订单内容一致，以取得已验收材料均附有有效采购订单的审计证据；（2）抽取验收单检查输入是否正确并经复核确认，以取得已验收材料均已准确记录的审计证据；（3）抽取验收单检查是否已输入系统，以取得已验收材料均已记录的审计证据；（4）抽取存货盘点报告并检查是否经适当层次复核，有关差异是否得到处理，以取得已验收材料均已记录于适当期间的审计证据。

2.对计划和安排生产的控制测试程序

该项控制测试的一般程序通常是抽取生产通知单检查是否与月度生产计划书中内容一致，以取得管理层授权进行生产的审计证据。

3.对生产与发运的控制测试程序

对生产的控制测试程序通常包括：（1）抽取出库单及相关的原材料领用申请单，检查是否正确输入并经适当层次复核，以取得发出材料均已准确记录的审计证据；（2）抽取存货盘点报告并检查是否经适当层次复核，有关差异是否得到处理，以取得发出材料均记录于适当期间的审计证据；（3）抽取原材料领用凭证，检查是否与生产记录日报表一致，是否经适当审核，如有差异是否及时处理，以取得已记录的生产成本均真实发生且与实际成本一致及已发生的生产成本均已记录的审计证据；（4）抽取核对记录，检查差异是否已得到处理，以取得已发生的生产成本均记录于适当期间的审计证据；（5）抽取生产成本结转凭证和销售成本结转凭证，检查与支持性文件是否一致并经适当复核，以取得存货流转已完整准确地记录于适当期间的审计证据，对自动化系统，可能需要利用计算机专家的工作；（6）抽取产成品验收单、产成品入库单并检查输入信息是否准确，以取得完工产成品均准确记录于适当期间的审计证据。

对发运的控制测试程序通常包括：（1）抽取发运通知单、出库单并检查是否一致，以取得产成品发运均已记录的审计证据；（2）抽取出库单检查是否正确输入系统并经适当复核，以取得产成品发运均已准确记录的审计证据；（3）抽取发运单和相关销售订单，检查内容是否一致，以取得已发运产成品均附有有效销售订单的审计证据；（4）抽取存货盘点报告并检查是否经适当层次复核，有关差异是否得到处理，以取得产成品发运均已记录于适当期间的审计证据。

4.对存货管理的控制测试程序

对存货管理的控制测试程序通常包括：（1）检查存货盘点和记录的存货余额；（2）检查授权调整已记录存货余额，及管理层复核和经授权调整的证据；（3）检查管理层复核存货过时和存货减值的证据，询问计算存货减值准备人员的胜任能力，确认行业标准并考虑被审计单位的假设是否合理，并测试确定存货销售量的程序化的控制；（4）检查管理层监控程序和关键业绩指标的有效性，以防止、发现并纠正生产与存货交易和余额相关的错误和舞弊。

第四节　工薪与人事循环的控制测试

一、工薪与人事循环的主要业务与相关记录

（一）涉及的主要业务活动

工薪与人事循环开始于对员工的聘用，结束于对员工支付工薪，它是不同企业之间最可能具有共性的领域，一般都会涉及批准招聘、记录工作时间或产量、计算工薪总额和扣除、工薪支付等主要业务活动，具体内容是：

1.批准招聘

批准雇用的文件，应当由负责工薪与人事相关事宜的人员编制，最好由在正式雇用过程中负责制定批准聘用、支付率和工薪扣除等政策的人力资源部门履行该职责。人力资源部门同时还负责编制支付率变动及员工合同期满的通知。

2.记录工作时间或产量

员工工作的证据，以工时卡或考勤卡的形式产生，通过监督审核和批准程序予以控制。如果支付工薪的依据是产量而不是时间，数量也同样应经过审核，并且与产量记录或销售数据进行核对。

3.计算工薪总额和扣除

在计算工薪总额和扣除时，需要将每名员工在本工薪期间的工作时间或产量记录，与基准数据进行匹配。在确定相关控制活动已经执行后，应当由一名适当的人员批准工薪的支付。同时由一名适当人员审核工薪总额和扣除的合理性，并批准该金额。

4.支付工薪总净额

工薪支付可以利用电子货币转账系统支付，也可以使用现金支付方式。批准工薪支票，通常是工薪支付中不可分割的一部分，包括比较支票总额和工薪总额。有关使用支票支付工薪的职能划分，应该与使用现金支付的职责划分相同。

（二）涉及的主要凭证和会计记录

为达到对本循环业务活动的有效控制，本循环通常需要涉及以下主要凭证和会计记录：

1.人事和雇用记录

人事和雇用记录包括人事记录、扣款核准表、工薪率核准表等。人事记录一般包括雇用日期、工薪率、业绩评价、雇佣关系终止等方面的记录；扣款核准表是核准工薪预扣款的表格，包括预先扣除个人所得税等；工薪率核准表是根据工薪合同、管理层的授权、董事会对管理层的授权，核准工薪率的一种表格。

2.工时记录和工薪表

工时记录和工薪表主要包括工时卡、工时单、工薪交易文件、应付职工薪酬明细账或清单及工薪主文档等。

3.支付工薪记录

4.个人所得税纳税申报表

二、了解和评价工薪与人事循环的内部控制

（一）主要工作内容

了解和评价工薪与人事循环的内部控制属于风险评估程序中在业务流程层面了解和评价被审计单位的内部控制，其主要工作内容包括：（1）了解被审计单位工薪与人事循环和与财务报告相关的内部控制，并记录获得的了解；（2）针对工薪与人事循环的控制目标，记录相关控制活动，以及受该控制活动影响的交易和账户余额及其认定；（3）执行穿行测试，证实对交易流程和相关控制的了解，并确定相关控制是否得到执行；（4）记录在了解和测试工薪与人事循环的控制设计和执行过程中识别的风险，以及拟采取的应对措施。

（二）主要工作程序

1.了解内部控制设计

注册会计师通常采用询问、观察和检查等程序了解本循环的主要控制流程，并采用文字叙述、问卷、核对表和流程图等方式，或几种方式相结合，记录对控制流程的了解。对重要业务活动控制流程的了解与记录应当涵盖本循环的整个过程，包括以下内容：

（1）了解工薪与人事业务涉及的主要人员。工薪与人事业务涉及的主要人员通常包括：总经理、财务经理、会计主管、出纳员、应付职工薪酬记账员、生产成本记账员、生产经理、人事经理、薪资主管、人事信息管理员等。

（2）了解有关职责分工的政策和程序。被审计单位应当建立职责分工政策和程序，包括：不相容职务相分离，即人事、工作时间记录、薪酬计算、薪酬支付、薪酬核算等职务相分离；各相关部门之间相互牵制并在其授权范围内履行职责，同一部门或个人不得处理工薪与人事业务的全过程。

（3）了解主要业务活动。概括地说，本循环的主要业务活动包括员工聘用与离职、工作时间记录、工薪计算和记录、工薪支付及常备数据维护等。注册会计师应重点了解员工人数、工作时间记录方式、工薪计算和记录方法、工薪费用支付与核算程序、文件记录、对工薪与人事政策的制定和修改程序等。

2.评价内部控制设计

在执行财务报表审计业务时，注册会计师需要运用职业判断，结合被审计单位的实际

情况了解和测试能够保证控制目标实现的控制活动。表4-7所列示的仅是通常情况下本循环的控制目标、受影响的相关交易和账户余额及其认定以及常用的控制活动，注册会计师需要依据被审计单位的控制活动对实现控制目标是否有效来评价其控制设计的合理性。

表4-7 工薪与人事循环的控制目标及控制活动

主要业务活动	控制目标	受影响的相关交易和账户余额及其认定	常用的控制活动
员工聘用与离职	员工名册新增项目均为真实有效的	应付职工薪酬：存在	员工名册的变更与支持性文件核对一致以保证输入正确
	新增员工均已记入员工名册	应付职工薪酬：完整性	员工名册变更连续编号，以保证所有变更都已处理
	离职员工均已从员工名册中删除	应付职工薪酬：存在	员工名册变更连续编号，以保证所有变更都已处理
	员工名册删除项目均为真实有效的	应付职工薪酬：完整性	员工名册的变更与支持性文件核对一致以保证输入正确
工作时间记录	用以计算生产人员工资的工作时间数据均为实际工时	应付职工薪酬：存在	员工必须记录实际工作时间，并经适当管理层复核
	用以计算管理人员工资的工作时间数据均为实际工时	应付职工薪酬：存在	员工必须记录实际工作时间，并经适当管理层复核
	员工工作时间均已完整记录和输入	应付职工薪酬：完整性	核实所有员工工作时间均得以记录，如发现差异，应及时调查并处理
	输入系统的时间记录均为准确的	应付职工薪酬：计价和分摊	由不负责输入工作时间记录的人员比较输入数据与支持性文件是否相符
工薪计算和记录	准确计算和记录工薪费用	应付职工薪酬：计价和分摊	以标准软件系统执行工薪计算和记录；工薪费用记录在正确的账户中，并经适当管理层复核
	工薪费用记录于适当期间	应付职工薪酬：存在、完整性	管理层定期复核工薪变动情况
工薪支付	支付的工薪与实际工时记录相关	应付职工薪酬：完整性	工薪支付须经适当管理层批准
常备数据维护	常备数据变动均为真实和准确的，并及时处理	应付职工薪酬：存在、完整性	常备数据变动应经适当管理层批准，并准确输入
	只有经适当授权的人员才能接触工薪数据	应付职工薪酬：存在、完整性	只有经过适当授权的人员才能接触工薪数据

3.确定控制是否得到执行

在执行财务报表审计业务时，注册会计师应运用职业判断，结合被审计单位的实际情况设计和执行穿行测试，以取得本循环的内部控制是否得到执行的审计证据。

根据了解本循环控制的设计并评估其执行情况所获取的审计证据，注册会计师对控制的评价结论可能是：（1）控制设计合理，并得到执行；（2）控制设计合理，未得到执行；（3）控制设计无效或缺乏必要的控制。

三、对工薪与人事循环实施控制测试

（一）控制测试内容

如果注册会计师拟对本循环内部控制实施控制测试，以取得本循环控制运行有效性的审计证据，则需要完成以下工作：（1）针对了解的被审计单位工薪与人事循环的控制活动，确定拟进行测试的控制活动；（2）测试控制运行的有效性，并记录测试过程和结论；（3）根据测试结论，确定对实质性程序的性质、时间安排和范围的影响。

（二）控制测试程序

对本循环的控制测试程序同样包括询问程序和针对控制目标实施的测试程序。其中，针对控制目标实施的测试程序包括对员工聘用与离职、工作时间记录、工薪计算与记录和常备数据维护等主要业务活动的控制测试。

（1）对员工聘用与离职的控制测试程序。对员工聘用与离职控制实施的测试程序一般包括：①抽取员工聘用资料，检查员工信息变更是否真实，以取得员工名册新增项目均为真实有效的审计证据；②抽取员工聘用资料，检查员工信息是否被记录，以取得新增员工均已记入员工名册的审计证据；③抽取员工离职资料，检查员工信息是否已删除，以取得离职员工均已从员工名册中删除的审计证据；④抽取员工离职资料，检查员工信息变更是否真实，以取得员工名册删除项目均为真实有效的审计证据。

（2）对工作时间记录的控制测试程序。对工作时间记录控制实施的测试程序一般包括：①抽取生产工人考勤卡，检查其工时是否已计入工时统计表内，以取得用以计算工薪的工作时间数据均为实际工时的审计证据；②抽取管理人员工作时间表，检查其工时是否已计入出勤统计表内，以取得用以计算工薪的工作时间数据均为实际工时的审计证据；③抽取生产工人和管理人员，检查是否在系统员工档案内，以取得员工工作时间均已完整记录和输入；④抽取工时记录单与工时统计表，检查记录是否一致，同时，抽取工作时间表与出勤统计表，检查记录是否一致，以取得输入系统的时间记录均准确的审计证据。

（3）对工薪计算与记录的控制测试程序。对工薪计算与记录控制实施的测试程序一般包括：①利用计算机专家的工作，以取得准确计算和记录工薪费用的审计证据；②选取员工工薪汇总表和记账凭证，检查是否经适当审批，以取得准确计算和记录工薪费用的审计证据；③选取员工变动及工薪费用分析报告，检查是否编制并经适当层次管理层复核，以取得工薪费用均已记录于适当期间。

（4）对工薪支付的控制测试程序。对工薪支付的控制测试程序主要是选取工薪表，检查是否经适当管理层审批，手续是否完备。

（5）对常备数据维护的控制测试程序。对常备数据维护控制的测试程序一般包括：①选取工薪信息或更改申请单，检查是否经审批、复核以保证其正确，以取得常备数据变动均为真实和准确的，并及时处理的审计证据；②利用计算机专家的工作，以取得只有经适当授权的人员才能接触工薪数据。

第五节 固定资产循环的控制测试

一、固定资产循环的主要业务及相关记录

(一)涉及的主要业务活动

与其他资产项目相比,固定资产循环具有自己的业务特点和特定的活动内容。典型的固定资产循环通常包括以下主要业务:

1.固定资产投资预算与审批

企业通常建立固定资产投资的预算管理制度。每年年末,由各资产使用部门编制部门固定资产购置计划,上报公司预算管理部门。公司预算管理部门对各部门上报的预算方案进行审查、汇总,编制固定资产投资预算。固定资产购置预算需经可行性论证,并经管理层批准。经批准的固定资产投资预算应即时下发到各资产使用部门。

2.购置

资产使用部门填写请购单(一式三联),经部门经理批准,附同经批准的固定资产投资预算交至采购部或其他相关部门,由采购部门或其他相关部门组织固定资产的购置。对于发生的资本化的后续支出,应视同固定资产购置业务办理。

3.记录固定资产

资产使用部门对固定资产进行验收,办理验收手续,出具验收单,并与采购合同、发货单等资料进行核对。如果自行或委托第三方建造固定资产,还需要进行工程项目竣工决算编制及审计。会计部门根据上述凭证,记录固定资产。

4.固定资产折旧及减值

会计部门根据批准的固定资产折旧的会计政策,按月计提折旧。年度终了,对固定资产使用寿命、预计净残值和折旧方法进行复核,并检查是否出现减值迹象。如果固定资产出现了减值迹象,则需要进行减值测试,计算其可收回金额,编制固定资产价值调整建议。会计估计变更和固定资产价值调整需经管理层批准,批准后方可进行相应的账务处理。

5.固定资产日常保管、处置及转移

企业通常以固定资产卡片的方式进行实物管理。为保证固定资产的安全、完整,企业应建立固定资产的定期盘点制度和维护保养制度。对于重大维修计划,应列入年度预算,实行预算管理,按固定资产购置程序处理。对于固定资产的内部调拨,一般由调入、调出部门共同填写固定资产内部调拨单,交固定资产记账部门进行账务处理。对于以固定资产对外投资、报废、出售等处置业务,均需按照授权批准要求,履行审批程序。

(二)涉及的主要凭证与会计记录

典型的固定资产循环通常会涉及以下主要凭证和记录:(1)固定资产投资预算;(2)固定资产请购单;(3)固定资产订购单;(4)固定资产验收单;(5)采购发票或工程项目竣工决算;(6)付款凭单、付款凭证和转账凭证;(7)固定资产卡片;(8)固定资产明细账;(9)累计折旧账户;(10)固定资产总账;(11)固定资产减值准备账户。

二、了解和评价固定资产循环的内部控制

（一）主要工作内容

对固定资产循环的了解和评价仍属于风险评估程序中在业务流程层面上的了解和评价，其主要工作内容包括：（1）了解被审计单位固定资产循环和与财务报告相关的内部控制，并记录获得的了解；（2）针对固定资产循环的控制目标，记录相关控制活动，以及受该控制活动影响的交易和账户余额及其认定；（3）执行穿行测试，证实对交易流程和相关控制的了解，并确定相关控制是否得到执行；（4）记录在了解和测试固定资产循环的控制设计和执行过程中识别的风险，以及拟采取的应对措施。

（二）主要工作程序

1.了解内部控制设计

注册会计师通常采用询问、观察和检查等程序了解本循环的主要控制流程，并采用文字叙述、问卷、核对表和流程图等方式，或几种方式相结合，记录对控制流程的了解。对重要业务活动控制流程的了解与记录应当涵盖本循环的整个过程，具体内容如下：

（1）了解固定资产业务涉及的主要人员。固定资产业务所涉及的主要人员可能包括：总经理、预算经理、财务经理、会计主管、应付账款记账员、固定资产记账员、采购经理、采购信息管理员、采购员、设备管理员等。

（2）了解有关职责分工的政策和程序。被审计单位应当建立相应的职责分工政策和程序，包括：不相容职务相分离，即固定资产投资预算的管理与审批、采购合同的订立与审批、验收与款项支付、固定资产投保的申请与审批、保管与清查、处置申请与审批、付款审批与执行等职务相分离；各相关部门之间相互牵制并在其授权范围内履行职责，同一部门或个人不得处理固定资产业务的全过程。

（3）了解主要业务活动。本循环涉及的主要业务活动包括固定资产投资预算管理与审批、购置、记录固定资产、固定资产折旧及减值及固定资产日常保管、处置及转移等。注册会计师需要重点了解被审计单位主要固定资产类别、预算管理制度、减值准备、固定资产购置和处置政策的制定和修改程序以及职责分工政策的制定和修改程序等。

2.评价内部控制设计

在执行财务报表审计业务时，注册会计师需要运用职业判断，结合被审计单位的实际情况了解和测试能够保证控制目标实现的控制活动。表4-8所列示的仅是通常情况下本循环的控制目标、受影响的相关交易和账户余额及其认定以及常用的控制活动，注册会计师需要依据被审计单位的控制活动对实现控制目标是否有效来评价其控制设计的合理性。

3.确定控制是否得到执行

在执行财务报表审计业务时，注册会计师还需要运用职业判断，结合被审计单位的实际情况设计和执行穿行测试，以取得本循环的内部控制是否得到执行的审计证据。

根据了解本循环控制的设计并评估其执行情况所获取的审计证据，注册会计师对控制的评价结论可能是：（1）控制设计合理，并得到执行；（2）控制设计合理，未得到执行；（3）控制设计无效或缺乏必要的控制。

表4-8　　　　　　　　　　　固定资产循环的控制目标及控制活动

主要业务活动	控制目标	受影响的相关交易和账户余额及其认定	常用的控制活动
固定资产投资预算管理与审批	只有经管理层核准的固定资产投资预算才能执行	固定资产：存在	管理层必须核准所有固定资产投资采购预算，超过特定的预算应取得较高层次管理层的核准并适当记录
购置	只有经核准的采购合同才能执行	固定资产：存在	管理层必须核准所有采购合同
购置	已记录的采购订单内容准确	固定资产：计价和分摊	由不负责输入采购订单的人员比较采购订单数据与支持性文件（如请购单）是否相符
购置	所有采购订单均已得到处理	固定资产：完整性	采购订单连续编号，采购订单编号连续性已被核对
固定资产记录	已记录的固定资产均为公司购置的资产	固定资产：存在	管理层定期复核固定资产登记簿
固定资产记录	固定资产采购交易均已记录	固定资产：完整性	定期执行固定资产盘点，并调节至固定资产登记簿
固定资产记录	已记录的固定资产采购交易计价正确	固定资产：计价和分摊	对发票与验收单不符的事项进行调查。如果付款金额与发票金额不符，应经适当层次管理层核准
固定资产记录	所有固定资产采购交易已记录于适当期间	固定资产：存在、完整性	定期与供应商对账，如有差异及时进行调查和处理
固定资产折旧及减值	准确计提折旧费用、资产减值损失	固定资产：计价和分摊	管理层复核折旧费用和资产减值损失
固定资产折旧及减值	折旧费用、资产减值损失已记录于适当期间	固定资产：计价和分摊	管理层复核折旧费用和资产减值损失
固定资产折旧及减值	折旧费用、资产减值损失均进行记录	固定资产：计价和分摊	管理层复核折旧费用和资产减值损失
固定资产折旧及减值	折旧费用、资产减值损失是真实的	固定资产：计价和分摊	管理层复核折旧费用和资产减值损失
固定资产日常保管、处置及转移	已充分保障固定资产的安全	固定资产：存在、权利和义务	对固定资产办理保险
固定资产日常保管、处置及转移	已记录的固定资产处置及转移均为实际发生的	固定资产：完整性 固定资产清理：存在	定期执行固定资产盘点，并调节至固定资产登记簿
固定资产日常保管、处置及转移	固定资产处置及转移均已记录	固定资产：存在 固定资产清理：完整性	管理层复核固定资产处置的记录
固定资产日常保管、处置及转移	固定资产处置及转移均已准确记录	固定资产：计价和分摊 固定资产清理：计价和分摊	管理层复核固定资产处置的记录
固定资产日常保管、处置及转移	固定资产处置均已记录于适当期间	固定资产：存在、完整性 固定资产清理：存在、完整性	管理层定期复核固定资产登记簿

三、对固定资产循环实施控制测试

（一）控制测试内容

如果被审计单位固定资产循环的控制设计合理，并得到执行，则注册会计师需要对本循环实施控制测试，以获取控制运行有效性的审计证据。测试工作包括：（1）针对了解的被审计单位固定资产循环的控制活动，确定拟进行测试的控制活动；（2）测试控制运行的有效性，并记录测试过程和结论；（3）根据测试结论，确定对实质性程序的性质、时间安排和范围的影响。

（二）控制测试程序

固定资产循环的控制测试程序同样包括询问程序和针对控制目标实施的测试程序，其中针对控制目标实施的测试程序主要包括以下方面：

1.针对固定资产投资预算管理与审批实施的控制测试程序

对固定资产预算管理与审批实施的控制测试程序通常是选取固定资产投资预算和投资可行性项目论证报告，检查是否编制预算并进行论证，以及是否经适当层次审批，以获取只有经管理层核准的固定资产投资预算才能执行的审计证据。

2.针对固定资产购置实施的控制测试程序

针对固定资产购置实施的控制测试程序一般包括：（1）选取请购单及相关采购合同，检查是否得到适当审批和签署，以获取只有经核准的采购合同才能执行的审计证据；（2）选取采购信息报告，检查是否已经编制并核对一致，以获取已记录的采购订单内容准确及所有采购订单均已得到处理的审计证据。

3.针对固定资产记录实施的控制测试程序

针对固定资产记录实施的控制测试程序一般包括：（1）抽取固定资产增、减变动情况分析报告，检查是否经复核，以取得已记录的固定资产均为公司购置的资产的审计证据；（2）抽取固定资产盘点明细表，检查差异是否经审核后及时处理，以取得固定资产采购交易均已记录的审计证据；（3）抽取采购发票，检查发票所载信息是否与验收单、采购订单相符，并加盖"相符"印戳，以取得已记录的固定资产采购交易计价正确的审计证据。

4.针对固定资产折旧及减值实施的控制测试程序

针对固定资产折旧及减值实施的控制测试程序一般包括：（1）抽取月度内固定资产增、减变动情况分析报告，检查是否已经正确编制并经复核，以取得准确计提折旧费用、资产减值损失，并已记录于适当期间的审计证据；（2）抽取固定资产价值分析报告和固定资产价值调整建议，检查是否已经正确编制并经复核和处理，以取得折旧费用、资产减值损失是真实的，并均已记录的审计证据。

5.针对固定资产日常保管、处置及转移实施的控制测试程序

针对固定资产日常保管、处置及转移实施的控制测试程序一般包括：（1）抽取固定资产保险单盘点表，检查是否已办理商业保险，以取得已充分保障固定资产安全的审计证据；（2）抽取固定资产盘点明细表，检查差异是否经审批后及时处理，以取得已记录的固定资产处置及转移均为实际发生的审计证据；（3）抽取固定资产报废单，检查报废是否经适当批准和处理，以取得固定资产处置及转移均已记录的

审计证据；（4）抽取固定资产内部调拨单，检查调入、调出是否已进行适当处理，以取得固定资产处置及转移均已准确记录的审计证据；（5）抽取固定资产增、减变动情况分析报告，检查是否经复核，以取得固定资产处置均已记录于适当期间的审计证据。

第六节　筹资与投资循环的控制测试

一、筹资与投资循环的主要业务及相关记录

（一）涉及的主要业务活动

1.筹资涉及的主要业务活动

筹资与投资循环由筹资活动和投资活动的交易事项构成。就筹资活动而言，其主要由借款交易和股东权益交易组成，包括以下主要业务活动：

（1）审批授权。企业通过借款筹集资金需经管理层的审批，其中债券的发行每次均要由董事会授权；企业发行股票必须依据国家有关法规或企业章程的规定，报经企业最高权力机构及国家有关管理部门批准。

（2）签订合同或协议。向银行或其他金融机构融资须签订借款合同，发行债券须签订债券契约和债券代销或包销合同。

（3）取得资金。企业实际取得银行或金融机构划入的款项或债券、股票的融入资金。

（4）计算利息或股利。企业应按有关合同或协议的规定，及时计算利息或股利。

（5）偿还本息或发放股利。银行借款或发行债券应按有关合同或协议的规定偿还本息，融入的股本应根据股东大会的决定发放股利。

2.投资涉及的主要业务活动

就投资活动而言，其主要由权益性投资交易和债权性投资交易组成，包括以下主要业务活动：

（1）投资交易的发生。投资交易包括买卖各项金融资产的交易活动，所有交易活动的发生都必须由管理层授权，而且交易的数量越多，授权程序必须越正式。

（2）有价证券的收取和保存。企业所收到的凭证和有价证券应当保存在其经纪人处或由企业的银行保存。对以凭证方式保存的有价证券应设置物理性职能分离。

（3）投资收益的取得。投资收益包括股利和利息收入，企业应当按照会计准则的规定及时确认已取得的投资收益。

（4）监控。企业需要建立政策和程序对投资业务活动过程进行有效监控。

（二）涉及的主要凭证与会计记录

1.筹资涉及的主要凭证与会计记录

为记录筹资业务活动，并对整个筹资业务活动过程进行有效的控制，企业通常需要设置以下凭证和相关记录：

（1）债券。债券是指公司依据法定程序发行、约定在一定期限内还本付息的有价证券。

（2）股票。股票是指公司签发的证明股东所持股份的凭证。

（3）债券契约。债券契约是一张明确债券持有人与发行企业双方所拥有的权利和义务的法律性文件。

（4）股东名册。发行记名股票的公司，应记载的内容一般包括：股东的姓名或者名称及住所；各股东所持股份数；各股东所持股票的编号；各股东取得其股份的日期。发行无记名股票的，公司应当记载其股票数量、编号及发行日期。

（5）公司债券存根簿。发行记名公司债券的应记载的内容一般包括：债券持有人的姓名或者名称及住所；债券持有人取得债券的日期及债券的编号；债券总额、债券的票面金额、债券的利率、债券还本付息的期限和方式；债券的发行日期。发行无记名债券的，应当在公司的债券存根簿上记载债券总额、利率、偿还期限和方式、发行日期和债券编号。

（6）承销或包销协议。公司向社会公开发行股票或债券时，应当由依法设立的证券经营机构承销或包销，公司应与其签订承销或包销协议。

（7）借款合同或协议。贷款合同或协议是指公司向银行和其他金融机构借入款项时与其签订的合同或协议。

（8）有关记账凭证。

（9）有关会计科目的明细账和总账。

2.投资涉及的主要凭证与会计记录

投资活动涉及的主要凭证及相关记录一般包括：

（1）债券投资凭证。债券投资凭证是载明债券持有人与发行企业双方所拥有的权利与义务的法律性文件。

（2）股票投资凭证。股票投资凭证包括买入凭证和卖出凭证。买入凭证记载股票投资购买业务，包括购买股票数量、被投资公司、股票买价、交易成本、购买日期、结算日期、结算日应付金额合计等；卖出凭证记载股票投资卖出业务，包括卖出股票数量、被投资公司、股票卖价、交易成本、卖出日期、结算日期、结算日应收金额合计等。

（3）股票证书。股票证书是载明股东所有权的证据，记录所有者持有被投资公司所有股票数量。

（4）股利收取凭证。股利收取凭证是被投资公司向所有股东分发股利的文件，标明股东、股利数额、每股股利及股东在交易最终日期持有的总股利金额。

（5）长期股权投资协议。

（6）投资总分类账。

（7）投资明细分类账。

二、了解和评价筹资与投资循环的内部控制

（一）主要工作内容

了解和评价筹资与投资循环的内部控制仍属于风险评估程序中在业务流程层面了解和评价被审计单位的内部控制，其主要工作内容包括：（1）了解被审计单位筹资与投资循环和与财务报告相关的内部控制，并记录获得的了解；（2）针对筹资与投资循环的控制目

标，记录相关控制活动，以及受该控制活动影响的交易和账户余额及其认定；（3）执行穿行测试，证实对交易流程和相关控制的了解，并确定相关控制是否得到执行；（4）记录在了解和测试筹资与投资循环的控制设计和执行过程中识别的风险，以及拟采取的应对措施。

（二）主要工作程序

1.了解内部控制设计

注册会计师通常采用询问、观察和检查等程序了解本循环的主要控制流程，并采用文字叙述、问卷、核对表和流程图等方式，或几种方式相结合，记录对控制流程的了解。对重要业务活动控制流程的了解与记录应当涵盖本循环的整个过程，包括以下内容：

（1）了解筹资与投资业务涉及的主要人员。筹资与投资业务所涉及的主要人员可能包括：总经理、预算经理、投资管理经理、财务经理、会计主管、出纳员、投资记账员、信贷记账员、档案管理员、信贷管理员、投资管理员等。

（2）了解有关职责分工的政策和程序。被审计单位应当建立相应的职责分工政策和程序，包括：不相容职务相分离，即对外投资项目的可行性研究与评估、对外投资的决策与执行、对外投资处置的审批与执行、对外投资绩效评估与执行，以及筹资方案的拟订与决策、筹资合同或协议的审批与订立、与筹资有关的各种款项偿付的审批与执行、筹资业务的执行与相关会计记录等职务相分离；各相关部门之间相互牵制并在其授权范围内履行职责，同一部门或个人不得处理筹资与投资业务的全过程。

（3）了解主要业务活动。概括地说，本循环的主要业务活动即投资业务和筹资业务。注册会计师应当重点了解被审计单位主要筹资方式、投资项目、相关文件记录、对筹资与投资政策的制定和修改程序、对公允价值计量相关的决策体系的制定和修改程序、对职责分工政策的制定和修改程序等。

2.评价内部控制设计

在执行财务报表审计业务时，注册会计师需要运用职业判断，结合被审计单位的实际情况了解和测试能够保证控制目标实现的控制活动。表4-9所列示的仅是通常情况下本循环的控制目标、受影响的相关交易和账户余额及其认定以及常用的控制活动，注册会计师需要依据被审计单位的控制活动对实现控制目标是否有效来评价其控制设计的合理性。

3.确定控制是否得到执行

在执行财务报表审计业务时，注册会计师还需要运用职业判断，结合被审计单位的实际情况设计和执行穿行测试，以取得本循环的内部控制是否得到执行的审计证据。

根据了解本循环控制的设计并评估其执行情况所获取的审计证据，注册会计师对控制的评价结论可能是：（1）控制设计合理，并得到执行；（2）控制设计合理，未得到执行；（3）控制设计无效或缺乏必要的控制。

表 4-9   **筹资与投资循环的控制目标及控制活动**

主要业务活动	控制目标	受影响的相关交易和账户余额及其认定	常用的控制活动
筹资	已记录的借款均为公司的负债	短期借款：存在、权利和义务 长期借款：存在、权利和义务	所有筹资交易应经管理层批准
	借款均已准确记录	短期借款：计价和分摊 长期借款：计价和分摊	借款变动情况的记录与借款合同相一致并经复核，以保证输入准确
	借款均已记录	短期借款：完整性 长期借款：完整性	借款合同或协议由专人保管，同会计记录核对一致，如发现差异应及时调查和处理
	借款均已记录于适当期间	短期借款：存在、完整性 长期借款：存在、完整性	管理层定期复核借款记录并保证其及时更新
	财务费用均已准确计算并记录于适当期间	财务费用：准确性、截止	管理层复核财务费用的计算
	已记录的偿还借款均为真实发生	短期借款：完整性 长期借款：完整性	管理层定期复核借款记录并保证其及时更新
	偿还借款均已准确记录	短期借款：计价和分摊 长期借款：计价和分摊	借款合同或协议由专人保管，同会计记录核对一致，如发现差异应及时调查和处理
	偿还借款均已记录	短期借款：存在 长期借款：存在	借款合同或协议由专人保管，同会计记录核对一致，如发现差异应及时调查和处理
	偿还借款均已记录于适当期间	短期借款：存在、完整性 长期借款：存在、完整性	借款合同或协议由专人保管，同会计记录核对一致，如发现差异应及时调查和处理
投资	已记录的投资均为公司的投资	长期股权投资：权利和义务 金融资产：存在、权利和义务	管理层制定政策并保证投资交易符合规定
	投资交易均已记录	长期股权投资：完整性 金融资产：完整性	管理层复核投资交易记录，如有差异应及时调查和处理
	投资交易计价准确	长期股权投资：计价和分摊 金融资产：计价和分摊	管理层复核投资交易记录，如有差异应及时调查和处理
	投资交易均已记录于适当期间	金融资产：完整性、存在	管理层复核投资交易记录，如有差异应及时调查和处理
	投资收益均已准确计算并记录于适当期间	投资收益：准确性、截止 长期股权投资：计价和分摊	①及时取得被投资单位报表并确认投资收益 ②管理层复核投资交易记录，如有差异应及时调查和处理

三、对筹资与投资循环实施控制测试

（一）控制测试内容

如果被审计单位筹资与投资循环的控制设计合理，并得到执行，则注册会计师需要对本循环实施控制测试，以获取控制运行有效性的审计证据。测试工作包括：（1）针对了解的被审计单位筹资与投资循环的控制活动，确定拟进行测试的控制活动；（2）测试控制运行的有效性，并记录测试过程和结论；（3）根据测试结论，确定对实质性程序的性质、时间安排和范围的影响。

（二）控制测试程序

控制测试程序通常包括询问程序和针对控制目标实施的测试程序。其中，针对控制目标实施的测试程序包括对筹资交易实施的控制测试程序和对投资交易实施的控制测试程序。

1.对筹资交易实施的控制测试程序

对筹资交易实施的控制测试程序通常包括：（1）选取借款申请表或综合授信使用申请，检查是否得到适当审批，以取得已记录的借款均为公司的负债的审计证据；（2）选取借款合同并检查是否与会计记录一致，以取得借款均已记录，且记录准确的审计证据；（3）选取信贷情况表并检查是否得到适当复核，以取得借款记录于适当期间、已记录的偿还借款均为真实发生的审计证据；（4）选取银行贷款利息回单并检查是否已准确、及时记录，以取得财务费用已准确计算并记录于适当期间的审计证据；（5）选取借款备查账记录，检查是否与会计记录一致，以取得偿还借款均已记录，且记录准确并记录于适当期间的审计证据。

2.对投资交易实施的控制测试程序

对投资交易实施的控制测试程序通常包括：（1）选取金融资产投资付款申请单并检查是否得到适当复核，以取得已记录的投资均为公司的投资；（2）选取金融资产核对表并检查是否得到适当复核，以取得投资交易均已记录的审计证据；（3）选取记账凭证，检查与账簿记录是否一致，以取得投资交易计价准确的审计证据；（4）选取金融资产报告，检查是否得到适当复核，以取得投资交易均已记录于适当期间的审计证据；（5）选取交易流水单，与会计记录核对，以取得投资交易均已准确记录于适当期间的审计证据。

第七节　库存现金和银行存款的控制测试

一、库存现金的内部控制及其测试

（一）库存现金的内部控制

由于库存现金是企业流动性最强的资产，加强库存现金管理对保护企业资产安全完整、维护社会经济秩序具有重要意义。在良好的库存现金内部控制下，企业的库存现金收支记录应及时、准确、完整；全部库存现金均按批准的用途使用；库存现金得以安全保管。一般而言，一个良好的库存现金内部控制应该具备以下特点：（1）库存现金收支与记账的岗位分离；（2）库存现金收支要有合理、合法的凭据；（3）全部收入及时准确入账，全部支出要有核准手续；（4）当日收入现金应及时送存银行，控制坐支现金；（5）按月盘点库存现金，以做到账实相符；（6）加强对现金收支业务的内部审计。

（二）库存现金的控制测试

1.了解控制设计

通常以库存现金内部控制流程图来了解库存现金内部控制。编制库存现金流程图是库存现金控制测试的重要步骤。注册会计师在编制之前应通过询问、观察等调查手段收集必要的资料，然后根据所了解的情况编制流程图。对中小企业，也可采用编写库存现金内部控制说明的方法来了解库存现金的内部控制。

若以前年度审计时已经编制了库存现金内部控制流程图，注册会计师可根据调查结果加以修正，以供本年度审计之用。一般而言，在了解库存现金内部控制时，注册会计师应当注意检查库存现金内部控制的建立和执行情况，重点包括：（1）库存现金收支是否按照规定的程序和权限办理；（2）是否存在与被审计单位经营无关的款项收支情况；（3）出纳与会计的职责是否严格分离；（4）库存现金是否妥善保管，是否定期盘点、核对等。

2.实施控制测试

库存现金的控制测试程序通常包括：

（1）抽取并检查收款凭证。如果库存现金收款内部控制不强，很可能会发生贪污舞弊或挪用等情况。例如，在一个小企业中，出纳员同时负责登记应收账款明细账，很可能发生循环挪用货款的情况。为测试库存现金收款的内部控制，注册会计师应按库存现金收款凭证分类，选取适当的样本量，做如下检查：①核对库存现金日记账的收入金额是否正确；②核对库存现金收款凭证与应收账款明细账的有关记录是否相符；③核对实收金额与销售发票是否一致等。

（2）抽取并检查付款凭证。为测试库存现金付款内部控制，注册会计师应按照库存现金付款凭证分类，选取适当的样本量，做如下检查：①检查付款的授权批准手续是否符合规定；②核对库存现金日记账的付出金额是否正确；③核对库存现金付款凭证与应付账款明细账的记录是否一致；④核对实付金额与购货发票是否相符等。

（3）抽取一定期间的库存现金日记账与总账核对。注册会计师应抽取一定期间的库存现金日记账，检查其加总是否正确无误，库存现金日记账是否与总分类账核对相符。

（4）检查外币现金的折算方法是否符合有关规定，是否与上年度一致。对于有外币现金的被审计单位，注册会计师应检查外币库存现金日记账及"财务费用"、"在建工程"等账户的记录，确定企业有关外币现金的增减变动是否采用交易发生日的即期汇率或者采用按照系统合理的方法确定的、与交易发生日即期汇率近似的汇率将外币金额折算为记账本位币金额，折算方法前后各期是否一致；检查企业的外币现金的期末余额是否采用期末即期汇率折算为记账本位币金额；折算差额的会计处理是否正确。

（5）评价库存现金的内部控制。注册会计师在完成上述程序后，即可对库存现金的内部控制进行评价。评价时，注册会计师应首先确定库存现金内部控制可信赖的程度以及存在的薄弱环节和缺点，然后据以确定在库存现金实质性程序中对哪些环节可以适当减少审计程序，对哪些环节应增加审计程序并做重点检查，以减少审计风险。

二、银行存款的内部控制及其测试

（一）银行存款的内部控制

一般而言，一个良好的银行存款内部控制同库存现金内部控制一样，也应符合以下几点要求：（1）银行存款收支与记账的岗位分离；（2）银行存款收支要有合理、合法的凭据；（3）全部收支及时准确入账，全部支出要有核准手续；（4）按月编制银行存款余额调节表，以做到账实相符；（5）加强对银行存款收支业务的内部审计。

按照我国现金管理的有关规定，超过规定限额以上的现金支出一律使用支票。因此，企业应建立相应的支票申领制度，以明确支票的申领范围、批准及其签发与报销等。

对于支票报销和现金报销，企业应建立报销制度。报销人员报销时应当有正常的报批手续、适当的付款凭据，有关采购支出还应有验收手续。会计部门应对报销单据加以审核，出纳员见到加盖核准戳记的支出凭证后方可付款。付款记录应及时登记入账，相关凭证应按顺序或内容作为编制会计记录的附件。

（二）银行存款的控制测试

1.了解控制设计

注册会计师对银行存款内部控制的了解一般与了解库存现金的内部控制同时进行。注册会计师应当重点关注以下内容：（1）银行存款的收支是否按规定的程序和权限办理；（2）银行账户是否存在与本单位经营无关的款项收支情况；（3）是否存在出租、出借银行账户的情况；（4）出纳与会计的职责是否严格分离；（5）是否定期取得银行对账单并编制银行存款余额调节表等。

2.实施控制测试

银行存款的控制测试程序通常包括：

（1）抽取并检查银行存款收款凭证。注册会计师应选取适当的样本量，做如下检查：①核对银行存款收款凭证与存入银行账户的日期和金额是否相符；②核对银行存款日记账的收入金额是否正确；③核对银行存款收款凭证与银行对账单是否相符；④核对银行存款收款凭证与应收账款明细账的有关记录是否相符；⑤核对实收金额与销售发票是否一致等。

（2）抽取并检查银行存款付款凭证。为测试银行存款付款内部控制，注册会计师应选取适当的样本量，做如下检查：①检查付款的授权批准手续是否符合规定；②核对银行存款日记账的付出金额是否正确；③核对银行存款付款凭证与银行对账单是否相符；④核对银行存款付款凭证与应付账款明细账的记录是否一致；⑤核对实付金额与购货发票是否相符等。

（3）抽取一定期间的银行存款日记账与总账核对。注册会计师应抽取一定期间的银行存款日记账，检查其有无计算错误，并与银行存款总分类账核对。

（4）抽取一定期间银行存款余额调节表，查验其是否按月正确编制并经复核。为证实银行存款记录的正确性，注册会计师必须抽取一定期间的银行存款余额调节表，将其同银行对账单、银行存款日记账及总账进行核对，确定被审计单位是否按月正确编制并复核银行存款余额调节表。

（5）检查外币银行存款的折算方法是否符合有关规定，是否与上年度一致。对于有外币银行存款的被审计单位，注册会计师应检查外币银行存款日记账及"财务费用"、"在建工程"等账户的记录，确定企业有关外币银行存款的增减变动是否采用交易发生日的即期汇率或者采用按照系统合理的方法确定的、与交易发生日即期汇率近似的汇率将外币金额折算为记账本位币金额，折算方法前后各期是否一致；检查企业的外币银行存款的期末余额是否采用期末即期汇率折算为记账本位币金额；折算差额的会计处理是否正确。

（6）评价银行存款的内部控制。注册会计师在完成上述程序后，即可对银行存款的内部控制进行评价。评价时，注册会计师应首先确定银行存款内部控制可信赖的程度以及存在的薄弱环节和缺点，然后据以确定在银行存款实质性程序中哪些环节可以适当减少审计程序，对哪些环节应增加审计程序并做重点检查，以减少审计风险。

本章小结

控制测试的内容构成如图4-1所示。

销售与收款循环的主要业务与相关记录 —— 涉及的主要业务活动 / 涉及的主要凭证与会计记录

销售与收款循环的控制测试 —— 了解和评价销售与收款循环的内部控制 —— 主要工作内容 / 主要工作程序

对销售与收款循环实施控制测试 —— 控制测试内容 / 控制测试程序

采购与付款循环的主要业务与相关记录 —— 涉及的主要业务活动 / 涉及的主要凭证与会计记录

采购与付款循环的控制测试 —— 了解和评价采购与付款循环的内部控制 —— 主要工作内容 / 主要工作程序

对采购与付款循环实施控制测试 —— 控制测试内容 / 控制测试程序

生产与仓储循环的主要业务与相关记录 —— 涉及的主要业务活动 / 涉及的主要凭证与会计记录

生产与仓储循环的控制测试 —— 了解和评价生产与仓储循环的内部控制 —— 主要工作内容 / 主要工作程序

对生产与仓储循环实施控制测试 —— 控制测试内容 / 控制测试程序

工薪与人事循环的主要业务与相关记录 —— 涉及的主要业务活动 / 涉及的主要凭证与会计记录

控制测试 —— 工薪与人事循环的控制测试 —— 了解和评价工薪与人事循环的内部控制 —— 主要工作内容 / 主要工作程序

对工薪与人事循环实施控制测试 —— 控制测试内容 / 控制测试程序

固定资产循环的主要业务与相关记录 —— 涉及的主要业务活动 / 涉及的主要凭证与会计记录

固定资产循环的控制测试 —— 了解和评价固定资产循环的内部控制 —— 主要工作内容 / 主要工作程序

对固定资产循环实施控制测试 —— 控制测试内容 / 控制测试程序

筹资与投资循环的主要业务与相关记录 —— 涉及的主要业务活动 / 涉及的主要凭证与会计记录

筹资与投资循环的控制测试 —— 了解和评价筹资与投资循环的内部控制 —— 主要工作内容 / 主要工作程序

对筹资与投资循环实施控制测试 —— 控制测试内容 / 控制测试程序

库存现金和银行存款的控制测试 —— 库存现金的内部控制及其测试 —— 库存现金的内部控制 / 库存现金的控制测试

银行存款的内部控制及其测试 —— 银行存款的内部控制 / 银行存款的控制测试

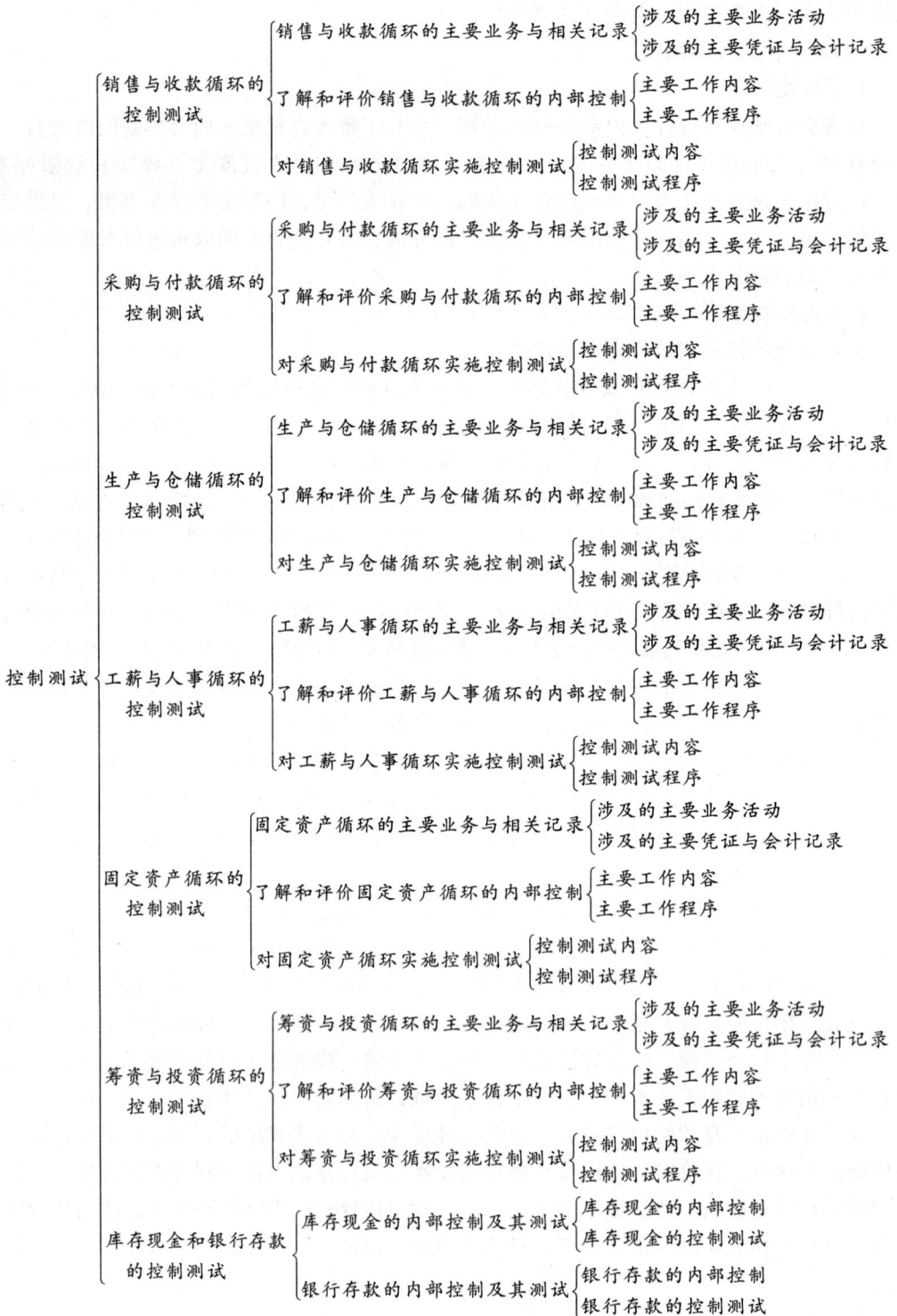

图4-1　控制测试的内容构成

同步测试

一、不定项选择题

1.为证实所有销售业务均已记录，注册会计师应选择最有效的具体审计程序是（　　）。

A.抽查出库单　　　　　　　　　　B.抽查销售明细账

C.抽查应收账款明细账　　　　　　D.抽查银行对账单

2.控制测试中，属于降低信用控制和赊销风险的是（　　）。

A.检查打印出来的发票是否经过复核　　B.检查例外报告和暂缓发货的清单

C.通过询问员工、检查相关文件证实控制的实施

D.检查已打印单据是否经过复核，对无发票的发运凭证进行调查

3.注册会计师对被审计单位已发生的销货业务是否均已登记入账进行审计时，常用的控制测试程序有（　　）。

A.检查发运凭证连续编号的完整性　　B.检查赊销业务是否经适当的授权批准

C.检查销售发票连续编号的完整性　　D.观察已经寄出的对账单的完整性

4.在对被审计单位与固定资产相关的内部控制进行了解、测试后，注册会计师根据掌握的情况形成的专业判断中，正确的是（　　）。

A.被审计单位建立了比较完善的固定资产处置制度，且2014年度发生的处置业务没有对当期损益产生重大影响，注册会计师决定不再对固定资产处置业务进行实质性程序

B.被审计单位的固定资产没有按类别、使用部门、使用状况等进行明细核算，注册会计师决定减少与之相关的控制测试，并加大实质性程序的样本量

C.被审计单位建立了比较完善的固定资产定期盘点制定，2014年12月31日对固定资产进行了全面盘点，并根据盘点结果进行了相关会计处理，注册会计师决定适当减少抽查被审计单位固定资产的样本量

D.被审计单位2014年度固定资产的实际增减变化与固定资产年度预算基本一致，注册会计师决定减少对固定资产增减变化执行实质性程序的样本量

5.各项内部控制制度中，能够防止或发现采购与付款环节发生错误或舞弊的有（　　）。

A.所有订货单应经采购部门及有关部门批准，其副本应及时提交财务部门

B.部分订货单应经采购部门及有关部门批准，其副本应及时提交财务部门

C.收到采购发票后，应立即送采购部门与订货单、验收单核对相符

D.采用总价法记录现金折扣，并严格复核是否发生折扣支付

6.在计算机环境下，注册会计师既应当考虑常用控制活动的有效性，也应当考虑特殊的控制活动对于采购与付款交易的适用性。其中最为重要的控制应着眼于（　　）。

A.计算机程序的更改　　　　　　　B.供应商主文档中重要数据的变动

C.计算机程序的设计　　　　　　　D.供应商辅文档中重要数据的变动

7.被审计单位共有10个生产车间，生产的产品既有相同的，也有不同的。生产任务由计划部门通过连续编号的生产通知单下达。存在缺陷的具体规定有（　　）。

A.生产车间根据生产通知单，提出材料需求报告

B.生产人员根据材料需求报告填写没有连续号的领料单，经车间负责人签字后到仓库领料

C.各车间根据领料单编制本车间连续编号的直接材料汇总分配表，交会计部门进行实物流转记录和成本核算

D.会计部门根据车间交来的材料费用汇总分配表、直接人工汇总分配表和制造费用汇总分配表核算产品成本

8.审查生产成本的直接材料项目时，需要抽查的原始凭证通常有（   ）。

A.领料单   B.发出材料汇总表

C.材料费用汇总分配表   D.成本计算单

9.注册会计师在审计应付债券时，如果被审计单位应付债券业务不多，可直接执行（   ）。

A.内部控制调查   B.控制测试

C.实质性程序   D.穿行测试

10.某客户的财务负责人担任证券投资的会计记录工作，他不宜再（   ）。

A.参与证券买卖   B.参与证券保管

C.兼任证券业务的授权审批   D.兼任证券买卖的负责人

二、判断题

1.如果被审计单位的相关内部控制不存在，或被审计单位的相关内部控制尽管存在但未得到遵循，或内部控制测试的工作量可能大于进行内部控制测试所减少的实质性程序的工作量，则审计人员不应再继续实施控制测试，而应直接执行实质性程序。   （   ）

2.对于需要赊销的销售单，需由销售部门进行审核批准。   （   ）

3.定期将日记账中的收款记录与银行对账单进行核对，其目的是确保收款准确记录。 （   ）

4.仓库负责对需要购买的已列入存货清单的项目填写请购单，其他部门也可以对所需要购买的未列入存货清单的项目编制请购单。   （   ）

5.采购部门在收到请购单后，可根据请购单的要求决定是否发出订购单。   （   ）

6.为了保证付款均记录于恰当的会计期间，管理层应在核准付款前复核支持性文件。 （   ）

7.领料单应由生产部门根据生产需要开出，是仓库部门发出原材料的依据。   （   ）

8.工薪汇总表和工薪费用分配表应由人力资源管理部门负责编制。   （   ）

9.为确保存货真实性，常用的控制活动通常包括将验收单与采购单进行核对。 （   ）

10.抽取发运通知单、出库单并进行检查的目的是取得产成品发运均已记录的审计证据。   （   ）

11.由于薪酬支付和薪酬核算不属于不相容职务，因而可以由同一人兼任。   （   ）

12.合理保证用以计算生产人员工资的工作时间数据均为实际工时的常用控制活动包括核实所有员工工作时间均得以记录，如发现差异，应及时调查并处理。   （   ）

13.针对工薪与人事循环实施的测试程序包括对员工聘用与离职、工作时间记录、工薪计算和记录与常备数据维护等主要业务活动的控制测试。   （   ）

14.企业应建立固定资产投资的预算管理制度。 （ ）

15.为合理保证固定资产折旧及减值的真实性，企业必须建立相应的复核制度，并得以严格执行。 （ ）

16.对固定资产循环的控制测试程序一般不包括询问程序。 （ ）

17.大额投资交易活动必须由管理层授权，小额投资交易可由相关部门直接决定并实施。 （ ）

18.对外投资的决策与执行、筹资业务的执行与相关会计记录均属于不相容职务，需相分离。 （ ）

19.所有筹资交易需经管理层授权批准。 （ ）

20.已记录的投资均为公司的投资，这一控制目标涉及长期股权投资和金融资产的完整性。 （ ）

三、分析题

A注册会计师负责对甲公司2014年12月31日的财务报告内部控制进行审计。A注册会计师了解到，甲公司将客户验货签收作为销售收入确认的时点，部分与销售相关的控制内容摘录如下：

（1）每笔销售业务均需与客户签订销售合同。

（2）赊销业务需由专人进行信用审批。

（3）仓库只有在收到经批准的发货通知单时才能供货。

（4）负责开具发票的人员无权修改开票系统中已设置好的商品价目表。

（5）财务人员根据核对一致的销售合同、客户签收单和销售发票编制记账凭证并确认销售收入。

（6）每月月末，由独立人员对应收账款明细账和总账进行调节。

要求：

（1）针对上述（1）至（6）项所列控制，逐项指出是否与销售收入的发生认定直接相关。

（2）从所选出的与销售收入的发生认定直接相关的控制中，选出一项最应当测试的控制，并简要说明理由。

第五章　资产类项目的实质性程序

【学习目标】

1.明确货币资金的审计目标，掌握货币资金的实质性程序；

2.明确金融资产的审计目标，掌握各项金融资产的实质性程序；

3.明确存货、固定资产的审计目标，掌握存货、固定资产的实质性程序；

4.明确无形资产、投资性房地产、长期股权投资的审计目标，掌握无形资产、投资性房地产、长期股权投资的实质性程序。

第一节　货币资金的实质性程序

一、货币资金的审计目标

货币资金是企业资产的重要组成部分，是企业资产中流动性最强的一种资产。根据货币资金存放地点及用途不同，货币资产分为库存现金、银行存款及其他货币资金。货币资金的审计目标，如表5-1所示。

表5-1　　　　　　　　　　　货币资金的审计目标

序号	审计目标	财务报表认定
1	确定被审计单位资产负债表的货币资金项目中的库存现金、银行存款及其他货币资金在资产负债表日是否确实存在，是否为被审计单位所拥有	存在
2	确定被审计单位在特定期间发生的库存现金、银行存款及其他货币资金的收支业务是否均已记录完毕，有无遗漏	完整性
3	确定记录的库存现金、银行存款及其他货币资金是否为被审计单位所拥有或控制	权利和义务
4	确定库存现金、银行存款及其他货币资金以恰当的金额包括在财务报表的货币资金项目中，与之相关的计价调整已恰当记录	计价和分摊
5	确定库存现金、银行存款及其他货币资金是否已按照企业会计准则的规定在财务报表中做出恰当列报。	列报

二、库存现金的实质性程序

库存现金的实质性程序一般包括：

1. 核对库存现金日记账与总账的金额是否相符，检查非记账本位币库存现金的折算汇率及折算金额是否正确。注册会计师测试库存现金余额的起点是,核对库存现金日记账与总账的金额是否相符。如果不相符,应查明原因,必要时建议做出适当调整。

2. 监盘库存现金。监盘库存现金是证实资产负债表中货币资金项目下所列库存现金是否存在的一项重要审计程序。

企业盘点的库存现金,通常包括已收到但未存入银行的现金、零用金、找换金等。盘点库存现金的时间和人员应视被审计单位的具体情况而定,但现金出纳员和被审计单位会计主管人员必须参加,并由注册会计师进行监盘。盘点和监盘库存现金的步骤和方法主要有:

(1) 制订监盘计划,确定监盘时间。对库存现金的监盘最好实施突击性的检查,时间最好选择在上午上班前或下午下班时,盘点范围一般包括被审计单位各部门经管的现金。在进行现金盘点前,应由出纳员将现金集中起来存入保险柜。必要时可以封存,然后由出纳员把已办妥现金收付手续的收付凭证登入库存现金日记账。如被审计单位库存现金存放部门有两处或两以上,应同时进行盘点。

(2) 审阅库存现金日记账并同时与现金收付凭证相核对。一方面检查库存现金日记账的记录与凭证的内容和金额是否相符;另一方面了解凭证日期与库存现金日记账日期是否相符或接近。

(3) 由出纳员根据库存现金日记账加计累计数额,结出现金结余额。

(4) 盘点保险柜内的现金实有数,同时由注册会计师编制"库存现金监盘表",分币种、面值列示盘点金额。库存现金监盘表,如表5-2所示。

(5) 将盘点金额与库存现金日记账余额进行核对,如有差异,应要求被审计单位查明原因,必要时应提请被审计单位做出调整;如无法查明原因,应要求被审计单位按管理权限批准后做出调整。

(6) 若有冲抵库存现金的借条、未提现支票、未做报销的原始凭证,应在"库存现金监盘表"中注明,必要时应提请被审计单位做出调整。

(7) 在非资产负债表日进行盘点和监盘时,应调整至资产负债表日的金额。

3. 分析被审计单位日常库存现金余额是否合理,关注是否存在大额未缴存的现金。

4. 抽查大额库存现金收支。检查大额现金收支的原始凭证是否齐全、原始凭证内容是否完整、有无授权批准、记账凭证与原始凭证是否相符、账务处理是否正确、是否记录于恰当的会计期间等项内容。

5. 抽查资产负债表日前后若干天的、一定金额以上的现金收支凭证实施截止测试。被审计单位资产负债表的货币资金项目中的库存现金数额,应以结账日实有数额为准。因此,注册会计师必须验证现金收支的截止日期,以确定是否存在跨期事项、是否应考虑提出调整建议。

6. 检查库存现金是否在财务报表中做出恰当列报。根据有关规定,库存现金在资产负债表的"货币资金"项目中反映,注册会计师应在实施上述审计程序后,确定"库存现金"账户的期末余额是否恰当,进而确定库存现金是否在资产负债表中恰当披露。

表 5-2   **库存现金监盘表**

被审计单位：_____   索引号：_____

项目：_____   截止日/期间：_____

编制：_____   复核：_____

日期：_____   日期：_____

检查盘点记录					实有库存现金盘点记录					
项目	项次	人民币	美元	某外币	面额	人民币		美元		某外币	
						张	金额	张	金额	张	金额
上一日账面库存余额	①				1 000元						
盘点日未记账传票收入金额	②				500元						
盘点日未记账传票支出金额	③				100元						
盘点日账面应有金额	④=①+②-③				50元						
盘点日实有库存现金数额	⑤				10元						
盘点日应有与实有差异	⑥=④-⑤				5元						
差异原因分析	白条抵库（张）				1元						
					0.5元						
					0.1元						
					合计						
追溯调整	报表日至审计日库存现金付出总额										
	报表日至审计日库存现金收入总额										
	报表日库存现金应有余额										
	报表日账面汇率										
	报表日余额折合本位币金额										
本位币合计											

出纳员：   会计主管人员：   监盘人：   检查日期：

审计说明：

```



```

三、银行存款的实质性程序

银行存款的实质性程序一般包括：

1. 获取或编制银行存款余额明细表，复核加计是否正确，并与总账数和日记账合计数核对是否相符；检查非记账本位币银行存款的折算汇率及折算金额是否正确。注册会计师测试银行存款余额的起点是核对银行存款日记账与总账的余额是否相符。如果不相符，应查明原因，必要时应建议做出适当调整。

2. 实施实质性分析程序。计算银行存款累计余额应收利息收入，分析比较被审计单位银行存款应收利息收入与实际利息收入的差异是否恰当，评估利息收入的合理性，检查是否存在高息资金拆借，确认银行存款余额是否存在，利息收入是否已经完整记录。

3. 检查银行存单。编制银行存单检查表，检查是否与账面记录金额一致，是否被质押或限制使用，存单是否为被审计单位所拥有。具体程序包括：（1）对已质押的定期存款，应检查定期存单，并与相应的质押合同核对，同时关注定期存单对应的质押借款有无入账；（2）对未质押的定期存款，应检查开户证明书原件；（3）对审计外勤工作结束日前已提取的定期存款，应核对相应的兑付凭证、银行对账单和定期存款复印件。

银行存单检查表，如表5-3所示。

表5-3　　　　　　　　　　　　　**银行存单检查表**

被审计单位：＿＿＿＿＿＿＿＿＿＿＿＿＿　　索引号：＿＿＿＿＿＿＿＿＿＿＿＿＿

项目：＿＿＿＿＿＿＿＿＿＿＿＿＿＿＿＿　　截止日/期间：＿＿＿＿＿＿＿＿＿＿＿

编制：＿＿＿＿＿＿＿＿＿＿＿＿＿＿＿＿　　复核：＿＿＿＿＿＿＿＿＿＿＿＿＿＿＿

日期：＿＿＿＿＿＿＿＿＿＿＿＿＿＿＿＿　　日期：＿＿＿＿＿＿＿＿＿＿＿＿＿＿＿

开户银行	账号	币种	户名	存入日期	到期日	期末存单余额	期末账面余额	备注

注：备注栏可填写是否被用于质押等担保情形，是否存在其他使用限制等情况。

审计说明：

4. 取得并检查银行对账单和银行存款余额调节表。取得并检查银行对账单和银行存款余额调节表是证实资产负债表中所列银行存款是否存在的重要程序。具体测试程序通常包括：

（1）将被审计单位资产负债表日的银行对账单与银行询证函回函核对，确认是否一致，核对账面记录的存款金额是否与银行对账单记录一致。

（2）获取资产负债表日的银行存款余额调节表，检查调节表中加计数是否正确，调节后银行存款日记账余额是否与银行对账单记录一致。

（3）检查调节事项的性质和范围是否合理。具体包括：①检查是否存在跨期收支和跨行转账的调节事项。应编制跨行转账业务明细表，检查跨行转账业务是否同时对应转入和转出，未在同一期间完成的转账业务是否反映在银行存款余额调节表的调整事项中。②检查大额在途存款和未付票据。

（4）检查是否存在未入账的利息收入和利息支出。

（5）检查是否存在其他跨期收支事项，检查相应的原始交易单据或者银行收付单据。

（6）当未经授权或授权不清支付货币资金的现象比较突出时，检查银行存款余额调节表中支付异常的领款（包括没有载明收款人）、签字不全、收款地址不清、金额较大票据的调整事项，确认是否存在舞弊。

5. 函证银行存款余额，编制银行函证结果汇总表，检查银行回函。执行该程序时，应注意：（1）向被审计单位在本期存过款的银行发函，包括零余额账户和本期内注销的账户；（2）确定被审计单位账面余额与银行函证结果的差异，对不符事项做出适当处理。

银行存款函证结果汇总表的格式，如表5-4所示。

表5-4　　　　　　　　　　　　　　**银行存款函证结果汇总表**

被审计单位：＿＿＿＿＿＿＿＿＿＿　　索引号：＿＿＿＿＿＿＿＿＿＿

项目：＿＿＿＿＿＿＿＿＿＿＿＿　　截止日/期间：＿＿＿＿＿＿＿＿＿

编制：＿＿＿＿＿＿＿＿＿＿＿＿　　复核：＿＿＿＿＿＿＿＿＿＿＿

日期：＿＿＿＿＿＿＿＿＿＿＿＿　　日期：＿＿＿＿＿＿＿＿＿＿＿

开户银行	账号	币种	函证情况					冻结、质押等事项说明	备注
			函证金额	函证日期	回函日期	回函金额	金额差异		

审计说明：

6. 检查银行存款账户存款人是否为被审计单位，若存款人非被审计单位，应获取该账户户主和被审计单位的书面声明，确认资产负债表日是否需要提请被审计单位进行调整。

7. 关注是否存在质押、冻结等对变现有限制或存在境外的款项。如果存在，是否已提请被审计单位作必要的调整和披露。

8. 对不符合现金及现金等价物条件的银行存款在审计工作底稿中予以列明，以考虑对现金流量表的影响。

9. 抽查大额银行存款收支的原始凭证，检查原始凭证是否齐全、记账凭证与原始凭证是否相符、账务处理是否正确、是否记录于恰当的会计期间等项内容。检查是否存在非营业目的的大额货币资金转移，并核对相关账户的进账情况。如有与被审计单位生产经营无关的收支事项，应查明原因并作相应的记录。

10. 检查银行存款收支的截止是否正确。选取资产负债表日前后若干张、一定金额以上的凭证实施截止测试，关注业务内容及应对项目，如有跨期收支事项，应考虑是否提请被审计单位进行调整。

11. 检查银行存款是否在财务报表中做出恰当列报。根据有关规定，企业的银行存款在资产负债表的"货币资金"项目中反映，所以，注册会计师应在实施上述审计程序后，确定银行存款账户的期末余额是否恰当，进而确定银行存款是否在资产负债表中恰当披露。此外，如果企业的银行存款存在抵押、冻结等使用限制情况或者潜在回收风险，注册会计师应关注企业是否已经恰当披露有关情况。

第二节　金融资产的实质性程序

一、金融资产的审计目标

金融资产通常包括企业的库存现金、银行存款、应收账款、应收票据、货款、股权投资、债权投资等。《企业会计准则第22号——金融工具确认和计量》将金融资产分为以公允价值计量且其变动计入当期损益的金融资产、持有至到期投资、贷款和应收款项、可供出售金融资产等四类。金融资产的审计目标，如表5-5所示。

表5-5　　　　　　　　　　　金融资产的审计目标

序号	审计目标	财务报表认定
1	确定被审计单位资产负债表中列报的各类金融资产在资产负债表日是否确实存在,是否为被审计单位所拥有	存在
2	确定被审计单位所有应当记录的金融资产增减变动及其损益(或应确认的其他综合收益)是否均已记录完毕,有无遗漏	完整性
3	确定记录的各类金融资产是否为被审计单位拥有或控制	权利和义务
4	确定各类金融资产是否以恰当的金额包括在财务报表中,与之相关的计价调整是否已恰当记录	计价和分摊
5	确定各类金融资产是否已按照企业会计准则的规定在财务报表中做出恰当的列报	列报

二、交易性金融资产的实质性程序

交易性金融资产的实质性程序通常包括：

1. 获取或编制交易性金融资产明细表，复核加计是否正确，并与报表数、总账数和明细账合计数核对是否相符；检查非记账本位币交易性金融资产的折算汇率及折算金额是否正确。

2. 检查被审计单位对交易性金融资产分类是否正确，是否符合企业会计准则的规定。具体测试程序包括：（1）与管理层讨论，分析被审计单位持有该金融资产的意图和能力，并获取相应的审计证据，判断交易性金融资产的分类是否正确；（2）与上年度明细项目进行比较，确定是否存在重新分类情形。

3．检查交易性金融资产是否存在，关注票面金额是否正确。具体测试程序包括：（1）获取归类为交易性金融资产的股票、债券、基金等账户对账单，与明细账余额核对。（2）获取或编制交易性金融资产盘点表，对交易性金融资产实施监盘程序。检查交易性金融资产名称、数量、票面价值、票面利率等内容，与相关账户余额进行核对，如有差异，查明原因。（3）如交易性金融资产在审计工作日已出售或兑换，则追查至相关原始凭证，以确认其在资产负债表日存在。（4）对于在外保管的交易性金融资产，查阅有关保管的文件，必要时可向保管人函证，复核并记录函证结果。了解在外保管的交易性金融资产实质上是否为委托理财。如是，则应详细记录，分析资金的安全性和可收回性，提请被审计单位调整，并充分披露。

交易性金融资产监盘表的格式，如表5-6所示。

表5-6   **交易性金融资产监盘表**

被审计单位：＿＿＿＿＿＿＿＿＿＿＿＿＿＿＿　　　索引号：＿＿＿＿＿＿＿＿＿＿＿＿＿＿＿

项目：＿＿＿＿＿＿＿＿＿＿＿＿＿＿＿＿＿＿　　　截止日/期间：＿＿＿＿＿＿＿＿＿＿＿＿＿

编制：＿＿＿＿＿＿＿＿＿＿＿＿＿＿＿＿＿＿　　　复核：＿＿＿＿＿＿＿＿＿＿＿＿＿＿＿＿

日期：＿＿＿＿＿＿＿＿＿＿＿＿＿＿＿＿＿＿　　　日期：＿＿＿＿＿＿＿＿＿＿＿＿＿＿＿＿

盘点日实存交易性金融资产						资产负债表日至盘点日增加（减少）		资产负债表日实存交易性金融资产					账面结存交易性金融资产			差异	备注
项目名称	数量	面值	总计	票面利率	到期日	数量	面值	数量	面值	总计	票面利率	到期日	数量	面值	总计		

出纳人员：　　　　会计主管：　　　　监盘地点：　　　　监盘时间：　　　　监盘人员：

注：1.盘点时，审计人员不要单独接触交易性金融资产。

2.对放置在不同位置的交易性金融资产要同时进行检查，以免交易性金融资产被移置。

审计说明：

4. 检查交易性金融资产的会计记录是否完整、是否归被审计单位所有，关注交易性金融资产的变现是否存在重大限制。注册会计师应取得有关账户流水单，对照检查账面记录是否完整。检查购入交易性金融资产是否为被审计单位拥有。应向相关机构发函，以确定是否存在变现限制，同时记录函证过程。如有，则查明情况，并提请被审计单位做适当调整。

5. 检查交易性金融资产的计价是否正确。注册会计师应复核交易性金融资产计价方法，检查其是否按公允价值计量，前后期是否一致；同时，还应编制交易性金融资产公允价值复核表，复核公允价值取得依据是否充分，相关会计处理是否正确。

交易性金融资产公允价值复核表的格式，如表5-7所示。

表5-7　　　　　　　　　　　**交易性金融资产公允价值复核表**

被审计单位：＿＿＿＿＿＿＿＿＿＿＿＿　　索引号：＿＿＿＿＿＿＿＿＿＿＿＿
项目：＿＿＿＿＿＿＿＿＿＿＿＿＿＿　　截止日/期间：＿＿＿＿＿＿＿＿＿＿
编制：＿＿＿＿＿＿＿＿＿＿＿＿＿＿　　复核：＿＿＿＿＿＿＿＿＿＿＿＿＿
日期：＿＿＿＿＿＿＿＿＿＿＿＿＿＿　　日期：＿＿＿＿＿＿＿＿＿＿＿＿＿

项目名称	账面数		公允价值						备注
	期末数量①	期末余额②	市价③	市价来源	证券市值④=①×③	差异⑤=②-④	差异原因	与上期计价方法是否一致	
合计									

审计说明：

6. 抽取交易性金融资产增减变动的相关记账凭证，检查其原始凭证是否完整合法，会计处理是否正确。对于增加的交易性金融资产，应检查成本、交易费用和相关利息或股利的会计处理是否符合规定；对于减少的交易性金融资产，应检查出售交易性金融资产时其成本结转及会计处理是否正确。

7. 检查交易性金融资产是否按照企业会计准则的规定恰当列报。

三、持有至到期投资的实质性程序

持有至到期投资的实质性程序通常包括：

1. 获取或编制持有至到期投资明细表，复核加计是否正确，并与总账数和明细账合计数核对是否相符。结合持有至到期投资减值准备科目与报表数核对是否相符；检查非记账本位币持有至到期投资的折算汇率及折算是否正确。

2. 检查被审计单位对持有至到期投资的分类是否正确，是否符合企业会计准则的规定。具体测试程序包括：（1）与管理层讨论，分析被审计单位持有该金融资产的意图和能力，并获取相应的审计证据，判断持有至到期投资的分类是否正确；（2）与上年度明细项目进行比较，确定是否存在重分类情形。若存在，会计处理是否符合企业会计准则的规定；（3）检查持有至到期投资与可供出售金融资产相互重分类的依据是否充分，会计处理是否正确。

3. 检查持有至到期投资是否存在，票面金额是否正确，是否归被审计单位所拥有，并关注持有至到期投资是否存在质押等担保的情况。具体测试程序包括：（1）获取或编制持有至到期投资盘点表，对持有至到期投资实施监盘程序。检查持有至到期投资名称、数量、票面价值、票面利率等内容，并与相关账户余额进行核对。如有差异，查明原因。（2）如持有至到期投资在审计日已售出或兑换，则追查至相关原始凭证，以确认其在资产负债表日存在。（3）对于在外保管的持有至到期投资，查阅有关保管的文件，必要时可向保管人函证。关注在外保管的持有至到期投资是否用于委托理财，如是，则应详细记录、分析资金的安全性和可收回性，提请被审计单位重新分类，并充分披露。（4）如可以向证券公司等获取对账单的，应取得对账单，并与明细账余额核对，必要时，向其发函询证，以确认是否存在。如有差异，查明原因。

4. 分别自本期增加、本期减少中选择适量项目，追查至原始凭证，检查其是否经授权批准，确认有关持有至到期投资的取得（包括购入、非货币性资产交换、债务重组方式等）、售出、处置及投资收益金额正确，记录完整。

5. 确定持有至到期投资的计价正确。具体测试程序包括：（1）检查持有至到期投资初始计量正确。复核其计价方法，检查是否按摊余成本计量，前后期是否一致。（2）与被审计单位讨论，分析实际利率的依据是否充分。（3）按票面利率重新计算应收利息，按持有至到期投资摊余成本和实际利率重新计算确定当期投资收益，并与应收利息（分期付息）或应计利息（到期付息）和投资收益中的相应金额核对。

持有至到期投资（债券投资利息）测算表的格式，如表5-8所示。

6. 检查持有至到期投资在资产负债表日是否存在发生减值的客观证据或迹象。若存在，复核被审计单位预计的该项持有至到期投资未来现金流量现值的方法及金额是否正确，会计处理是否正确。

7. 检查持有至到期投资是否按照企业会计准则的规定恰当列报。

四、应收账款的实质性程序

应收账款的实质性程序通常包括：

1. 获取或编制应收账款（包括相应的坏账准备）明细表（含账龄分析），并完成以下工作：（1）复核加计是否正确，并与总账数和明细账合计数核对是否相符；结合坏账准备科目与报表数核对是否相符；（2）检查非记账本位币应收账款的折算汇率及折算是否正确；（3）分析有贷方余额的项目，查明原因，必要时作重分类调整；（4）结合其他应收款、预收账款等往来项目的明细账余额，调查有无同一客户多处挂账、异常余额或与销售无关的其他款项（如代销账户、关联方账户或员工账户）。如有，应做出记录，必要时做出调整；（5）标识重要的欠款单位，计算其欠款合计数占应收账款余额的比例。

2. 检查涉及应收账款的相关财务指标，包括：（1）分析信用政策是否发生变化，计算本期应收账款借方累计发生额与营业收入百分比，并与上期及管理层的考核指标比

表 5-8 　　　　　　　　　　　　**持有至到期投资（债券投资利息）测算表**

被审计单位：＿＿＿＿＿＿＿＿＿＿＿＿＿　　　索引号：＿＿＿＿＿＿＿＿＿＿＿＿＿

项目：＿＿＿＿＿＿＿＿＿＿＿＿＿＿＿＿　　　截止日/期间：＿＿＿＿＿＿＿＿＿＿＿

编制：＿＿＿＿＿＿＿＿＿＿＿＿＿＿＿＿　　　复核：＿＿＿＿＿＿＿＿＿＿＿＿＿＿

日期：＿＿＿＿＿＿＿＿＿＿＿＿＿＿＿＿　　　日期：＿＿＿＿＿＿＿＿＿＿＿＿＿＿

项目名称	面值	到期日	票面利率	实际利率	年初摊余成本	测算数			账面数		差异		差异原因
						投资收益	应收（计）利息	年末摊余成本	应收（计）利息	投资收益	应收（计）利息	投资收益	
	①		②	③	④	⑤=④×③	⑥=①×②	⑦=④+⑤-⑥	⑧	⑨	⑩=⑧-⑥	⑪=⑨-⑤	

审计说明：

较，如存在差异，应查明原因；（2）计算应收账款周转率、应收账款周转天数等指标，并与被审计单位以前年度指标、同行业同期相关指标对比分析，检查是否存在重大异常。

3. 实施应收账款函证程序。除非有充分证据表明应收账款对财务报表不重要或函证很可能无效，否则，应对应收账款进行函证。如果不对应收账款进行函证，应在工作底稿中说明理由。如果认为函证很可能无效，应当实施替代程序获取充分、适当的审计证据。函证程序包括：

（1）选取函证项目。一般情况下，注册会计师应从下列项目中选择函证项目：①大额或账龄较长的项目；②与债务人发生纠纷的项目；③关联方项目；④主要客户（包括关系密切的客户）项目；⑤交易频繁但期末余额较小甚至为零的项目；⑥可能产生重大错报或舞弊的非正常的项目等。

（2）对函证实施过程进行控制。控制程序包括：①核对询证函是否由注册会计师直接收发；②被询证者以传真、电子邮件等方式回函的，应要求被询证者寄回询证函原件；③如果未能收到积极式函证回函，应当考虑与被询证者联系，要求对方做出回应或再次寄发询证函。

（3）编制"应收账款函证结果汇总表"，对函证结果进行评价。应收账款函证结果汇总表的格式，如表5-9所示。

表 5-9   **应收账款函证结果汇总表**

被审计单位：_____   索引号：_____

项目：_____   截止日/期间：_____

编制：_____   复核：_____

日期：_____   日期：_____

单位名称	询证函编号	函证方式	函证日期		回函日期	账面金额	回函金额	调节后是否存在差异	调节表索引号
			第一次	第二次					

审计说明：

（4）处理不符事项。核对回函内容与被审计单位账面记录是否一致，如不一致，分析不符事项的原因，检查销售合同、发运单等相关原始单据，分析被审计单位对于回函与账面记录之间差异的解释是否合理，编制"应收账款函证结果调节表"，并检查支持性凭证；如果不符事项构成错报，应重新考虑所实施审计程序的性质、时间和范围。

应收账款函证结果调节表的格式，如表 5-10 所示。

（5）针对最终未回函的账户实施替代审计程序，如实施期后收款测试、检查运输记录、销售合同等相关原始资料及询问被审计单位有关部门等。

4. 应收账款豁（减）免的截止测试。该测试包括：（1）在资产负债表日前后分别选取适量的样本，以测试豁（减）免的余额是否记入恰当的期间；（2）检查资产负债表日前后销售退回和赊销水平，确定是否存在异常迹象（如与正常水平相比），并考虑是否有必要追加审计程序。

5. 分析评价坏账准备的合理性。应实施的程序包括：

（1）检查应收账款坏账准备计提和核销的批准程序，取得书面报告等证明文件。评价计提坏账准备所依据的资料、假设及方法；复核应收账款坏账准备是否按经股东会或董事会批准的既定方法和比例提取，其计算和会计处理是否正确。

（2）根据账龄分析表，选取适量样本，测试账龄及计提坏账准备的适当性。与授信部门经理或其他相关人员讨论其可收回性，并复核往来函件或其他相关信息。

（3）实际发生坏账损失的，检查转销依据是否符合有关规定，会计处理是否正确。

（4）检查应收账款中是否存在债务人破产或者死亡，以其破产财产或者遗产清偿后仍无法收回，或者债务人长期未履行偿债义务的情况，如果存在，应提请被审计单位处理。

（5）已经确认并转销的坏账重新收回的，检查其会计处理是否正确。

（6）通过比较前期坏账准备计提数和实际发生数，以及检查期后事项，评价应收账款坏账准备计提的合理性。

6. 标明应收关联方（包括持股 5% 以上（含 5%）股东）的款项，执行关联方及其交易审计程序。

表 5-10 应收账款函证结果调节表

被审计单位：＿＿＿＿＿＿＿＿＿＿＿＿＿ 索引号：＿＿＿＿＿＿＿＿＿＿＿＿＿

项目：＿＿＿＿＿＿＿＿＿＿＿＿＿＿＿ 截止日/期间：＿＿＿＿＿＿＿＿＿＿＿

编制：＿＿＿＿＿＿＿＿＿＿＿＿＿＿＿ 复核：＿＿＿＿＿＿＿＿＿＿＿＿＿＿＿

日期：＿＿＿＿＿＿＿＿＿＿＿＿＿＿＿ 日期：＿＿＿＿＿＿＿＿＿＿＿＿＿＿＿

被询证单位：＿＿＿＿＿＿＿＿＿＿＿＿＿ 回函日期：＿＿＿＿＿＿＿＿＿＿＿＿＿

项 目	金 额
一、被询证单位回函余额	
减：被审计单位未记录、被询证单位已记录的项目	
（按经济事项内容列出的明细如下）	
1	
2	
3	
⋮	
加：被询证单位未记录、被审计单位已记录的项目	

	日 期	凭证号	经济事项内容（摘要）	
1				
2				
3				
⋮				

项 目	金 额
二、调节后金额	
三、被审计单位账面金额	
四、调节后是否存在差异，差异金额	

审计说明：

7. 检查应收账款是否已按照企业会计准则的规定在财务报表中做出恰当列报。

实施上述程序后，注册会计师应编制应收账款坏账准备计算表，其格式如表5-11所示。

五、可供出售金融资产的实质性程序

可供出售金融资产的实质性程序通常包括：

1. 获取或编制可供出售金融资产明细表，复核加计是否正确，并与总账数和明细账合计数核对是否相符。同时，结合计提的可供出售金融资产减值准备科目与报表数核对是否相符；检查非记账本位币可供出售金融资产的折算汇率及折算是否正确。

2. 检查被审计单位对可供出售金融资产的分类是否正确，是否符合企业会计准则的规定。具体程序包括：（1）与管理层讨论，分析被审计单位持有该金融资产的意图和能力，并获取相应的审计证据，判断可供出售金融资产的分类是否正确。（2）与上年度明细项目进行比较，是否存在重分类情形。若存在，会计处理是否符合企业会计准则的规定。（3）检查持有至到期投资与可供出售金融资产相互重分类的依据是否充分，会计处理是否正确。

表 5-11   **应收账款坏账准备计算表**

被审计单位：_____   索引号：_____

项目：_____   截止日/期间：_____

编制：_____   复核：_____

日期：_____   日期：_____

项目（单位名称）	计算过程	应收账款余额	依据或计提比例	计提坏账准备
一、期末坏账准备测算数				
1. 单项金额重大的应收款项：				
单位 A				
单位 B				
⋮				
小计	①			
2. 单位金额非重大的应收款项：				
1 年以内（含 1 年）			%	
1～2 年（含 2 年）			%	
2～3 年（含 3 年）			%	
3 年以上			%	
小计	②			
期末应计提的坏账准备	③=①+②			
二、本期坏账准备发生额及余额：				
1. 期初账面余额（上期审定数）	④			
2. 本期账面计提的坏账准备	⑤			
3. 本期转出（核销）金额：				
单位 E				
单位 F				
⋮				
本期转出（核销）小计	⑥			
4. 期末账面余额	⑦=④+⑤-⑥			
三、差异（判断是否需要调整）	⑧=③-⑦			

　审计说明：

3. 检查可供出售金融资产是否存在，票面金额是否正确，是否归被审计单位所拥有，并关注可供出售金融资产是否存在质押等担保的情况。具体程序包括：（1）获取归类为可供出售金融资产的股票、债券、基金等账户对账单，与明细账余额核对。需要时，向证券公司等发函询证，以确认其存在。如有差异，查明原因。（2）获取或编制可供出售金融资产盘点表，对可供出售金融资产实施监盘程序。检查可供出售金融资产名称、数量、票面价值、票面利率等内容，并与相关账户余额进行核对。如有差异，查明原因。（3）如可供出售金融资产在审计日已售出或兑换，则追查至相关原始凭证，以确认其在资产负债表日是否存在。（4）对于在外保管的可供出售金融资产，查阅有关保管的文件，必要时可向保管人函证，复核并记录函证结果。了解在外保管的可供出售金融资产是否实质上为委托理财。如是，则应详细记录，分析资金的安全性和可收回性，提请被审计单位重新分类，并充分披露。

4. 分别自本期增加、本期减少项目中选择适量项目，追查至原始凭证，检查其是否经授权批准，确认有关可供出售金融资产的取得（包括购入、非货币性资产交换、债务重组方式等）、售出、处置及投资收益金额正确，记录完整。

5. 检查可供出售金融资产的计价是否正确。具体程序包括：（1）复核可供出售金融资产的计价方法，检查其是否按公允价值计量；（2）与被审计单位讨论，分析实际利率的依据是否充分；（3）按票面利率重新计算应收利息，按可供出售金融资产摊余成本和实际利率重新计算投资收益，并与应收利息、投资收益的相应金额核对；（4）检查可供出售金融资产的期末计量是否正确，会计处理是否正确。

6. 分析评价可供出售金融资产是否发生减值及计提减值准备的适当性。具体程序包括：（1）检查计提减值准备的方法与以前年度是否一致，如有差异，应查明是否为会计政策变更及原因，并确定对本期损益的影响，提请被审计单位做适当披露；（2）取得可供出售金融资产在资产负债表日公允价值及信息来源，分析计提依据是否充分，是否得到适当批准；（3）将本期减值准备计提金额与利润表资产减值损失中的相应数字核对无误。

7. 检查可供出售金融资产是否按照企业会计准则的规定恰当列报。

第三节　存货的实质性程序

一、存货的审计目标和一般审计程序

（一）存货的审计目标

存货是指企业在日常活动中持有以备出售的产成品或商品、处在生产过程中的在产品、在生产过程或提供劳务过程中耗用的材料和物料等。存货审计，尤其是对年末存货余额的测试，对存货存在和存货价值的评估常常十分困难，且审计中许多复杂和重大问题都与存货有关。因此，存货审计复杂，要求实施存货项目审计的注册会计师应具备较高的专业素质和相关业务知识，分配较多的审计工时，运用多种有针对性的审计程序。

存货的审计目标，如表5-12所示。

表 5-12　　　　　　　　　　　　　　　**存货的审计目标**

序号	审计目标	财务报表认定
1	确定被审计单位资产负债表中列报的存货在资产负债表日是否确实存在,是否为被审计单位所拥有	存在
2	确定被审计单位所有应当记录的存货及其增减变动是否均已记录完毕,有无遗漏	完整性
3	确定记录的存货是否为被审计单位拥有或控制	权利和义务
4	确定存货是否以恰当的金额包括在财务报表中,与之相关的计价调整是否已恰当记录	计价和分摊
5	确定存货是否已按照企业会计准则的规定在财务报表中做出恰当的列报	列报

（二）存货的一般审计程序

注册会计师对存货实施的一般审计程序通常包括：（1）获取或编制存货（包括构成存货报表项目的各类存货及对应的存货跌价准备）明细表,分别复核加计是否正确,并与总账数、明细账合计数核对是否相符,存货总计数与报表数核对是否相符；（2）实施存货监盘程序；（3）实施实质性分析程序；（4）实施存货计价方法的测试；（5）实施生产成本计算的测试；（6）实施存货的截止测试；（7）检查分析存货是否存在减值迹象以判断被审计单位计提存货跌价准备的合理性；（8）检查存货可变现净值计算是否合理、计提的存货跌价准备是否适当；（9）检查存货是否按照企业会计准则的规定恰当列报。

二、存货监盘

（一）存货监盘的作用

存货监盘是指注册会计师现场观察被审计单位存货的盘点,并对已盘点存货进行适当检查。存货监盘包含两层含义：一是注册会计师应亲临现场观察被审计单位存货的盘点；二是在此基础上,注册会计师应根据需要适当抽查已盘点存货。

存货监盘具有以下三个方面的作用：（1）检查存货以确定其是否存在,评价存货状况,并对存货盘点结果进行测试；（2）观察管理层指令的遵守情况,以及用于记录和控制存货盘点结果的程序的实施情况；（3）获取有关管理层存货盘点程序可靠性的审计证据。

（二）存货监盘程序

存货监盘程序一般包括：

1. 取得被审计单位存货盘点计划。了解并询问盘点范围、方法、人员分工及时间安排等,在存货盘点计划问卷等工作底稿中记录和评价。

2. 在被审计单位盘点存货前,确定应纳入盘点范围的存货是否已经适当整理和排列,并附有盘点标识。对未纳入盘点范围的存货,应当查明未纳入的原因。

3. 对所有权不属于被审计单位的存货,应当取得其规格、数量等有关资料,并确定这些存货是否已分别存放、标明,且未被纳入盘点范围。

4. 观察被审计单位盘点人员是否遵守盘点计划并准确地记录存货的数量和状况。

5. 选取代表性样本,抽查（存在实物形态）各类存货明细账的数量与盘点记录的数量是否一致,以确定账面存货的存在和完整性。具体方法包括：（1）从各类存货明细账中选取具有代表性的样本，与盘点报告（记录）核对；（2）从盘点报告（记录）中抽取有代表性的样本，与各类存货明细账的数量核对。

6. 监盘后复核监盘结果，编制存货监盘结果汇总表。存货监盘结果汇总表的格式，如表5-13所示。

表5-13

存货监盘结果汇总表

被审计单位：_____　　索引号：_____

项目：_____　　　　　截止日/期间：_____

编制：_____　　　　　复核：_____

日期：_____　　　　　日期：_____

存货类别	存货名称	单位	监盘数量	未经确认盘点报告数量	差异数量	差异原因	索引号	盘点报告数量
						监盘人员签名_____		
						_____		

编制说明：本表适用于监盘日（盘点日）为财务报表截止日的情况。

审计说明：

三、存货计价测试

监盘程序主要是对存货的结存数量予以确认。为验证财务报表中存货余额的真实性，还必须对存货的计价进行审计，即确定存货实物数量和永续盘存记录中的数量是否经过正确地计价和汇总。存货计价测试主要是针对被审计单位所使用的存货单位成本是否正确所做的测试，具体包括存货计价方法的测试和生产成本计算的测试。

（一）存货计价方法的测试

存货计价方法的测试程序主要有：

1. 检查被审计单位存货的计价方法是否符合企业会计准则的规定，前后期是否一致。

2. 检查存货的入账基础和计价方法是否正确。具体方法是，自存货明细表中选取适量样本（按品种）分别执行下列程序：（1）以实际成本计价时，将其单位成本与购货发票核对，并确认存货成本中不包含增值税。（2）以计划成本计价时，将其单位成本与材料成本差异明细账及购货发票核对，复核入库存货的材料成本差异金额是否正确。同时关注被审计单位计划成本制定的合理性。（3）检查进口存货的外币折算是否正确，检查相关的关税、增值税及消费税的会计处理是否正确。

3. 检查存货发出计价的方法是否正确。具体程序包括：（1）以实际成本计价的，复核发出存货的金额计算是否正确；若以计划成本计价的，复核发出存货应负担的材料成本差异是否正确。（2）编制本期发出材料汇总表，与相关科目钩稽核对，并复核若干月发出材料汇总表是否正确。

4. 结合存货的监盘，检查期末有无货到单未到情况。如有，应查明是否已暂估入账，暂估价是否合理。

执行上述程序后，注册会计师应完成存货计价测试表的编制。存货计价测试表的格式，如表5-14所示。

表5-14   **存货计价测试表**

被审计单位：＿＿＿＿＿＿＿＿＿＿＿＿＿＿   索引号：＿＿＿＿＿＿＿＿＿＿＿＿＿＿

项目：＿＿＿＿＿＿＿＿＿＿＿＿＿＿＿＿＿   截止日/期间：＿＿＿＿＿＿＿＿＿＿＿

编制：＿＿＿＿＿＿＿＿＿＿＿＿＿＿＿＿＿   复核：＿＿＿＿＿＿＿＿＿＿＿＿＿＿＿

日期：＿＿＿＿＿＿＿＿＿＿＿＿＿＿＿＿＿   日期：＿＿＿＿＿＿＿＿＿＿＿＿＿＿＿

品名及规格：＿＿＿＿＿＿＿＿＿＿＿＿＿＿＿＿

月份	本期增加			本期减少（计价方法：＿＿）			结存		
	数量	单价	金额	数量	单价	金额	数量	单价	金额
1月									
2月									
⋮									
12月									
合计									

注：本表适用于原材料、库存商品、发出商品等。

审计说明：

（二）生产成本计算的测试

生产成本计算的测试程序主要包括：

1. 了解被审计单位的生产工艺流程和成本核算方法，检查成本核算方法与生产工艺流程是否匹配，前后期是否一致，并做出记录。

2. 抽查成本计算单，检查直接材料、直接人工及制造费用的计算和分配是否正确，并与有关佐证文件（如领料记录、生产工时记录、材料费用分配汇总表、人工费用分配汇总表等）相核对。具体程序是：（1）获取生产成本明细汇总表并复核其正确性，将直接材料与材料耗用汇总表、直接人工与职工薪酬分配表、制造费用总额与制造费用明细表及相关账项的明细表核对，并做交叉索引。（2）检查车间在产品盘存资料，与成本核算资料核对。同时检查车间月末余料是否办理假退料手续。（3）获取直接材料、直接人工和制造费用的分配标准和计算方法，评价其是否合理和适当，以确认在产品中所含直接材料、直接人工和制造费用是合理的。

3. 获取完工产品与在产品的生产成本分配标准和计算方法，检查生产成本在完工产品与在产品之间以及完工产品之间的分配是否正确，分配标准和方法是否适当，与前期比较是否存在重大变化，该变化是否合理。

4. 关注废品损失和停工损失（包括季节性停工损失）的核算是否符合有关规定。

5. 关注是否存在符合借款费用资本化条件的存货项目。若有，结合对长短期借款、长期应付款的审计，检查借款费用资本化金额及会计处理是否正确。

执行上述程序后，注册会计师应完成产品生产成本计算测试表的编制。产品生产成本计算测试表的格式，如表5-15所示。

表5-15　　　　　　　　　　产品生产成本计算测试表

被审计单位：_____　　索引号：_____
项目：_____　　截止日/期间：_____
编制：_____　　复核：_____
日期：_____　　日期：_____

月份	投产数量（单位：）	成本项目				完工转出（结转方法：　）			在产品余额
		直接材料	直接人工	制造费用	合计	数量	单位成本	总成本	
期初余额									
1月									
2月									
⋮									
12月									
生产成本合计									
占总成本比例									
上年同期发生额									
增减比例									

审计说明：

四、存货期末计量测试

《企业会计准则第1号——存货》规定，资产负债表日，存货应当按照成本与可变现净值孰低计量。存货成本高于其可变现净值的，应当计提存货跌价准备，计入当期损益。因此，当被审计单位的存货存在减值迹象或已计提存货跌价准备时，注册会计师还需要执行下列程序，执行存货期末计量测试。

（一）检查分析存货是否存在减值迹象以判断被审计单位计提存货跌价准备的合理性

1. 将存货余额与现有的订单、资产负债表日后各期的销售额和下一年度的预测销售额进行比较，以评估存货滞销和跌价的可能性。

2. 比较当年度及以前年度存货跌价准备占存货余额的比例，并查明异常情况的原因。

3. 结合存货监盘，观察存货的外观形态，以了解其物理形态是否正常。同时，检查期末结存库存商品和在产品，对型号陈旧、产量下降、生产成本或售价波动、技术或市场需求的变化情形，结合预期销售情况考虑是否需进一步计提跌价准备。

（二）检查存货可变现净值计算是否合理、计提的存货跌价准备是否适当

1. 根据成本与可变现净值孰低的计价方法，评价存货跌价准备所依据的资料、假设及计提方法，考虑是否有确凿证据为基础计算确定存货的可变现净值，检查计提存货跌价准备的合理性，关注前后期计提方法是否一致。

2. 考虑不同存货可变现净值的确定原则，复核其可变现净值计算的正确性（即充足但不过度）。具体方法包括：（1）对于生产而持有的原材料，检查是否以所生产的产成品的估计售价减去至完工时估计将要发生的成本、估计的销售费用和相关税费后的金额作为其可变现净值的确定基础。（2）对于库存商品和用于出售而持有的原材料等存货，检查是否以该存货的估计售价减去估计的销售费用和相关税费后的金额作为其可变现净值的确定基础。（3）对于为执行销售合同而持有的库存商品等存货，检查是否以合同价格作为可变现净值的确定基础。如果被审计单位持有库存商品的数量多于销售合同订购数量，超出部分的库存商品可变现净值是否以一般销售价格作为可变现净值的确定基础。

3. 抽查计提存货跌价准备的项目，其资产负债表日后售价是否低于账面价值。

执行上述程序后，注册会计师应完成存货跌价准备测试表的编制。存货跌价准备测试表的格式，如表5-16所示。

表5-16　　　　　　　　　　　　　　**存货跌价准备测试表**

被审计单位：＿＿＿＿＿＿＿＿＿＿＿＿＿　　索引号：＿＿＿＿＿＿＿＿＿＿＿＿＿

项目：＿＿＿＿＿＿＿＿＿＿＿＿＿＿＿＿　　截止日/期间：＿＿＿＿＿＿＿＿＿＿＿

编制：＿＿＿＿＿＿＿＿＿＿＿＿＿＿＿＿　　复核：＿＿＿＿＿＿＿＿＿＿＿＿＿＿

日期：＿＿＿＿＿＿＿＿＿＿＿＿＿＿＿＿　　日期：＿＿＿＿＿＿＿＿＿＿＿＿＿＿

存货项目	存货账面金额	可变现净值	应计提跌价准备	存货跌价准备 账面金额	应补提 存货跌价准备
	①	②	（①＞②）③=①-②	④	⑤=③-④
合计					

审计说明：

第四节　固定资产的实质性程序

一、固定资产的审计目标

固定资产是指同时具有下列特征的有形资产:(1)为生产商品、提供劳务、出租或经营管理而持有;(2)使用寿命超过一个会计年度。由于固定资产在企业资产总额中占有较大比重,其安全、完整对企业的生产经营影响极大,同时因企业按月计提固定资产折旧又与制造费用、销售费用、管理费用等项目相联系,所以固定资产审计的范围广泛,注册会计师应予以高度重视。

固定资产的审计目标,如表5-17所示。

表5-17　　　　　　　　　　　　　　　固定资产的审计目标

序号	审计目标	财务报表认定
1	确定被审计单位资产负债表中列报的固定资产在资产负债表日是否确实存在,是否为被审计单位所拥有	存在
2	确定被审计单位所有应当记录的固定资产及其增减变动是否均已记录完毕,有无遗漏	完整性
3	确定记录的固定资产是否为被审计单位拥有或控制	权利和义务
4	确定固定资产是否以恰当的金额包括在财务报表中,与之相关的计价调整是否已恰当记录	计价和分摊
5	确定固定资产原价、累计折旧和固定资产减值准备是否已按照企业会计准则的规定在财务报表中做出恰当的列报	列报

二、固定资产账面余额的实质性程序

固定资产账面余额的实质性程序应在获取或编制固定资产(包括累计折旧及减值准备)明细表,复核加计正确,并与总账数、明细账合计数及报表数核对相符的基础上,执行下列程序。

(一)实施固定资产监盘程序

实施监盘程序时,注册会计师可以以固定资产明细分类账为起点,进行实地追查,以证明会计记录中所列固定资产确实存在,并了解其目前的使用状况;也应考虑以实地为起点,追查至固定资产明细分类账,以获取实际存在的固定资产均已入账的证据。具体程序包括:(1)在本期新增的固定资产中,选择适量的项目,实地观察和检查固定资产(如为首次接受委托,应针对期初固定资产实施相应程序),以确定其是否存在,并记录当前实际使用状况;(2)观察是否存在已报废但仍未核销的固定资产;(3)观察是否存在封存或闲置的固定资产;(4)检查是否存在尚未记账的固定资产。

执行上述程序后,注册会计师应编制固定资产监盘检查情况表。固定资产监盘检查情况表的格式,如表5-18所示。

表5-18   固定资产监盘检查情况表

被审计单位：_____   索引号：_____
项目：_____   截止日/期间：_____
编制：_____   复核：_____
日期：_____   日期：_____

资产编号	资产名称	规格型号	计量单位	单价	账面结存		被审计单位盘点			实际检查			备注
					数量	金额	数量	金额	盈亏	数量	金额	盈亏	

检查时间：   检查地点：   检查人：   盘点检查比例：
审计说明：

（二）检查固定资产的所有权或控制权

对各类固定资产，注册会计师应获取、收集不同的证据以确定其是否归被审计单位所有。具体程序包括：（1）对外购的机器设备等固定资产，审核采购发票、采购合同等；（2）对房地产类固定资产，查阅权属证书、有关的合同、财产税单、抵押借款的还款凭据、保险单等书面文件；（3）对融资租入的固定资产，检查有关融资租赁合同；（4）对汽车等运输设备，检查有关运营证件等；（5）结合银行借款等有关负债项目的检查，了解固定资产是否存在重大的抵押等担保情况。

（三）检查本期固定资产的增加

被审计单位如果不正确核算固定资产的增加，将对资产负债表和利润表产生长期的影响。因此，检查本期增加的固定资产的入账价值是固定资产实质性程序的重要内容。在检查过程中，注册会计师通常执行下列审计程序：（1）检查本期增加固定资产的计价（初始计量）是否正确，手续是否齐备，会计处理是否正确；（2）检查固定资产购买价款是否存在超过正常信用条件延期支付（实质上具有融资性质），若存在，其成本是否以购买价款的现值为基础确定；（3）检查固定资产是否存在弃置费用，如果存在弃置费用，检查弃置费用的估计方法和弃置费用现值的计算是否合理，会计处理是否正确；（4）检查固定资产后续支出是否满足资产确认条件，如不满足，检查该支出是否在发生时计入当期损益；（5）结合借款等负债项目的审计，检查计入固定资产的借款费用资本化金额。

执行上述程序后，注册会计师应编制固定资产增加检查表。固定资产增加检查表的格式，如表5-19所示。

表5-19 **固定资产增加检查表**

被审计单位：_____ 索引号：_____
项目：_____ 截止日/期间：_____
编制：_____ 复核：_____
日期：_____ 日期：_____

固定资产名称	取得日期	取得方式	固定资产类型	增加情况		凭证号	核对内容(用"√"、"×"表示)						
				数量	原价		①	②	③	④	⑤	⑥	⑦

核对内容说明：①与发票是否一致；②与付款单据是否一致；③与购买/建造合同是否一致；④与验收报告或评估报告等是否一致；⑤审批手续是否齐全；⑥与在建工程转出数核对是否一致；⑦会计处理是否正确(入账日期和入账金额)

审计说明：

（四）检查本期固定资产的减少

固定资产的减少主要包括出售、投资转出、报废、毁损、盘亏等，审计固定资产减少的主要目的在于查明减少的固定资产是否已做恰当的会计处理。其审计程序主要包括：（1）结合固定资产清理科目，抽查固定资产账面转销额是否正确，原计提的减值准备是否同时结转，会计处理是否正确；（2）检查出售、盘亏、转让、报废或毁损的固定资产是否经授权批准，会计处理是否正确；（3）检查投资转出固定资产的会计处理是否正确；（4）检查债务重组或非货币性资产交换转出固定资产的会计处理是否正确；（5）检查其他减少固定资产的会计处理是否正确。

执行上述程序后，注册会计师应编制固定资产减少检查表。固定资产减少检查表格式，如表5-20所示。

（五）检查固定资产的租赁

1. 检查出租的固定资产

租赁包括经营租赁和融资租赁。在经营租赁中，租入固定资产的企业按照合同规定的时间交付一定的租金，享有固定资产的使用权，而固定资产的所有权仍属出租单位。因此，租入固定资产的企业，其固定资产的价值并未因此而增加，企业对经营租赁租入的固定资产不在"固定资产"账户中核算，只是另设备查簿进行登记；而出租固定资产的企业，仍继续提取折旧，同时取得租金收入。所以，注册会计师需要执行下列程序，对出租的固定资产进行检查：（1）获取出租固定资产的租赁合同、租约，检查出租的固定资产是否确属企业多余、闲置不用的；（2）检查租金收取情况，有无多收、少收现象。是否存在变相馈赠、转让等情况；（3）必要时，向承租人函证租赁合同及执行情况。

表 5-20   **固定资产减少检查表**

被审计单位：_____   索引号：_____

项目：_____   截止日/期间：_____

编制：_____   复核：_____

日期：_____   日期：_____

固定资产名称	处置日期	处置方式	固定资产原价	累计折旧	减值准备	账面价值	处置费用	处置收入	利得（损失）	索引号	核对内容（用"√"、"×"表示）			
											①	②	③	④

核对内容说明：①与收款单据是否一致；②与合同是否一致；③审批手续是否完整；④会计处理是否正确

审计说明：

　　2. 检查融资租入的固定资产

　　在融资租赁中，租入企业在租赁期间，对融资租入的固定资产应按企业自有固定资产一样管理，并计提折旧、进行维修。因此，注册会计师需执行下列程序，检查融资租入的固定资产：（1）获取被审计单位融资租入固定资产的租赁合同、租约，检查租赁是否符合融资租赁的条件，会计处理是否正确（资产的入账价值、折旧、相关负债）；（2）复核租赁的折现率是否合理；（3）检查融资租入固定资产的折旧方法是否合理；（4）租入固定资产有无久占不用、浪费损坏的现象；（5）检查租入固定资产是否存在改良支出，其核算是否符合企业会计准则的规定；（6）必要时，向出租人函证租赁合同及执行情况。

三、固定资产累计折旧的实质性程序

　　在不考虑固定资产减值准备的前提下，影响折旧的因素有折旧的基数（一般指固定资产的账面原值）、固定资产残值和使用寿命三个方面。因此，固定资产累计折旧的实质性测试主要围绕折旧因素和折旧方法进行，通常包括：

　　1. 检查被审计单位的折旧政策和方法是否符合企业会计准则的规定，前后期是否一致；预计使用寿命和预计净残值的确定是否合理、本期是否变更，变更是否符合企业会计准则的规定。

　　2. 实施实质性分析程序。重新计算各类固定资产本期应计提的折旧额；将被审计单位账面计提折旧额与上年同期金额、测算折旧额进行比较，根据可接受的差异额分析评估测试结果。

　　3. 实施细节测试。检查本期折旧费用的计提是否正确，尤其关注已计提减值准备的固定资产的折旧。

　　4. 检查折旧费用的分配方法是否合理，与上期是否一致；分配计入各项目的金额占本期全部折旧计提额的比例与上期比较是否有重大差异；将本期计提折旧额与成本费用中折旧费金额进行核对。

5. 关注固定资产增减变动时，相应的累计折旧账户的会计处理是否符合规定。

执行上述程序后，注册会计师应编制折旧计算检查表。折旧计算检查表的格式，如表5-21所示。

表5-21　　　　　　　　　　　　　折旧计算检查表

被审计单位：_____　　索引号：_____
项目：_____　　截止日/期间：_____
编制：_____　　复核：_____
日期：_____　　日期：_____

固定资产	取得时间	使用年限	固定资产原值	残值率	折旧方法	累计折旧期初余额	减值准备期初余额	本期应提折旧	本期已提折旧	差异

审计说明：

四、固定资产减值准备的实质性程序

企业应当在资产负债表日判断固定资产是否存在可能发生减值的迹象。如果固定资产存在减值迹象，导致其可收回金额低于账面价值的，应将该固定资产的账面金额减记至可收回金额，将减记的金额确认为固定资产减值损失，计入当期损益，同时计提相应的固定资产减值准备。固定资产减值损失一经确认，在以后会计期间不得转回。所以，固定资产减值准备的实质性程序主要是：检查固定资产是否存在减值迹象，若存在减值迹象，复核被审计单位估计的可收回金额，以确定固定资产是否已经发生减值。具体程序包括：

1. 与被审计单位管理层讨论，固定资产是否存在可能发生减值的迹象。

2. 检查资产组的认定是否恰当，计提固定资产减值准备的依据是否充分，会计处理是否正确。

3. 检查是否存在转回以前年度固定资产减值准备的情况。

【知识链接5-1】资产组是企业可以认定的最小资产组合，其产生的现金流入应当基本上独立于其他资产或者资产组。资产组应当由创造现金流入相关的资产组成。如企业的某一生产线、营业网点、业务部门等，如果能够独立于其他部门或者单位等创造收入、产生现金流，或者其创造的收入和现金流入的绝大部分独立于其他部门或者单位的，并且属于可认定的最小的资产组合，通常应将该生产线、营业网点、业务部门等认定为一个资产组。

最后，注册会计师还应当检查固定资产是否按照企业会计准则的规定恰当列报。具体列报内容包括：（1）固定资产的确认条件、分类、计量基础和折旧方法；（2）各类固定资产的使用寿命、预计净残值和折旧率；（3）各类固定资产的期初和期末原价、累计折旧额及固定资产减值准备累计金额；（4）当期确认的折旧费用；（5）对固定资产所有权的限制及其金额和用于担保的固定资产账面价值；（6）准备处置的固定资产名称、账面价值、公允价值、预计处置费用和预计处置时间等。

第五节　其他非流动资产项目的实质性程序

一、无形资产的实质性程序

（一）无形资产的审计目标

无形资产是指企业拥有或控制的没有实物形态的可辨认非货币性资产，包括专利权、非专利技术、商标权、著作权、土地使用权等。无形资产的审计目标如表5-22所示。

表5-22　　　　　　　　　　　　　　无形资产的审计目标

序号	审计目标	财务报表认定
1	确定被审计单位资产负债表中列报的无形资产在资产负债表日是否确实存在，是否为被审计单位所拥有	存在
2	确定被审计单位所有应当记录的无形资产及其增减变动是否均已记录完毕,有无遗漏	完整性
3	确定记录的无形资产是否为被审计单位拥有或控制	权利和义务
4	确定无形资产是否以恰当的金额包括在财务报表中,与之相关的计价调整是否已恰当记录	计价和分摊
5	确定无形资产成本、累计摊销和无形资产减值准备是否已按照企业会计准则的规定在财务报表中做出恰当的列报	列报

（二）无形资产的实质性程序

1. 获取或编制无形资产（包含累计摊销、减值准备）明细表，复核加计是否正确，并与总账数和明细账合计数核对是否相符；结合累计摊销、无形资产减值准备科目与报表数核对是否相符。

2. 检查无形资产的权属证书原件、非专利技术的持有和保密状况等，并获取有关协议和董事会纪要等文件、资料，检查无形资产的性质、构成内容、计价依据、使用状况和受益期限，确定无形资产是否存在，并由被审计单位拥有或控制。

3. 检查无形资产的增加。具体检查内容包括：（1）检查投资者投入的无形资产是否按照投资合同或协议约定的价值确定，并关注合同或协议约定价值是否公允，交接手续是否齐全。涉及国有资产的，是否有评估报告并经国有资产管理部门评审备案或核准确认。（2）对自行研发取得、购入或接受捐赠的无形资产，检查其原始凭证，确认计价是否正确，法律程序是否完备（如依法登记、注册及变更登记的批准文件和有效期），会计处理是否正确。（3）对债务重组或非货币性资产交换取得的无形资产，检查有关协议等资料，确认其计价和会计处理是否正确。（4）检查本期购入土地使用权相关税费计算清缴情况，购入土地使用权相关的会计处理是否正确。

4. 检查无形资产的减少。具体内容包括：（1）取得无形资产处置的相关合同、协议，检查其会计处理是否正确。（2）检查房地产开发企业取得的土地用于建造对外出售的房屋建筑物，相关的土地使用权是否转入所建造房屋建筑物的成本。在土地上自行开发建造厂房等建筑物的，土地使用权和地上建筑物是否分别进行摊销和计提折旧。（3）当土地使用权用于出租或增值目的时，检查其是否转为投资性房地产核算，会计处理是否正确。

5. 检查被审计单位确定无形资产使用寿命的依据，分析其合理性。

6. 检查无形资产的后续支出是否合理，会计处理是否正确。

7. 检查无形资产预计是否能为被审计单位带来经济利益，若否，检查是否将其账面价值予以转销，计入当期营业外支出。

8. 结合长、短期借款等项目的审计，了解是否存在用于债务担保的无形资产。如有，应取证并记录，且提请被审计单位做恰当披露。

9. 检查无形资产的摊销。检查内容包括：（1）检查无形资产各项目的摊销政策是否符合有关规定，是否与上期一致。若改变摊销政策，检查其依据是否充分；（2）检查被审计单位是否在年度终了对使用寿命有限的无形资产的使用寿命和摊销方法进行复核，其复核结果是否合理；（3）检查无形资产的应摊销金额是否为其成本扣除预计残值和减值准备后的余额，检查其预计残值的确定是否合理；（4）复核本期摊销是否正确，与相关科目核对是否相符。

注册会计师应编制无形资产累计摊销计算表，复核被审计单位无形资产摊销的正确性。无形资产累计摊销计算表的格式，如表5-23所示。

表5-23　　　　　　　　　　　　**无形资产累计摊销计算表**

被审计单位：_____　　索引号：_____
项目：_____　　截止日/期间：_____
编制：_____　　复核：_____
日期：_____　　日期：_____

无形资产名称	发生日期	无形资产原价	残值	摊销期限	减值准备累计金额	测算的摊销金额	累计摊销期初余额	本期摊销额	累计摊销期末余额	剩余摊销年限	备注
合　计											

注：1.无形资产的摊销期限应根据被审计单位分析的无形资产使用寿命确定，并关注使用寿命和摊销年限是否合理；2.对使用寿命不确定的无形资产，应关注相应的判断依据。

审计说明：

10.检查无形资产减值准备。检查内容包括：（1）对于使用寿命有限的无形资产，逐项检查是否存在减值迹象，并做出详细记录。对于使用寿命不确定的无形资产，无论是否存在减值迹象，是否都进行减值测试。（2）检查无形资产减值准备计提和转销的批准程序，取得书面报告等证明文件。（3）复核被审计单位计提的无形资产减值准备，检查其依据是否充分，会计处理是否正确。（4）检查无形资产转让时，相应的减值准备是否一并结转，会计处理是否正确。（5）通过检查期后事项，以及比较前期无形资产减值准备数与实际发生数，评价无形资产减值准备的合理性。

11.检查无形资产是否已按照企业会计准则的规定在财务报表中做出恰当列报。

二、投资性房地产的实质性程序

（一）投资性房地产的审计目标

投资性房地产是指为赚取租金或资本增值，或者两者兼有而持有的房地产。投资性房地产的审计目标如表5-24所示。

表5-24　　　　　　　　　　　　投资性房地产的审计目标

序号	审计目标	财务报表认定
1	确定被审计单位资产负债表中列报的投资性房地产在资产负债表日是否确实存在,是否为被审计单位所拥有	存在
2	确定被审计单位所有应当记录的投资性房地产及其增减变动是否均已记录完毕,有无遗漏	完整性
3	确定记录的投资性房地产是否为被审计单位拥有或控制	权利和义务
4	确定投资性房地产是否以恰当的金额包括在财务报表中,与之相关的计价调整是否已恰当记录	计价和分摊
5	确定投资性房地产、投资性房地产累计折旧(摊销)和投资性房地产减值准备是否已按照企业会计准则的规定在财务报表中做出恰当的列报	列报

（二）投资性房地产的实质性程序

投资性房地产的实质性程序通常包括：

1.获取或编制投资性房地产明细表，复核加计是否正确，并与总账数、明细账合计数核对是否相符；结合投资性房地产累计折旧（摊销）、投资性房地产减值准备科目与报表数核对是否相符。

2.检查投资性房地产的分类和采用的后续计量属性是否适当，是否符合企业会计准则的规定。具体内容包括：（1）与被审计单位管理层讨论，分析其拥有房地产的意图及现状，并获取相应的支持证据，如董事会（总经理办公会）决议、会议纪要，出租房地产的合同、协议等，以确定投资性房地产分类符合企业会计准则的规定；（2）与被审计单位管理层讨论投资性房地产的公允价值是否能够持续可靠取得，并获取相应的审计证据，以检查投资性房地产的后续计量属性符合企业会计准则的规定；（3）与上期政策进行比较，确定后续计量模式的一致性，如不一致，会计处理是否符合会计准则的规定。

3.对投资性房地产进行实地观察，必要时进行监盘，并编制投资性房地产核对表。

检查投资性房地产的权属证书、有关合同，确定是否归被审计单位所有，是否存在抵押等担保情况。

投资性房地产核对表的格式，如表5-25所示。

表5-25 投资性房地产核对表

被审计单位：_____ 索引号：_____

项目：_____ 截止日/期间：_____

编制：_____ 复核：_____

日期：_____ 日期：_____

资产编号	资产名称	账面(登记簿)资产信息					权属证书及现状检查记录					检查结论（不一致说明原因）
		账面金额	坐落地点	面积	权利人名称	抵押担保情况	权属证书名称	权属证书编号	面积	使用人	使用状态	

审计说明：

4. 检查投资性房地产本期增减变动的记录是否完整，会计处理是否正确。检查内容包括：（1）对于本期新增的项目，选取适量的样本，追查至购买协议（合同）、原始发票、验收报告等，检查成本是否正确；（2）本期对投资性房地产进行改良或装修的，检查会计处理是否正确；（3）对于本期减少的项目，选取适量的样本，检查确认处置的资产已经办理审批手续，其处置的收益或损失已正确地计算，并进行正确的会计处理。

5. 对于选用公允价值模式计量的投资性房地产，应检查其后续计量是否恰当，公允价值是否持续可靠取得，复核期末计价是否正确。检查内容包括：（1）选取适量的样本，检查公允价值的确定依据是否充分，重点检查公允价值持续可靠取得的确凿证据，检查公允价值变动损益计算及其会计处理是否正确，并与公允价值变动损益科目核对；（2）询问并获取相关资料，评价被审计单位确定公允价值采用方法的适当性、公允价值选用的合理性，包括被审计单位的决策程序、公允价值的确定方法、估值模型的选择、披露的充分性等；（3）考虑利用专家的工作，并对专家的胜任能力、客观性及工作结果适当性进行评价。

在检查公允价值确定的适当性时，注册会计师应编制投资性房地产公允价值复核表，其格式如表5-26所示。

表5-26   **投资性房地产公允价值复核表**

被审计单位：_____　　　索引号：_____

项目：_____　　　截止日/期间：_____

编制：_____　　　复核：_____

日期：_____　　　日期：_____

项目名称	账面数		公允价值						备注
	面积①	期末余额②	参考单价③	参考单价来源	公允价值④=①×③	差异⑤=②-④	差异原因	与上期计价方法是否一致	
1. 房屋、建筑物									
⋮									
2.土地使用权									
⋮									
合　计									

　　审计说明：

　　6. 对于选用成本模式计量的投资性房地产，应检查投资性房地产的后续计量是否恰当，复核本期计提折旧（摊销）额及期末余额是否正确。检查内容包括：（1）检查被审计单位所选用的会计政策和会计估计是否恰当；（2）测算本期应计提的折旧（摊销）额，与投资性房地产中的折旧（摊销）本期增加数相核对。如有差异，查明原因；（3）将本期折旧（摊销）金额与其他业务成本科目核对。

　　7. 检查被审计单位采用成本模式计量的投资性房地产是否存在减值迹象。存在减值迹象的，复核被审计单位估计的可收回金额，以确定投资性房地产是否已经发生减值。

　　8. 检查投资性房地产与其他资产发生相互转换的会计处理是否正确。检查内容包括：（1）检查转换依据是否充分，是否经过有效批准；（2）复核在成本模式下，是否将房地产转换前的账面价值作为转换后的入账价值；（3）复核采用公允价值模式计量的投资性房地产转换为自用房地产时，是否以其转换当日的公允价值作为自用房地产的账面价值，公允价值与原账面价值的差额是否计入当期损益；（4）自用房地产或存货转换为采用公允价值模式计量的投资性房地产时，投资性房地产是否按照转换当日的公允价值计价，转换当日的公允价值小于原账面价值的，其差额是否计入当期损益。转换当日的公允价值大于原账面价值的，其差额是否计入其他综合收益。

　　在执行上述程序时，注册会计师应编制投资性房地产与自用房地产互转审核表。投资性房地产与自用房地产互转审核表的格式，如表5-27和表5-28所示。

表5-27　　　　**投资性房地产与自用房地产互转审核表（成本模式）**

被审计单位：＿＿＿＿＿＿＿＿＿＿＿＿　　索引号：＿＿＿＿＿＿＿＿＿＿＿＿

项目：＿＿＿＿＿＿＿＿＿＿＿＿＿＿　　截止日/期间：＿＿＿＿＿＿＿＿＿＿

编制：＿＿＿＿＿＿＿＿＿＿＿＿＿＿　　复核：＿＿＿＿＿＿＿＿＿＿＿＿＿

日期：＿＿＿＿＿＿＿＿＿＿＿＿＿＿　　日期：＿＿＿＿＿＿＿＿＿＿＿＿＿

项　目	自用房地产转换日价值			投资性房地产转换日价值			转换原因	批准文件	备注
	资产原值	累计折旧	减值准备	账面原值	累计折旧	减值准备			
1.房屋、建筑物									
⋮									
2.土地使用权									
⋮									
合　计									

审计说明：

表5-28　　　**投资性房地产与自用房地产互转审核表（公允价值模式）**

被审计单位：＿＿＿＿＿＿＿＿＿＿＿＿　　索引号：＿＿＿＿＿＿＿＿＿＿＿＿

项目：＿＿＿＿＿＿＿＿＿＿＿＿＿＿　　截止日/期间：＿＿＿＿＿＿＿＿＿＿

编制：＿＿＿＿＿＿＿＿＿＿＿＿＿＿　　复核：＿＿＿＿＿＿＿＿＿＿＿＿＿

日期：＿＿＿＿＿＿＿＿＿＿＿＿＿＿　　日期：＿＿＿＿＿＿＿＿＿＿＿＿＿

项　目	自用房地产转换日价值			投资性房地产转换日价值	转换影响		转换原因	批准文件	备注
	资产原值①	累计折旧②	减值准备③	公允价值④	当期损益⑤=(①-②-③)-④	其他综合收益⑥=④-(①-②-③)			
1.房屋、建筑物									
⋮									
2.土地使用权									
⋮									
合　计									

注：本表中"转换影响"是根据转换日公允价值④与账面净值（①－②－③）相比较计算，正数记入其他综合收益，负数记入当期损益。

审计说明：

9. 检查租金收取情况,有无多收、少收现象。是否存在变相馈赠、转让等情况。注册会计师应编制投资性房地产租金收入测算表,重新计算租金收入是否正确。投资性房地产租金收入测算表的格式,如表5-29所示。

表5-29   投资性房地产租金收入测算表

被审计单位:＿＿＿＿＿＿＿＿＿＿＿＿＿＿　　索引号:＿＿＿＿＿＿＿＿＿＿＿＿＿＿＿

项目:＿＿＿＿＿＿＿＿＿＿＿＿＿＿＿＿＿　　截止日/期间:＿＿＿＿＿＿＿＿＿＿＿＿＿

编制:＿＿＿＿＿＿＿＿＿＿＿＿＿＿＿＿＿　　复核:＿＿＿＿＿＿＿＿＿＿＿＿＿＿＿＿＿

日期:＿＿＿＿＿＿＿＿＿＿＿＿＿＿＿＿＿　　日期:＿＿＿＿＿＿＿＿＿＿＿＿＿＿＿＿＿

项　目	承租人	租赁期间	租赁月数①	租赁面积②	租赁单价③	应计租金收入④=①×②×③	已计租金收入⑤	差异⑥=④-⑤	差异原因	租赁协议索引号
1.房屋、建筑物										
⋮										
2.土地使用权										
⋮										
合　计										

审计说明:

10. 检查投资性房地产是否按照企业会计准则的规定恰当列报。

三、长期股权投资的实质性程序

(一)长期股权投资的审计目标

长期股权投资核算企业持有的采用权益法或成本法核算的长期股权投资,具体包括:(1)企业持有的能够对被投资单位实施控制的权益性投资,即对子公司的投资;(2)企业持有的能够与其他合营方一同对被投资单位实施共同控制的权益性投资,即对合营企业的投资;(3)企业持有的能够对被投资单位施加重大影响的权益性投资,即对联营企业的投资。长期股权投资的审计目标,如表5-30所示。

表5-30   长期股权投资的审计目标

序号	审计目标	财务报表认定
1	确定被审计单位资产负债表中列报的长期股权投资在资产负债表日是否确实存在,是否为被审计单位所拥有	存在
2	确定被审计单位所有应当记录的长期股权投资及其增减变动是否均已记录完毕,有无遗漏	完整性
3	确定记录的长期股权投资是否为被审计单位拥有或控制	权利和义务
4	确定长期股权投资是否以恰当的金额包括在财务报表中,与之相关的计价调整是否已恰当记录	计价和分摊
5	确定长期股权投资是否已按照企业会计准则的规定在财务报表中做出恰当的列报	列报

（二）长期股权投资的实质性程序

长期股权投资的实质性程序通常包括：

1. 获取或编制长期股权投资明细表，复核加计是否正确，并与总账数和明细账合计数核对是否相符，结合长期股权投资减值准备科目与报表数核对是否相符。

2. 检查长期股权投资是否存在，是否归被审计单位所有，分类及核算方法是否正确。具体包括：（1）取得投资合同协议以及被投资单位的章程、营业执照、组织机构代码证等资料，关注长期股权投资的股权比例和时间，检查长期股权投资核算方法是否正确；（2）分析被审计单位管理层的意图和能力，检查长期股权投资分类的正确性。检查是否包括应由《企业会计准则第22号——金融工具确认和计量》准则规范的股权投资项目。如有，提请被审计单位调整。

3. 对于权益法核算的长期股权投资，执行以下程序：（1）获取被投资单位已经注册会计师审计的年度财务报表，如果未经注册会计师审计，则应对被投资单位的财务报表实施适当的审计或审阅程序。（2）根据重要性原则，以取得投资时被投资单位各项可辨认资产的公允价值为基础，检查被投资单位权益法核算是否正确。被投资单位采用的会计政策及会计期间与被审计单位不一致的，检查是否按照被审计单位的会计政策及会计期间对被投资单位的财务报表调整后，按权益法确认投资损益。（3）将重新计算的投资损益与被审计单位计算的投资损益相核对。如有重大差异，查明原因，并提请被审计单位调整。（4）关注被审计单位在其被投资单位发生净亏损或以后期间实现盈利时的会计处理是否正确。（5）检查除净损益以外被投资单位所有者权益的其他变动，是否调整计入所有者权益。

4. 对于采用成本法核算的长期股权投资，检查股利分配的原始凭证及分配决议等资料，确定会计处理是否正确。

5. 对于成本法和权益法相互转换的，检查其投资成本的确定是否正确。

6. 确定长期股权投资增减变动的记录是否完整。具体内容包括：（1）检查本期增加的长期股权投资，追查至原始凭证及相关的文件或决议及被投资单位验资报告或财务资料等，确定长期股权投资是否符合投资合同、协议的规定，会计处理是否正确（根据企业合并形成、企业合并以外其他方式取得的长期股权投资分别确定初始投资成本）；（2）检查本期减少的长期股权投资，追查至原始凭证，检查长期股权投资的处理是否有合理的理由及授权批准手续，会计处理是否正确。

7. 结合银行借款等的检查，了解长期股权投资是否存在质押等情况。如有，则应详细记录，并提请被审计单位充分披露。

8. 与被审计单位人员讨论确定是否存在被投资单位由于所在国家和地区及其他方面的影响，向被审计单位转移资金的能力受到限制的情况。如存在，应详细记录受限情况，并提请被审计单位充分披露。

9. 检查长期股权投资是否发生减值，计提减值准备是否适当。具体内容包括：（1）检查本期长期股权投资减值准备计提方法与以前年度是否一致。如不一致，查明会计政策变更的原因，变更是否符合企业会计准则的规定。（2）根据被投资单位盈利能力、财务状况，并结合被投资单位经营环境、市场竞争等变化，判断长期股权投资是否存在减值迹象。（3）检查长期股权投资减值准备计提依据是否充分，是否得到适当批准。当长期股权投资可收回金额低于账面价值时，将可收回金额低于账面价值的差额与被审计单位计提数核对。如有差异，查明原因。

10. 检查长期股权投资是否按照企业会计准则的规定恰当列报。

经典案例5-1

印度萨蒂扬软件技术有限公司虚增资产审计案

2009年1月7日，印度软件外包服务业的领军企业、行业排名第四的萨蒂扬软件技术有限公司（简称萨蒂扬公司）董事长兼首席执行官拉马林加·拉贾突然宣布辞职。在长达5页的辞职信中，他承认曾在几年间操纵公司账户，大幅夸大公司的利润，虚报资产，涉及资金达10亿美元。这桩诈骗案重挫印度股市，孟买证交所Sensex指数暴跌7个百分点，该公司股价则高台跳水，下跌近80%。负责萨蒂扬财务审计的普华永道也随之被推上风口浪尖。萨蒂扬公司的名称在梵文中是"真实"的意思，而恰恰是这样一家"真实"的公司，曝出了印度自20世纪90年代以来最大的企业造假丑闻。

萨蒂扬在爆出丑闻前发布的数据个个漂亮出色。《华尔街日报》在2009年1月8日的文章中写道，据萨蒂扬公司2007财年年报，该年销售额21亿美元，利润约4.3亿美元，增幅达48%和35.5%。而事实上，在2008年第三季度中，萨蒂扬的实际销售额为4.34亿美元，公布的数据是5.55亿美元；公司实际利润只有1 250万美元，但公布数字为1.36亿美元，被夸大近10倍。拉贾说，公司公布可用现金11亿美元，但实际只有6 600万美元。此消息在印度企业界引发了轩然大波，投资者纷纷质疑印度上市公司业绩有几个是真的。

萨蒂扬公司在印、美、中等国共设有23个研发中心，全球500强公司中157家企业是其客户。令人不解的是，萨蒂扬公司如此巨大的财务漏洞，竟能隐藏很多年。萨蒂扬公司由普华永道进行审计，但多年来该公司的欺诈却没有引起注意。萨蒂扬公司是如何隐瞒造假的？

从表面上看，身为纽约上市公司的萨蒂扬公司所做的一切都是按章办事，又有国际知名的会计师事务所审计其账目，依据印度和美国的审计准则出具审计意见。此外，独立董事的人数符合法规要求，且这些独立董事均有优秀的职业背景，包括一名哈佛大学商学院的教授和一名前任联邦内阁大臣。

拉贾先生在辞职信中概述了财务舞弊，并表示董事会其他成员（无论是前任还是现任）均未能察觉到财务方面的异常情况。

对此，监管机构未能防备，公司账目上94%的现金（约为10亿美元）都是虚构的，拉贾先生认为巧妙的操纵现金流可能是舞弊未被发现的原因所在。

来自于伦敦来宝集团（Noble Group）的分析人士Saurabh Mukherjea指出：公司往往通过操纵损益表来实施舞弊，但是现金流则是"圣杯"无法篡改。如果有现金流支持，那么审计人员通常会认定业务活动是正常的。但是这中间却存在大量的会计和监管漏洞。

萨蒂扬公司的造假手段并不复杂，而拥有足够权限的审计师理应能够检查出这种粉饰行为。实际造成普华永道审计失败的原因，拉贾认为主要是其对现金流的操纵。审计人员通常认为无论如何增减资产与负债，现金流的实际流入流出会体现企业真实的经营状况。而萨蒂扬公司就是简单地利用了这一点，通过虚构业务来扩大公司收入规模，再通过账外抵押贷款的形式来伪造虚增的收入部分流入的现金，甚至基于虚增的收入分配了股利，于是这便构成了一套完整的"业务发生——收入实现——利润分配"的循环，使其从表面看来充分合理。

思考：印度萨蒂扬软件技术有限公司虚增资产案带给我们的启示有哪些？

本章小结

资产类项目实质性程序的内容构成如图5-1所示。

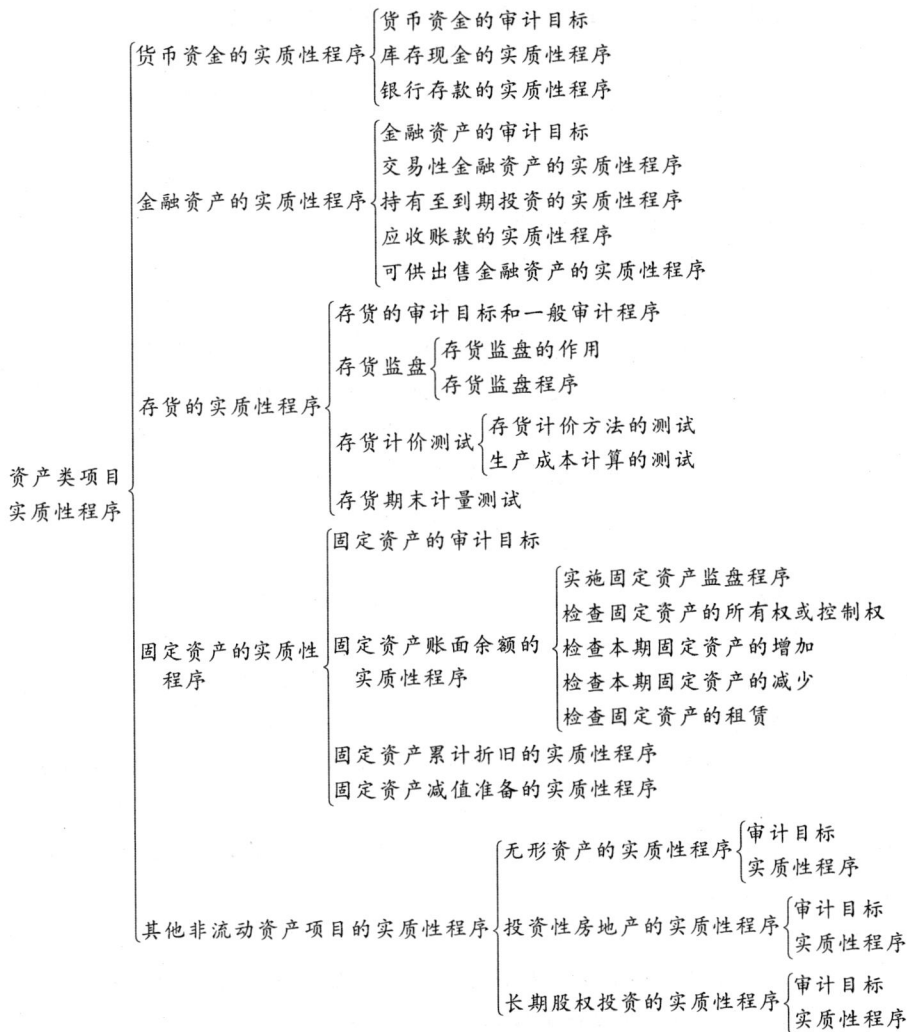

图5-1　资产类项目实质性程序的内容构成

同步测试

一、不定项选择题

1. 注册会计师实施的程序中，属于实质性程序的是（　　　）。

A. 取得银行存款余额调节表并检查未达账项的真实性

B. 检查银行存款收支的正确截止

C. 检查是否定期取得银行对账单并编制银行存款余额调节表

D. 函证银行存款余额

2. 如果某银行账户的银行对账单余额与银行存款日记账余额不符，最有效的审计程序是（   ）。

A. 重新测试相关的内部控制

B. 检查银行对账单中记录的资产负债表日前后的收付情况

C. 检查银行存款日记账中记录的资产负债表日前后的收付情况

D. 检查该银行账户的银行存款余额调节表

3. 如果注册会计师要证实某公司临近2014年12月31日签发的支票是否已登记入账，不宜采用的审计程序是（   ）。

A. 函证2014年12月31日的银行存款余额

B. 检查2014年12月31日的银行对账单

C. 检查2014年12月31日的银行存款余额调节表

D. 检查2014年12月的支票存根和银行存款日记账

4. 某银行账户的银行对账单余额为1 585 000元，在检查该账户银行存款余额调节表时，注册会计师注意到以下事项：在途存款100 000元；未提现支票50 000元；未入账的银行存款利息收入35 000元；未入账的银行代扣水电费25 000元。假定不考虑其他因素，注册会计师审计后确认的该银行存款账户余额应是（   ）元。

A. 1 535 000   B. 1 575 000

C. 1 595 000   D. 1 635 000

5. 注册会计师在检查被审计单位2014年12月31日的银行存款余额调节表时，发现调节事项，其中有迹象表明性质或范围不合理的是（   ）。

A. "银行已收、企业未收"项目包含一项2014年12月31日到账的应收账款，被审计单位尚未收到银行的收款通知

B. "企业已付、银行未付"项目包含一项被审计单位于2014年12月31日提交的转账支付申请，用于支付被审计单位2014年12月份的电费

C. "企业已收、银行未收"项目包含一项2014年12月30日收到的退货款，被审计单位已将供应商提供的支票提交银行

D. "银行已付、企业未付"项目包含一项2014年11月支付的销售返利，该笔付款已经总经理授权，但由于经办人未提供相关单据，会计部门尚未入账

6. 对于应收账款认定，通过实施函证程序不能证实的是（   ）。

A. 计价和分摊   B. 分类

C. 存在   D. 完整性

7. 注册会计师获得应收账款账龄分析表后，应当实施的审计程序是（   ）。

A. 验证各项计算是否正确

B. 将合计数与应收账款总账余额核对相符

C. 抽取一定数量的项目，与应收账款相关明细账核对相符

D. 通过账龄分析，验证坏账准备金额的准确性

8. 审计程序中，注册会计师最有可能获取固定资产存在的审计证据是（　　）。

A. 观察经营活动，并将固定资产本期余额与上期余额进行比较

B. 询问被审计单位的管理当局和生产部门

C. 以检查固定资产实物为起点，检查固定资产明细账和相关凭证

D. 以检查固定资产明细账为起点，检查固定资产实物和相关凭证

9. 固定资产和累计折旧审计工作底稿记录的审计程序中，不恰当的是（　　）。

A. 由于上年度相关内部控制难以信赖，本次审计不再实施内部控制测试程序

B. 由于上年度审计中已全面观察固定资产，本次审计仅观察新增固定资产

C. 由于上年度审计中已索取全部固定资产权属证明，本次审计仅索取新增固定资产权属证明

D. 由于上年度审计中已全面检查固定资产折旧年限，本次审计仅检查新增固定资产折旧年限

10. 对于存货认定，通过向生产和销售人员询问是否存在过时或周转缓慢的存货，注册会计师认为最有可能证实的是（　　）。

A. 计价和分摊　　　　　　　　　B. 权利和义务

C. 存在　　　　　　　　　　　　D. 完整性

11. 有关期末存货的监盘程序中，与测试存货点记录的完整性相关的是（　　）。

A. 从存货盘点记录中选取项目追查至存货实物

B. 从存货实物中选取项目追查至存货盘点记录

C. 在存货盘点过程中关注存货的移动情况

D. 在存货盘点结束前，再次观察盘点现场

12. 在对存货实施检查程序时，不恰当的程序是（　　）。

A. 尽量将难以盘点或隐蔽性较大的存货纳入检查范围

B. 事先就拟检查测试的存货项目与被审计单位沟通，以提高存货监盘的效率

C. 从存货盘点记录中选取项目追查至存货实物，以测试盘点记录的完整性

D. 如果盘点记录与存货实物存在差异，要求被审计单位更正盘点记录

13. 注册会计师在编制存货监盘计划时，应实施的工作包括（　　）。

A. 考虑与存货相关的重大错报风险

B. 考虑与存货相关的内部控制的性质

C. 复核或与管理层讨论其存货监盘计划

D. 考虑是否需要专家协助

14. 如果由于被审计单位存货的性质或位置等原因导致无法实施存货监盘，注册会计师应当考虑的替代审计程序主要包括（　　）。

A. 检查进货交易凭证或生产记录以及其他相关资料

B. 检查永续盘存制

C. 检查资产负债表日后发生的销货交易凭证

D. 向顾客或供应商函证

15. 注册会计师在对期末存货进行截止测试时，通常应当关注（　　）。

A. 在截止日以前入库的存货项目是否均已包括在盘点范围内，并已反映在截止日以

前的会计记录中

    B. 在截止日以前装运出库的存货项目是否均未包括在盘点范围内，且未包括在截止日的存货账面余额中

    C. 已确认为销售但尚未装运出库的商品是否均未包括在盘点范围内，且未包括在截止日的存货账面余额中

    D. 已记录为购货但尚未入库的存货是否均已包括在盘点范围内，并已反映在会计记录中

二、判断题

1. 注册会计师通过执行函证银行存款余额程序，检查被审计单位银行存款是否存在。（　　）

2. 对库存现金的监盘最好实施突击性的检查，时间最好选择在上班前或下午下班后。（　　）

3. 在函证银行存款余额时，如果银行询证函回函结果表明没有差异，则可以认定银行存款余额是正确的。（　　）

4. 编制存货监盘计划时，注册会计师应当了解存货相关的内部控制、存货的内容与性质、各项存货的重要程度及存放场所等，并制定存货监盘的替代程序。（　　）

5. 注册会计师在设计与存货项目相关的审计程序时，对单位价值较高的存货，应以实施实质性程序为主。（　　）

6. 在检查本期新增固定资产时，注册会计师应当以固定资产明细分类账为起点，进行实地追查，以获取实际存在的固定资产是否均已入账的审计证据。（　　）

7. 获取无形资产的权属证书原件、非专利技术的持有和保密状况等的主要目的是获取无形资产是否存在及其计价和分摊是否正确的审计证据。（　　）

8. 检查无形资产的使用寿命确定依据、摊销及其减值准备，目标都是为获取有关计价和分摊认定的审计证据。（　　）

9. 在检查以公允价值模式进行后续计量的投资性房地产时，注册会计师必须获取有关公允价值选用合理性的审计证据。（　　）

10. 对长期股权投资核算方法的检查，其目的在于检查被审计单位会计处理的正确性，为财务报表的准确性认定获取审计证据。（　　）

三、分析题

1. A注册会计师负责审计甲公司2014年度财务报表。甲公司2014年12月31日应收账款余额为3 000万元。A注册会计师认为应收账款存在重大错报风险，决定选取金额较大以及风险较高的应收账款明细账户实施函证程序，选取的应收账款明细账户余额合计为1 800万元。相关事项如下：

（1）审计项目组成员要求被询证的甲公司客户将回函直接寄至会计师事务所，但甲公司客户X公司将回函寄至甲公司财务部，审计项目组成员取得了该回函，将其归入审计工作底稿。

（2）对于审计项目组以传真件方式收到的回函，审计项目组成员与被询证方取得了电话联系，确认回函信息，并在审计工作底稿中记录了电话内容与时间、对方姓名与职位，以及实施该程序的审计项目组成员姓名。

（3）审计项目组成员根据甲公司财务人员提供的电子邮箱地址，向甲公司境外客户Y公司发送了电子邮件，询证应收账款余额，并收到了回复的电子邮件。Y公司确认余额准确无误。审计项目组成员将电子邮件打印后归入审计工作底稿。

（4）甲公司客户Z公司的回函确认金额比甲公司账面余额少150万元。甲公司销售部人员解释，甲公司于2014年12月末销售给Z公司的一批产品，在2014年年末尚未开具销售发票，Z公司因此未入账。A注册会计师认为该解释合理，未实施其他审计程序。

（5）实施函证的1 800万元应收账款余额中，审计项目组未收到回函的余额合计为950万元，审计项目组对此实施了替代程序：对其中500万元查看了期后收款凭证；对没有期后收款记录的450万元，检查了与这些余额相关的销售合同和发票，未发现例外。

（6）鉴于对60%的应收账款余额实施函证程序未发现错报，A注册会计师推断其余40%的应收账款余额也不存在错报，无须实施进一步审计程序。

要求：针对上述第（1）至（6）项，逐项指出甲公司审计项目组的做法是否恰当。如不恰当，简要说明理由。

2．A注册会计师负责对常年审计客户甲公司2014年度财务报表进行审计。甲公司从事商品零售业，存货占其资产总额的60%。除自营业务外，甲公司还将部分柜台出租，并为承租商提供商品仓储服务。根据以往的经验和期中测试的结果，A注册会计师认为甲公司有关存货的内部控制有效。A注册会计师计划于2014年12月31日实施存货监盘程序，编制的存货监盘计划部分内容摘录如下：

（1）在到达存货盘点现场后，监盘人员观察代柜台承租商保管的存货是否已经单独存放并予以标明，确定其未被纳入存货盘点范围。

（2）在甲公司开始盘点存货前，监盘人员在拟检查的存货项目上做出标识。

（3）对以标准规格包装的存货，监盘人员根据包装箱的数量及每箱的标准容量直接计算存货的数量。

（4）在存货监盘过程中，监盘人员除关注存货的数量外，还需要特别关注存货是否出现毁损、陈旧、过时及残次等情况。

（5）对存货监盘过程中收到的存货，要求甲公司单独码放，不纳入存货监盘的范围。

（6）在存货监盘结束时，监盘人员将除作废的盘点表单以外的所有盘点表单的号码记录于监盘工作底稿。

要求：

（1）针对上述第（1）至（6）项，逐项指出是否存在不当之处。如果存在，简要说明理由。

（2）假定因雪灾导致监盘人员于原定存货监盘日未能到达盘点现场，指出A注册会计师应当采取何种补救措施。

3．A注册会计师负责审计甲公司2014年度财务报表。在审计过程中，A注册会计师注意到以下事项：

（1）甲公司2014年1月30日将采用公允价值模式计量的投资性房地产（建筑物）转为本公司的行政管理部门办公使用。该建筑物2013年12月31日的公允价值为2 000万元

（成本 1 900 万元，公允价值变动 100 万元），2014 年 1 月 30 日的公允价值为 2 100 万元。转换日该建筑物的尚可使用年限为 15 年，采用年限平均法计提折旧，无残值。2014 年 1 月 30 日，甲公司账务处理为：

借：固定资产　　　　　　　　　　　　　　　　　　　　　20 000 000

　　贷：投资性房地产——成本　　　　　　　　　　　　　　　　　19 000 000

　　　　　　　　——公允价值变动　　　　　　　　　　　　　　　1 000 000

2014 年年底，甲公司对该项建筑物计提了折旧，相应的会计分录为：

借：管理费用　　　　　　　　　　　　　　　　　　　　　1 222 000

　　贷：累计折旧　　　　　　　　　　　　　　　　　　　　　　　1 222 000

（2）甲公司采用实际成本对发出材料进行日常核算，期末存货采用成本与可变现净值孰低计价，并按单个存货项目计提存货跌价准备。假定核算时不考虑除增值税以外的其他税费。甲公司用于生产新产品的 K 设备的账面原价为 120 万元，至 2014 年年末该设备已提折旧 18 万元，可收回金额为 86.40 万元，预计使用年限为 4 年。

2014 年 4 月 30 日，因停止生产新产品，甲公司不再需要 K 设备，并决定将 K 设备与乙公司的一批材料进行交换，换入材料用于生产 W 商品。双方商定设备的公允价值为 80 万元，换入材料的发票上注明的售价为 60 万元，增值税税额为 10.20 万元，甲公司收到补价 9.80 万元。甲公司的会计处理为：

借：固定资产清理　　　　　　　　　　　　　　　　　　　864 000

　　固定资产减值准备　　　　　　　　　　　　　·　　　 156 000

　　累计折旧　　　　　　　　　　　　　　　　　　　　 180 000

　　贷：固定资产　　　　　　　　　　　　　　　　　　　　　　 120 000

借：原材料　　　　　　　　　　　　　　　　　　　　　　 600 000

　　应交税费——应交增值税（进项税额）　　　　　　　　102 000

　　银行存款　　　　　　　　　　　　　　　　　　　　　　98 000

　　营业外支出　　　　　　　　　　　　　　　　　　　　　82 000

　　贷：固定资产清理　　　　　　　　　　　　　　　　　　　　 882 000

要求：针对上述事项，A 注册会计师是否需要提出审计调整建议？若需要，简要说明理由，并编制相应的审计调整分录。

第六章　权益类项目的实质性程序

【学习目标】

1. 掌握负债项目的审计目标和主要负债项目的实质性程序。
2. 掌握所有者权益项目的审计目标和各所有者权益项目的实质性程序。

第一节　负债项目的实质性程序

一、负债的审计目标

负债是指企业过去的交易或者事项形成的、预期会导致经济利益流出企业的现时义务。现时义务是指企业在现行条件下已承担的义务，当与该义务有关的经济利益很可能流出企业，且未来的经济利益流出金额能够可靠地计量时，应当确认为负债。企业负债主要包括短期借款、应付账款、应付职工薪酬、应交税费、长期借款等，其审计目标如表6-1所示。

表6-1　　　　　　　　　　　　　　　　负债项目的审计目标

序号	审计目标	财务报表认定
1	确定资产负债表中记录的各项负债在资产负债表日是否存在	存在
2	确定所有应当记录的负债是否均已记录,有无遗漏	完整性
3	确定资产负债表中记录的各项负债是否均为被审计单位应当履行的现时义务	权利和义务
4	确定各项负债是否以恰当的金额包括在财务报表中,与之相关的计价调整已恰当记录	计价和分摊
5	确定各项负债是否已按照企业会计准则的规定在财务报表中做出恰当列报	列报

二、应付账款的实质性程序

应付账款是企业在正常经营过程中，因购买材料、商品和接受劳务供应等经营活动而应付给供应商的款项。注册会计师应结合赊购交易进行应付账款的审计。

应付账款的实质性程序通常包括：

1. 获取或编制应付账款明细表，并执行以下工作：（1）复核加计是否正确，并与报表数、总账数和明细账合计数核对是否相符；（2）检查非记账本位币应付账款的折算汇率及折算是否正确；（3）分析出现借方余额的项目，查明原因，必要时，提请被审计单位进行重分类调整；（4）结合预付账款等往来项目的明细余额，检查异常余额或与购货无关的其他款项。

2. 检查债务形成的相关原始凭证，如供应商发票、验收报告或入库单等，确定应付账款金额是否正确。

3. 检查应付账款长期挂账的原因，关注其是否可能无需支付；对确实无需支付的应付账款的会计处理是否正确，依据是否充分；关注账龄超过3年的大额应付账款，是否已做披露，并检查在资产负债日后是否偿还。

4. 针对资产负债表日后付款项目，检查银行对账单及有关付款凭证（如银行划款通知、供应商收据等），询问被审计单位内部或外部的知情人员，查找有无未及时入账的应付账款。

5. 复核截至审计日的全部未处理的供应商发票，并询问是否存在其他未处理的供应商发票，确认所有的负债都记录在正确的会计期间。

6. 函证应付账款。选择应付账款的重要项目（包括零余额账户），函证其余额和交易条款，对未回函的再次发函或实施替代的检查程序，如检查原始凭证，包括合同、发票、验收单等。

7. 应付账款的截止测试。测试程序包括：（1）针对已偿付的应付账款，追查至银行对账单、银行付款单据和其他原始凭证，检查其是否在资产负债日后偿付；（2）检查资产负债表日后应付账款明细账借方发生额的相应凭证，关注其购货发票日期，确认其入账时间是否合理；（3）结合存货监盘程序，检查被审计单位在资产负债表日前后的存货入库资料（验收报告或入库单），检查是否有大额货到、单未到的情况，确认应付账款是否计入了正确的会计期间。

8. 针对异常或大额交易及重大调整事项，如大额的购货折扣或退回、会计处理异常的交易、未经授权的交易或缺乏支持性凭证的交易等，检查相关原始凭证和会计记录，以分析交易的真实性、合理性。

9. 检查带有现金折扣的应付账款是否按发票上记载的全部应付金额入账，在实际获得现金折扣时再冲减财务费用。

10. 检查应付账款是否按照企业会计准则的规定恰当列报。

三、应付职工薪酬的实质性程序

职工薪酬是指企业为获得职工提供的服务或解除劳动关系而给予的各种形式的报酬和补偿，主要包括短期薪酬、离职后福利、辞退福利和其他长期职工福利等。

应付职工薪酬的实质性程序通常包括：

1. 获取或编制应付职工薪酬明细表，复核加计是否正确，并与报表数、总账数和明细账合计数核对是否相符。

2. 实施实质性分析程序。该程序包括：（1）比较被审计单位员工人数的变动情况，检查被审计单位各部门各月工薪费用的发生额是否有异常波动，若有，则查明波动原因是否合理；（2）比较本期与上期工薪费用总额，要求被审计单位解释其增减变动原因或取得被审计单位管理层关于员工工薪标准的决议；（3）结合员工社保缴纳情况，明确被审计单位的员工范围，检查是否与关联公司员工工薪混淆列支；（4）核对工薪部门记录的工薪支出与出纳记录的工薪支出、工薪部门记录的工时与生产部门记录的工时，是否存在异常；
（5）比较本期应付职工薪酬余额与上期应付职工薪酬余额，是否有异常变动。

3. 检查工资、奖金、津贴和补贴。检查内容包括：（1）计提是否正确，依据是否充分。将执行的工薪标准与有关规定核对，并对工薪总额进行测试。被审计单位如果实行工效挂钩的，应取得有关主管部门确认的效益工薪发放额认定证明，结合有关合同文件和实际完成的指标，检查其计提额是否正确，是否应做纳税调整。（2）检查分配方法与上期是否一致，除因解除与职工的劳动关系给予的补偿直接计入管理费用外，被审计单位是否根据职工提供服务的受益对象分别进行了正确的会计处理。（3）检查发放金额是否正确，代扣的款项及其金额是否正确。（4）检查是否存在属于拖欠性质的职工薪酬，并了解拖欠原因。

4. 检查社会保险费、住房公积金、工会经费和职工教育经费等计提（分配）和支付（使用）的会计处理是否正确，依据是否充分。

5. 检查非货币性福利。检查内容包括：（1）检查以存货发放给职工的非货币性福利，检查是否根据受益对象，按照该产品的公允价值，计入相关资产成本或当期损益，同时确认应付职工薪酬。对于难以认定受益对象的非货币性福利，是否直接计入当期损益和应付职工薪酬。（2）检查无偿向职工提供住房的非货币性福利，是否根据受益对象，将该住房每期应计提的折旧计入相关资产成本或当期损益，同时确认应付职工薪酬。对于难以认定受益对象的非货币性福利，是否直接计入当期损益和应付职工薪酬。（3）检查租赁住房等供职工无偿使用的非货币性福利，是否根据受益对象，将每期应付的租金计入相关资产成本或当期损益，并确认应付职工薪酬。对于难以认定受益对象的非货币性福利，是否直接计入当期损益和应付职工薪酬。

6. 检查应付职工薪酬的期后付款情况，并关注在资产负债表日至财务报表批准报出日之间，是否有确凿证据表明需要调整资产负债表日原确认的应付职工薪酬事项。

7. 检查应付职工薪酬是否已按照企业会计准则的规定在财务报表中做出恰当的列报。

在执行上述测试过程中，注册会计师应编制应付职工薪酬计提情况检查表和分配情况检查表。应付职工薪酬计提情况检查表和分配情况检查表的格式，分别如表6-2和表6-3所示。

表6-2 　　　　　　　　　　　**应付职工薪酬计提情况检查表**

被审计单位：_____ 　索引号：_____
项目：_____ 　截止日/期间：_____
编制：_____ 　复核：_____
日期：_____ 　日期：_____

项目名称	已计提金额	应计提基数	计提比例	应计提金额	应提与已提的差异	备注
1. 工资						
2. 职工福利						
3. 社会保险费						
（1）医疗保险费						

续表

项目名称	已计提金额	应计提基数	计提比例	应计提金额	应提与已提的差异	备注
(2)养老保险费						
(3)失业保险费						
(4)工伤保险费						
(5)生育保险费						
4. 住房公积金						
5. 工会经费						
6. 职工教育经费						
7. 非货币性福利						
⋮						
合　计						

审计说明：

表 6-3　　　　　　　　　　　　**应付职工薪酬分配情况检查表**

被审计单位：＿＿＿＿＿＿＿＿＿＿＿＿＿＿　索引号：＿＿＿＿＿＿＿＿＿＿＿＿＿＿＿＿

项目：＿＿＿＿＿＿＿＿＿＿＿＿＿＿＿＿　截止日/期间：＿＿＿＿＿＿＿＿＿＿＿＿＿＿

编制：＿＿＿＿＿＿＿＿＿＿＿＿＿＿＿＿　复核：＿＿＿＿＿＿＿＿＿＿＿＿＿＿＿＿＿＿

日期：＿＿＿＿＿＿＿＿＿＿＿＿＿＿＿＿　日期：＿＿＿＿＿＿＿＿＿＿＿＿＿＿＿＿＿＿

项目名称	产品成本	管理费用	在建工程	……	合计	核对是否正确	差异原因
1. 工资							
2. 职工福利							
3. 社会保险费							
(1)医疗保险费							
(2)养老保险费							
(3)失业保险费							
(4)工伤保险费							
(5)生育保险费							
4. 住房公积金							
5. 工会经费							
6. 职工教育经费							
7. 非货币性福利							
⋮							
合　计							

审计说明：

四、应交税费的实质性程序

应交税费是指企业根据税法规定应交纳的各种税费，包括增值税、消费税、营业税、城市维护建设税、资源税、关税、企业所得税、土地增值税、房产税、车船税、城镇土地使用税、印花税、契税、车辆购置税、耕地占用税、教育费附加、矿产资源补偿费等。

应交税费的实质性程序通常包括：

1. 获取或编制应交税费明细表，复核加计是否正确，并与报表数、总账数和明细账合计数核对是否相符；检查不需要预计应缴数的税费有无误入应交税费项目；分析存在借方余额的项目，查明原因，判断是否由被审计单位预缴税款引起。

2. 首次接受委托时，取得被审计单位的纳税鉴定、纳税通知、减免税批准文件等，了解被审计单位适用的税种、附加税费、计税（费）基础、税（费）率，以及征、免、减税（费）的范围与期限。连续接受委托时，关注其变化情况。

3. 核对期初未交税费与税务机关受理的纳税申报资料是否一致，检查缓期纳税及延期纳税事项是否经过有权税务机关批准。

4. 取得税务部门汇算清缴或其他确认文件、有关政府部门的专项检查报告、税务代理机构专业报告、被审计单位纳税申报资料等，并与上述明细表及账面数据进行核对。对于超过法定交纳期限的税费，应取得主管税务机关的批准文件。

5. 检查各项应交税费金额的计算是否正确，是否按规定进行了会计处理。

6. 检查被审计单位获得税费减免或返还时的依据是否充分、合法和有效，会计处理是否正确。

7. 抽查若干笔税费缴纳相关的凭证，检查是否有合法依据，会计处理是否正确。

8. 检查应交税费是否按照企业会计准则的规定恰当列报。

五、借款的实质性程序

借款是指企业向金融机构等借入的各种款项，包括短期借款和长期借款。其中，短期借款是指企业借入的还款期在一年以下（含一年）的各种借款；长期借款则是还款期在一年以上（不含一年）的各种借款。

借款（包括短期借款和长期借款）的实质性程序通常包括：

1. 获取或编制短期（或长期）借款明细表，复核加计是否正确，并与报表数、总账数和明细账合计数核对是否相符。同时，检查非记账本位币短期（或长期）借款的折算汇率及折算是否正确，折算方法是否前后一致。短期借款/长期借款明细表的格式，如表6-4所示。

表6-4 **短期借款/长期借款明细表**

被审计单位：_____ 索引号：_____

项目：_____ 截止日/期间：_____

编制：_____ 复核：_____

日期：_____ 日期：_____

贷款银行	借款期限		期初余额		本期增加			本期归还		期末余额		本期应计利息	本期实计利息	差异	借款条件	借款用途	备注
	借款日	约定还款日	利率	本金	日期	利率	本金	日期	本金	利率	本金						

编制说明：外币短期借款应列明原币金额及折算汇率。

审计说明：

　　2. 检查被审计单位贷款卡，核实账面记录是否完整。对被审计单位贷款卡上列示的信息与账面记录核对的差异进行分析，并关注贷款卡中列示的被审计单位对外担保的信息。

　　3. 对短期（或长期）借款进行函证。

　　4. 检查短期（或长期）借款的增加。对年度内增加的短期（或长期）借款，检查借款合同，了解借款数额、借款用途、借款条件、借款日期、还款期限、借款利率，并与相关会计记录相核对。

　　5. 检查短期（或长期）借款的减少。对年度内减少的短期（或长期）借款，应检查相关记录和原始凭证，核实还款数额，并与相关会计记录相核对。

　　6. 复核短期（或长期）借款利息。根据借款的利率和期限，检查被审计单位借款的利息计算是否正确；如有未计利息和多计利息，应做出记录，必要时提请调整。

　　7. 检查借款费用的会计处理是否正确。检查资产负债表日被审计单位是否按摊余成本和实际利率计算确定长期借款的利息费用，并正确计入财务费用、在建工程、制造费用、研发支出等相关账户，是否按合同利率计算应付未付利息计入"应付利息"账户，是否按其差额计入"长期借款——利息调整"账户。同时应检查专门借款和一般借款的借款费用资本化的时点和期间、资产范围、目的和用途等是否符合资本化条件。

　　注册会计师在执行该程序时，应编制利息分配情况检查表。利息分配情况检查表的格式，如表6-5所示。

表6-5　　　　　　　　　　　利息分配情况检查表

被审计单位：＿＿＿＿＿＿＿＿＿＿＿＿＿　　索引号：＿＿＿＿＿＿＿＿＿＿＿＿＿＿＿

项目：＿＿＿＿＿＿＿＿＿＿＿＿＿＿＿＿　　截止日/期间：＿＿＿＿＿＿＿＿＿＿＿＿＿

编制：＿＿＿＿＿＿＿＿＿＿＿＿＿＿＿＿　　复核：＿＿＿＿＿＿＿＿＿＿＿＿＿＿＿＿

日期：＿＿＿＿＿＿＿＿＿＿＿＿＿＿＿＿　　日期：＿＿＿＿＿＿＿＿＿＿＿＿＿＿＿＿

项目名称	实际利息	利息(实际利息)分配数						核对是否正确	差异原因
		财务费用	在建工程	制造费用	研发支出	……	合计		
合　计									

编制说明：项目名称按短期借款/长期借款的明细科目列示。

审计说明：

8. 检查被审计单位用于短期（或长期）借款的抵押资产的所有权是否属于被审计单位，其价值和实际状况是否与契约中的规定相一致。

9. 检查被审计单位与贷款人之间发生的债务重组。检查债务重组协议，确定其真实性、合法性，并检查债务重组的会计处理是否正确。

10. 检查短期（或长期）借款是否已按照企业会计准则的规定在财务报表中做出恰当的列报。

六、长期应付款的实质性程序

长期应付款是指企业除长期借款和应付债券以外的其他长期应付款项，包括应付融资租入固定资产的租赁费、以分期付款方式购入固定资产发生的应付款项等。注册会计师应结合融资租入固定资产和以分期付款方式购入固定资产交易进行长期应付款审计。

长期应付款的实质性程序通常包括：

1. 获取或编制长期应付款明细表，复核加计是否正确，并与报表数、总账数和明细账合计数核对是否相符；检查非记账本位币长期应付款的折算汇率及折算是否正确；检查长期应付款的内容是否符合企业会计准则的规定。

2. 检查应付融资租入固定资产的租赁费。注册会计师应结合融资租入固定资产审计，完成以下检查：（1）重点关注企业融资租入的固定资产，检查企业融资租入的固定资产是否经授权批准，在租赁期开始日，长期应付款是否按最低租赁付款额确认；（2）结合合同的审查，检查是否按合约规定的付款条件按期支付租金；（3）检查会计处理是否正确。

3. 检查以分期付款方式购入固定资产等发生的应付款项。注册会计师应结合以分期付款方式购入固定资产的审计，完成以下检查：（1）检查长期应付款是否按应支付的金额确认；（2）结合合同的审查，检查是否按合约规定的付款条件按期支付价款；（3）检查会计处理是否正确。

4. 检查未确认融资费用。重新计算实际利率，并与被审计单位所计算确定的实际利率进行比较，检查被审计单位是否按照实际利率分摊未确认融资费用，分摊是否正确，相应的会计处理是否正确等。

5. 结合固定资产的审计，检查有无未入账的长期应付款。

6. 函证重大的长期应付款明细账户。

7. 检查各项长期应付款本息的计算是否准确，会计处理是否正确。

8. 检查长期应付款是否按照企业会计准则的规定恰当列报。

经典案例6-1

美国巨人零售公司低估应付账款审计案

美国巨人零售公司成立于1959年，是一家大型连锁折扣集团公司，公司自成立之日起快速发展，至1971年，共拥有112家零售批发商店。但1971年公司发生了重大损失，为了掩盖亏损真相，公司管理当局把250万美元的经营损失改为150万元收益，并提高了与之有关的流动比率和周转率。罗斯会计师事务所担任巨人零售公司1972年年报审计，并出具了无保留意见审计报告。该公司凭借罗斯会计师事务所的无保留意见审计报告向美国证券交易委员会申请并获准发行了300万美元的股票，并贷到了1 200万美元的流动资金。但1973年年初，罗斯会计师事务所撤回了其签发的无保留意见审计报告，1973年8月，该公司向波士顿法院提交破产申请，两年后法院宣告该公司破产。

该公司的舞弊方法——虚减应付账款。

1972年巨人公司对应付账款的蓄意调整如表6-6所示。

表6-6   **1972年巨人公司对应付账款的蓄意调整**

债权人	应付账款减少金额（万美元）	应付账款减少的理由
广告商	30	以前未入账的预付广告费
米尔布鲁克公司	25.7	折扣优惠,商品退回
罗兹斯盖尔公司	13	商品退回
健身器材公司	17	以前购进货物索价过高
健美产品制造商	16.3	商品退回

真相：

1. 预付广告费（30万美元）

公司虚构了1 100家广告商名单并称向他们预付了30万美元的广告费已达几个月之久，均忘了收集记录并记账。负责审计的罗斯会计师事务所只函证了24家广告公司，其中4家回函，得到预付广告费是错误的答复，但事务所并未深究。而另外抽查的20笔业务只要求提供证明文件。显然，会计师事务所无法因此获得充分、适当的审计证据。

2.假折扣折让（25.7万美元）

巨人零售公司财务副总裁共伪造了28个假的贷项通知单，以此抵减应付米尔布鲁克公司的25.7万美元账款。审计时，事务所的助理审计人员先后得到了三个不同的解释。最初，助理审计人员被告知，这些贷项通知单是因为商品退回所发出的。后来又解释说，25.7万美元是总购货折扣。最后又说，这笔金额是米尔布鲁克公司为使巨人零售公司成为它的长期客户而给予的折让优惠。事务所在取证过程中受到了阻碍，在电话调查时，巨人零售公司总是先打电话，而且没有实行回避。因此，事务所的取证工作受到了美国证券交易委员会的批评。

3.假退货（13万美元）

公司发出35份假贷项通知单，蓄意减少了13万美元应付罗兹斯盖尔公司的账款。事实是，当助理审计人员打电话给罗兹斯盖尔公司时，对方回答是并无任何商品曾被巨人零售公司退回。助理审计人员把这一事情报告给事务所合伙人。当事务所合伙人告知巨人零售公司这一通话内容时，该公司解释说是助理审计人员误解了通话内容，并断言确实有退货事实。并以两家公司将发生法律诉讼为由，拒绝事务所与罗兹斯盖尔公司联系，因此，事务所只以收到的巨人零售公司的一些信件作为证据，接受了该公司对贷项通知单的解释。

4.差价退款（17万美元）

巨人零售公司的管理部门曾向下属两个最大部门的经理米尔和来瑟施加压力，要求他们伪造一份名单，虚构几百个因进价过高而要求退款的事项，这笔金额大约有17万美元。事务所在电话求证过程中，同样允许巨人公司事先联系供应商，这使三个供应商被巨人零售公司说服并提供假证明。

5.伪造健美产品退回的虚假会计分录（16.3万美元）

最后，经过周密计划，巨人零售公司伪造了发给健美产品制造商的贷项通知单，用根本没有被确认的16.3万美元的商品退回来减少应付账款。很明显这些产品的退回从来没有发生过。罗斯会计师事务所没能充分调查这些项目。

思考：

（1）罗斯会计师事务所审计美国巨人零售公司的审计程序存在哪些问题，应如何纠正？

（2）结合本案例思考如何查找未入账的应付账款？

第二节 所有者权益项目的实质性程序

一、所有者权益的审计目标

所有者权益是企业投资者对企业净资产的所有权，包括投资者对企业投入资本以及企业存续过程中形成的资本公积、其他综合收益、盈余公积和未分配利润。根据资产负债表的平衡原理，所有者权益在数量上等于企业的全部资产减去全部负债后的余额，即企业净资产数额。如果注册会计师能够对企业的资产和负债进行充分审计，证明两者的期初余额、期末余额和本期变动都是正确的，这便从侧面为所有者权益的期末余额和本期变动的正确性提供了有力的证据。同时，由于所有者权益增减变动的业务较少、金额较大的特点，注册会计师在审计了企业的资产和负债之后，往往只需要花费相对较少的时间对所有者权益进行审计。尽管如此，在审计过程中，对所有者权益进行单独审计仍是十分必要的。

所有者权益项目的审计目标，如表6-7所示。

表6-7   所有者权益项目的审计目标

序号	审计目标	财务报表认定
1	确定资产负债表中记录的各项所有者权益在资产负债表日是否存在	存在
2	确定所有应当记录的各项所有者权益是否均已记录,有无遗漏	完整性
3	确定资产负债表中记录的各项所有者权益是否均为被审计单位投资者所拥有的权益	权利和义务
4	确定各项所有者权益是否以恰当的金额包括在财务报表中,与之相关的计价调整已恰当记录	计价和分摊
5	确定各项所有者权益是否已按照企业会计准则的规定在财务报表中做出恰当列报	列报

二、实收资本（股本）的实质性程序

实收资本是企业投资者以出资人身份向企业投入的资本，是企业设立的基础，股份有限公司称之为股本。实收资本（股本）的实质性程序通常包括：

1. 获取或编制实收资本（股本）明细表，复核加计是否正确，并与报表数、总账数和明细账合计数核对是否相符；以非记账本位币出资的，检查其折算汇率是否符合规定。

2. 检查与投入资本有关的原始凭证、会计记录，查明投资者是否按合同、协议、章程约定的时间和方式缴付出资额，需要验证的，是否已经注册会计师验证。若已验资，应检查验资报告。必要时向投资者函证实缴资本额，以确定投入资本的真实性。

3. 结合其他应收款等科目的审计，关注是否存在抽资或变相抽资的情况，如有，应取证核实，做恰当处理。

4. 检查被审计单位设立批文、章程、营业执照、董事会决议、股东会决议等法律性文件，确定账簿记录是否与法律文件一致。

5. 关注实收资本（股本）增减变动是否符合相关法规，会计处理是否正确。具体包括：（1）以盈余公积和未分配利润转增资本的，检查是否符合公司法的规定、相关增资手续是否办理及会计处理是否正确；（2）以资本公积转增资本的，检查是否符合公司法的规定、相关增资手续是否办理及会计处理是否正确。

6. 检查实收资本（股本）是否按照企业会计准则的规定恰当列报。

三、资本公积的实质性程序

资本公积是非经营性因素形成的不能计入实收资本（或股本）的所有者权益，主要包括投资者实际缴付的出资额超过其资本份额的差额（如资本溢价、股本溢价）和其他资本公积等。资本公积的实质性程序通常包括：

1. 获取或编制资本公积明细表，复核加计是否正确，并与报表数、总账数和明细账合计数核对是否相符。

2. 根据资本公积明细账，对资本溢价或股本溢价的发生额逐项审查至原始凭证；若首次接受委托，还应对明细项目的期初余额进行追溯查验。具体检查程序包括：（1）对资本溢价或股本溢价，应取得董事会会议纪要、股东会决议、有关合同、政府批文，追查至银行收款等原始凭证，结合相关科目的审计，检查会计处理是否正确；（2）对资本公积转增资本的，应取得股东会决议、董事会会议纪要、有关批文，检查资本公积转增资本是否符合有关规定，会计处理是否正确；（3）若有同一控制下企业合并，应结合长期股权投资科目，检查被审计单位（合并方）取得的被合并方所有者权益在最终控制方合并财务报表中的账面价值的份额与支付合并对价账面价值的差额计算是否正确，是否依次调整资本公积和留存收益。

3. 根据资本公积明细账，对其他资本公积的发生额逐项审查至原始凭证；若首次接受委托，还应对该明细项目的期初余额进行追溯查验。检查以权益法核算的被投资单位除净损益、其他综合收益以及利润分配以外的所有者权益的其他变动，被审计单位是否已按其享有的份额入账，会计处理是否正确。处置该项投资时，应注意是否已转销与其相关的资本公积。

4. 检查资本公积是否按照企业会计准则的规定恰当列报。

四、其他综合收益的实质性程序

其他综合收益是指企业根据会计准则规定未在当期损益中确认的各项利得和损失，主要包括按照权益法核算的在被投资单位可重分类进损益的其他综合收益变动中所享有的份额、可供出售金融资产公允价值变动形成的利得或损失、持有至到期投资重分类为可供出售金融资产形成的利得或损失、外币财务报表折算差额、自用房地产或作为存货的房地产转换为以公允价值模式计量的投资性房地产在转换日公允价值大于账面价值的部分。

其他综合收益的实质性程序主要包括：

1. 获取或编制其他综合收益明细表，复核加计是否正确，并与报表数、总账数和明细账合计数核对是否相符。

2. 根据其他综合收益明细账，对其他综合收益的发生额逐项审查至原始凭证。检查内容包括：（1）检查以权益法核算的被投资单位除净损益以外所有者权益的变动，被审计单位是否已按其享有的份额入账，会计处理是否正确；处置该项投资时，应注意是否已转销与其相关的其他综合收益。（2）检查可供出售金融资产公允价值变动形成的利得和损失是否计入其他综合收益，会计处理是否正确。（3）以自用房地产或存货转换为采用公允价值模式计量的投资性房地产，转换日的公允价值大于原账面价值的，检查其差额是否计入其他综合收益，会计处理是否正确。处置该项投资性房地产，原计入其他综合收益的部分是否已转销。（4）将持有至到期投资重分类为可供出售金融资产，或将可供出售金融资产重分类为持有至到期投资的，是否按相关规定调整其他综合收益，会计处理是否正确。检查可供出售金融资产的后续计量是否相应调整其他综合收益，会计处理是否正确。（5）外币财务报表折算差额是否进行了正确的会计处理。

3. 检查其他综合收益各项目，考虑对所得税的影响。

4. 检查其他综合收益是否已按照企业会计准则的规定在财务报表中做出恰当列报。

五、留存收益的实质性程序

（一）盈余公积的实质性程序

盈余公积是企业按照规定从净利润中提取的积累资金，是具有特定用途的留存收益，主要用于弥补亏损和转增资本，也可以按规定用于分配股利。盈余公积包括法定盈余公积和任意盈余公积。

盈余公积的实质性程序通常包括：

1. 获取或编制盈余公积明细表，复核加计是否正确，并与报表数、总账数及明细账合计数核对是否相符。

2. 获取与盈余公积变动有关的董事会会议纪要、股东会决议以及政府主管部门批复等文件资料，并与盈余公积明细表增减变动金额核对。

3. 检查法定盈余公积和任意盈余公积的发生额。具体内容包括：（1）检查法定盈余公积和任意盈余公积的计提顺序、计提基数、计提比例是否符合有关规定，会计处理是否正确；（2）取得董事会会议纪要、股东会决议，检查盈余公积的减少是否符合有关规定，会计处理是否正确。

4. 检查盈余公积是否按照企业会计准则的规定恰当列报。

（二）未分配利润的实质性程序

未分配利润是净利润分配后的剩余，即这部分利润没有分配给投资者，也未指定用途。年末未分配利润是企业当年净利润在弥补以前年度亏损、提取盈余公积以后加上上年年末未分配利润，再扣除向投资者分配的利润后的结余额，是企业留存于以后年度分配的利润，是企业历年积存的利润分配后的余额。

未分配利润的实质性程序通常包括：

1. 获取或编制未分配利润明细表，复核加计是否正确，与报表数、总账数和明细账合计数核对是否相符。

2. 将未分配利润明细表的年初数与上年审定数核对是否相符，检查涉及会计政策变更、前期差错更正的董事会会议纪要、股东会决议及相关文件资料，查明调整后的年初未分配利润是否正确。

3. 检查以前年度损益调整的内容是否真实、合理，注意对以前年度所得税的影响。对重大调整事项应逐项核实其发生原因、依据和有关资料，复核数据的正确性。

4. 将未分配利润明细表的本期净利润与审定后的利润表核对，获取与利润分配有关的董事会会议纪要、股东会决议，对照有关规定确认利润分配的合法性，并根据审定后的净利润等项目重新计算。

5. 了解本年利润弥补以前年度亏损的情况，确定本期末未弥补亏损金额。如果超过弥补期限，且已因抵扣亏损而确认递延所得税资产的，应当进行调整。

6. 检查未分配利润是否按照企业会计准则的规定恰当列报。

经典案例6-2

海南民源现代农业发展股份有限公司虚增资本公积审计案

1988年7月海南民源现代农业发展股份有限公司在海口注册成立。1992年9月，在全国证券交易自动报价（STAQ）系统中募集法人股3 000万股，实收股本3 000万元。1993年4月30日，以琼民源A股（证券代码：0508）的名义在深圳上市，成为当时在深圳上市的5家异地企业之一。上市后的第二年，"琼民源"公司便开始走下坡路，经营业绩不挂，其股票无人问津，在1995年公布的年报中，"琼民源"每股收益不足0.001元，年报公布日（1996年4月30日）其股价仅为3.65元。但从1996年7月1日起，"琼民源"的股价以4.45元起步，在短短几个月内股价已蹿升至20元，翻了数倍。在被某些无形之手悉心把玩之后，"琼民源"成了创造1996年中国股市神话中的一匹"大黑马"。

经过一番精心包装之后，1997年1月22日和2月1日，琼民源在《证券时报》上刊登的年度报告和补充公告称，1996年该公司实现利润5.7亿余元，资本公积增加6.57亿元。年报显示：每股收益0.867元，净利润比去年同比增长1 290.68倍，分配方案为每10股转送9.8股。年报一公布，"琼民源"股价便飙升至26.18元。琼民源由垃圾股变成了投资者追捧的"绩优股"，该公司股价波动异常。从1996年4月1日的2.08元，涨至1997年1月的26.18元。

1997年3月，琼民源公司全部董事在讨论琼民源利润分配的股东大会上集体辞职，导致琼民源无人申请复牌。为此，国务院证券委会同审计署、中国人民银行、中国证监会组成联合调查组，对琼民源公布的1996年公司业绩进行了调查。

琼民源业绩的突变，引起管理层和投资者的疑虑。1998年4月29日，由有关部门组成的调查组进行了长达一年多的调查之后，公布：琼民源1996年年度报告和补充公告所称1996年"实现利润5.7亿余元"、"资本公积增加6.57亿元"的内容严重失实，虚构利润5.4亿元，虚增资本公积6.57亿元。其中5.4亿元虚构利润是琼民源在未取得土地使用权的情况下，通过与关联公司及他人签订的未经国家有关部门批准的合作建房、权益转让等无效合同编造的；而6.57亿元资本公积是琼民源在未取得土地使用权，未经国家有关部门批准立项和确认的情况下，对四个投资项目的资产评估而编造的。

琼民源的上述行为，严重违反《股票发行与交易管理暂行条例》、《禁止证券欺诈行为暂行办法》以及国家土地管理制度和会计制度，欺骗股东和社会公众，其行为误导了广大投资者，严重损害琼民源股东和社会公众的合法权益，在社会上造成了极其恶劣的影响，已涉嫌构成向股东和社会公众提供虚假财务报告的犯罪行为。1998年11月，北京市第一中级人民法院就"琼民源案"做出一审判决：琼民源原任董事长马玉和因犯提供虚假财务会计报告罪，被判处有期徒刑三年；公司聘用会计班文昭也以同样的罪名被判处有期徒刑两年，缓刑两年。据悉，这是1997年10月实施新刑法后，首次使用证券犯罪条款判处的个案。在查处案件的同时，监管部门着手琼民源重组工作。

为琼民源出具1996年年度财务审计报告和资产评估报告的两家会计师事务所，因其所出具的文件含有虚假、严重误导性内容，亦构成虚假陈述行为。对中华会计师事务所处以警告，暂停其从事证券业务资格6个月，对该事务所在琼民源财务审计报告上签字的注册会计师，暂停其从事证券业务资格3年。对海南大正会计师事务所罚款30万元，暂停其从事证券相关资产评估业务的资格6个月，对负有直接责任的注册会计师，暂停其从事证券业务资格3年。

思考：该案件对注册会计师审计产生了哪些深远的影响？注册会计师应从中吸取哪些经验与教训？

本章小结

权益类项目的实质性程序的内容构成如图6-1所示。

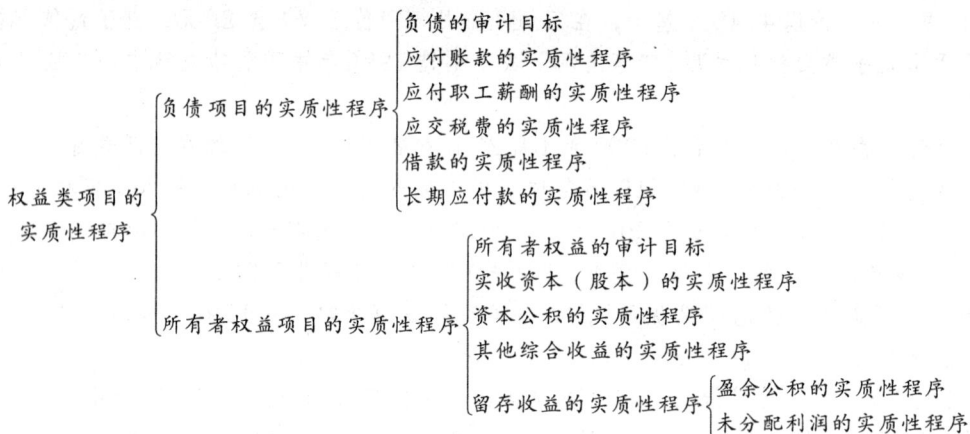

$$
\text{权益类项目的实质性程序}\begin{cases}
\text{负债项目的实质性程序}\begin{cases}
\text{负债的审计目标}\\
\text{应付账款的实质性程序}\\
\text{应付职工薪酬的实质性程序}\\
\text{应交税费的实质性程序}\\
\text{借款的实质性程序}\\
\text{长期应付款的实质性程序}
\end{cases}\\
\text{所有者权益项目的实质性程序}\begin{cases}
\text{所有者权益的审计目标}\\
\text{实收资本（股本）的实质性程序}\\
\text{资本公积的实质性程序}\\
\text{其他综合收益的实质性程序}\\
\text{留存收益的实质性程序}\begin{cases}\text{盈余公积的实质性程序}\\\text{未分配利润的实质性程序}\end{cases}
\end{cases}
\end{cases}
$$

图6-1　权益类项目的实质性程序的内容构成

同步测试

一、不定项选择题

1. 对查找未入账的应付账款最无效的方法是（　　）。
A.检查资产负债表日未处理的不相符的购货发票
B.函证应付账款
C.检查资产负债表日后收到的购货发票
D.检查资产负债表日后应付账款明细账贷方发生额的相应凭证

2. 审查应付款项时，注册会计师往往要结合被审计单位的实际情况，选择适当的方法对应付款项进行实质性分析程序。一般来说，实质性分析程序的内容包括（　　）。
A. 将本期期末应付账款余额与期初余额进行比较，分析波动的原因
B. 将本期各月应付账款余额进行比较，分析变动的趋势是否正常
C. 计算应付账款对存货以及对流动负债的比率，并与以前期间对比分析
D. 分析存货、营业成本的增减变动幅度，判断应付账款增减变动的合理性

3. 有关应付账款检查的程序中，注册会计师可将（　　）全部托付给客户的员工来做。
A.测试应付账款明细账的小计　　B.调整未付发票和卖方对账单

C.编制应付账款账龄分析表　　D.确定函证的客户名单

4. 注册会计师最有可能证实已记录应付账款存在的审计程序是（　　）。

A. 从应付账款明细账追查至购货合同、购货发票和入库单等凭证

B. 检查采购文件以确定是否使用预先编号的采购单

C. 抽取购货合同、购货发票和入库单等凭证，追查至应付账款明细账

D. 向供应商函证零余额的应付账款

5. 为证实被审计单位应付账款的发生和偿还记录是否完整，应实施适当的审计程序，以查找未入账应付账款。可以实现上述审计目标的审计程序有（　　）。

A. 结合存货监盘，检查被审计单位在资产负债表日是否存在材料入库但未收到购货发票的业务

B. 抽查被审计单位本期应付账款明细账贷方发生额，核对相应的购货货票和验收单据，确认其入账时间是否正确

C. 检查被审计单位资产负债表日后收到的购货发票，确认其入账时间是否正确

D. 检查被审计单位资产负债表日后应付账款明细账借方发生额的相应凭证，确认其入账时间是否正确

二、判断题

1. 由于函证不能保证查出未记录的应付账款，所以一般情况下，并不必须函证应付账款。　　（　　）

2. 在验证应付账款余额不存在漏报时，供应商开具的销售发票是证明力最强的审计证据。　　（　　）

3. 在确定应付账款金额是否正确时，注册会计师应将供应商发票、验收报告或入库单等进行核对。　　（　　）

4. 当工薪部门记录的工时与生产部门记录的工时不符时，工薪费用计算可能存在错报，注册会计师应以工薪部门的记录为基础，对工薪费用进行调整。　　（　　）

5. 对于非货币性福利，注册会计师应关注其成本是否正确，是否按受益对象计入相关资产的成本或当期损益。　　（　　）

6. 注册会计师应检查应付职工薪酬的期后支付情况，以判断应付职工薪酬的截止是否正确。　　（　　）

7. 在审计应交税费时，注册会计师应当依据税收法规的规定，复核各项应交税费的计算是否正确。　　（　　）

8. 注册会计师应详细检查长期应付款明细账，并追查至原始凭证，以判断有无未入账的长期应付款。　　（　　）

9. 对于重大的长期应付款，注册会计师必须执行函证程序。　　（　　）

10. 实收资本审计的重点应在于检查实收资本业务是否真实、合法，会计处理是否正确。　　（　　）

11. 由于有关实收资本、资本公积的业务不多，且金额较大，注册会计师应逐项检查，并追查至原始凭证。　　（　　）

12. 董事会会议纪要、股东会决议等是进行盈余公积发生额审计的重要依据。　　（　　）

13. 其他综合收益多与公允价值计量有关，因此审计时应结合交易性金融资产等以公允价值进行后续计量的资产项目审计进行。 （ ）

14. 由于会计政策、会计估计变更及前期差错更正会涉及期初留存收益的调整，所以注册会计师应检查以前年度损益调整的内容，复核相关数据的正确性。 （ ）

15. 本期净利润应是审定后的净利润，检查本期净利润的分配，注册会计师应获取有关利润分配的董事会会议纪要、股东会决议等审计证据。 （ ）

三、分析题

1. 注册会计师王军在对北方公司 2014 年度财务报表进行审计时，发现该公司可能存在下列导致错报的情况：

（1）已列入存货的发给大华公司代销的商品可能并不存在；

（2）期末存货的盘点可能存在较大的差错；

（3）当年对应收账款所提的坏账准备可能不正确；

（4）可能存在未入账的应付账款；

（5）长期借款中可能存在有一年内将要到期的部分。

要求：根据上述情况填列表 6-8。

表 6-8 管理层的认定和审计目标

情况序号	管理层的认定	审计目标
1		
2		
3		
4		
5		

2. 注册会计师李某在对 ABC 公司 2014 年度的财务报表进行审计时，发现以下事项：

（1）2014 年 5 月 6 日，购进立柜式空调一台，价值 8 700 元，该公司将其列为"低值易耗品"核算，并分 12 个月摊销，本年度已摊销 5 800 元；

（2）该公司将已没收的押金 5 000 元，通过"其他应付款"挂账；

（3）该公司将本年度的房租收入 10 000 元，以"预收账款"挂账。

请分析以上事项存在哪些问题？应如何进行审计调整？（假定注册会计师根据 ABC 公司的折旧政策，将空调的折旧年限定为 5 年。公司适用的企业所得税税率为 25%）

3. 注册会计师张平正在对振兴有限责任公司 2014 年度财务报表进行审计，在审计该公司的投资与筹资循环时发现以下问题：

（1）振兴公司对某化工设备公司进行联营投资，本年度共分得联营投资利润 83.72 万元。振兴公司与该化工设备公司协商，将应得的 60 万元联营利润不划转振兴公司，而以该化工设备公司"应付利润"账户挂账，直接转作振兴公司的联营投资。会计分录为：

借：应付利润 600 000

    贷：实收资本——振兴公司 600 000

振兴公司授意该化工设备公司将联营利润的剩余部分 23.72 万元由"应付利润"账户转入"其他应付款"账户。此后，振兴公司根据自己的需要，从该化工设备公司提取现金。

（2）振兴公司于2014年1月1日，购买ABC公司发行的普通股股票16 000股，每股价格为20元，另支付交易税费5 000元。年终收到分得的现金股利63 000元，振兴公司做了如下的会计处理：

借：银行存款　　　　　　　　　　　　　　　　　　　　　　　　　63 000
　贷：其他应付款　　　　　　　　　　　　　　　　　　　　　　　　　63 000

此外，振兴公司将出售兴中股份有限公司的普通股股票20 000股的收益380 000元，先记入"其他应付款"账户，然后再转入"应付职工薪酬"账户。

（3）振兴公司于2014年1月1日折价购入某公司2年期债券，面值40万元，实际买入价38万元，交易税费5 000元，年利率为10%。振兴公司未按权责发生制原则计提利息收入。

（4）振兴公司在12月月初已完成了全年的生产任务，利用年终前时间进行设备维修和保养，在停产停工期间共发生有关费用30万元，该公司将该笔损失全部计入"营业外支出"账户。

（5）振兴公司在12月份以更新设备的名义淘汰了6台正常运转的机器设备，设备原值90万元，已提折旧50万元，会计处理如下：

借：固定资产清理——机器设备　　　　　　　　　　　　　　　　400 000
　累计折旧　　　　　　　　　　　　　　　　　　　　　　　　500 000
　贷：固定资产——机器设备　　　　　　　　　　　　　　　　　　900 000
借：营业外支出——处置固定资产损失　　　　　　　　　　　　　400 000
　贷：固定资产清理——机器设备　　　　　　　　　　　　　　　　400 000

（6）振兴公司因非法经营被查处，没收违法生产经营产品100万元，该公司将其全部计入"营业外支出"账户，在计算应纳企业所得税时未做纳税调整。

要求：

（1）为查出以上事项，张平可能执行了哪些审计程序？

（2）振兴公司采用了哪些操纵利润的手段？

（3）上述审计差异应如何处理？

第七章 损益类项目的实质性程序

【学习目标】

1. 明确营业收入的审计目标，掌握营业收入的实质性程序。

2. 明确营业成本等成本费用项目的审计目标，掌握营业成本等成本费用项目的实质性程序。

3. 明确投资收益、营业外收支和所得税费用的审计目标，掌握投资收益、营业外收支和所得税费用的实质性程序。

第一节 营业收入的实质性程序

一、营业收入的审计目标

营业收入是指企业在销售商品、提供劳务、让渡资产使用权等日常经营活动中取得的收入，包括主营业务收入和其他业务收入。营业收入的审计目标，如表7-1所示。

表7-1   营业收入的审计目标

序号	审计目标	财务报表认定
1	确定利润表中记录的营业收入是否已发生，且与被审计单位有关	发生
2	确定所有应当记录的营业收入是否均已记录	完整性
3	确定与营业收入有关的金额及其他数据是否已恰当记录，包括对销售退回、销售折扣与折让的处理是否适当	准确性
4	确定营业收入是否已记录于正确的会计期间	截止
5	确定营业收入的内容是否正确	分类
6	确定营业收入是否已按照企业会计准则的规定在财务报表中做出恰当的列报	列报

二、营业收入的实质性程序

（一）主营业务收入的实质性程序

主营业务收入是指企业在销售商品、提供劳务等主营业务活动中所取得的收入。主营业务收入的实质性程序通常包括：

1. 获取或编制主营业务收入明细表，复核加计是否正确，并与总账数和明细账合计数核对是否相符，结合其他业务收入科目与报表数核对是否相符。

2. 检查主营业务收入的分类是否准确，前后期是否一致。

3. 实施实质性分析程序。具体程序包括：（1）将本期主营业务收入与上期主营业务收入进行比较，分析产品销售的结构和价格是否异常，并分析异常变动的原因；（2）计算本期重要产品的毛利率，与上期比较，检查是否存在异常，各期之间是否存在重大波动，查明原因；（3）比较本期各类主营业务收入的波动情况，分析其变动趋势是否正常，是否符合被审计单位季节性、周期性的经营规律，查明异常现象和重大波动的原因；（4）将本期重要产品的毛利率与同行企业进行对比分析，检查是否存在异常；（5）结合应交税费项目的审计，根据增值税纳税申报表，估算全年收入，与实际收入金额比较。

注册会计师可以通过编制业务/产品销售分析表和月度毛利率分析表进行上述分析。业务/产品销售分析表和月度毛利率分析表的格式，如表7-2和表7-3所示。

表7-2　　　　　　　　　　　　　　　　**业务/产品销售分析表**

被审计单位：＿＿＿＿＿＿＿＿＿＿＿＿＿＿＿　索引号：＿＿＿＿＿＿＿＿＿＿＿＿＿＿

项目：＿＿＿＿＿＿＿＿＿＿＿＿＿＿＿＿＿＿　截止日/期间：＿＿＿＿＿＿＿＿＿＿＿＿

编制：＿＿＿＿＿＿＿＿＿＿＿＿＿＿＿＿＿＿　复核：＿＿＿＿＿＿＿＿＿＿＿＿＿＿＿＿

日期：＿＿＿＿＿＿＿＿＿＿＿＿＿＿＿＿＿＿　日期：＿＿＿＿＿＿＿＿＿＿＿＿＿＿＿＿

收入类别/产品名称	本期数				上期数				变动幅度			
	数量	主营业务收入	主营业务成本	毛利率	数量	主营业务收入	主营业务成本	毛利率	数量	主营业务收入	主营业务成本	毛利率
合　计												

审计说明：

表7-3　　　　　　　　　　　　　　　　**月度毛利率分析表**

被审计单位：＿＿＿＿＿＿＿＿＿＿＿＿＿＿＿　索引号：＿＿＿＿＿＿＿＿＿＿＿＿＿＿

项目：＿＿＿＿＿＿＿＿＿＿＿＿＿＿＿＿＿＿　截止日/期间：＿＿＿＿＿＿＿＿＿＿＿＿

编制：＿＿＿＿＿＿＿＿＿＿＿＿＿＿＿＿＿＿　复核：＿＿＿＿＿＿＿＿＿＿＿＿＿＿＿＿

日期：＿＿＿＿＿＿＿＿＿＿＿＿＿＿＿＿＿＿　日期：＿＿＿＿＿＿＿＿＿＿＿＿＿＿＿＿

月份	本期数				上期数				变动幅度
	主营业务收入	主营业务成本	毛利	毛利率	主营业务收入	主营业务成本	毛利	毛利率	
1									
2									
3									

月份	本期数	上期数	变动幅度	主营业务收入	主营业务成本	毛利	毛利率	主营业务收入	主营业务成本
4									
5									
6									
7									
8									
9									
10									
11									
12									
合　计									

审计说明：

　　4. 检查主营业务收入的确认方法是否符合企业会计准则的规定，前后期是否一致；关注周期性、偶然性的收入是否符合既定的收入确认方法。应注意检查有无特殊的销售行为，如委托代销、分期收款销售、商品需要安装和检验的销售、附有退回条件的销售、售后租回、售后回购、以旧换新、出口销售等，其会计处理是否符合企业会计准则的规定。

　　5. 获取产品价格目录，抽查售价是否符合价格政策，并注意销售给关联方或关系密切的重要客户的产品价格是否合理，相互之间有无转移利润的现象。

　　6. 抽取若干张发货单，审查出库日期、品名、数量等是否与发票、销售合同、记账凭证等一致。

　　7. 抽取若干张记账凭证，审查入账日期、品名、数量、单价、金额等是否与发票、发货单、销售合同等一致。

　　8. 结合对应收账款项目的审计，选择主要客户函证本期销售额。

　　9. 对于出口销售，应当将销售记录与出口报关单、货运提单、销售发票等出口销售单据进行核对，必要时向海关函证。

　　10. 实施对销售的截止测试。具体程序包括：（1）通过测试资产负债表日前后若干天、大于一定金额的发货单据，与主营业务收入明细账进行核对。同时，从主营业务收入明细账选取在资产负债表日前后若干天、大于一定金额的凭证，与发货单据核对，以确定销售是否存在跨期现象。（2）复核资产负债表日前后的销售和发货水平，确定业务活动水平是否异常（如与正常水平相比），并考虑是否有必要追加截止测试程序。（3）取得资产负债表日后所有的销售退回记录，检查是否存在提前确认收入的情况。（4）结合对资产负债表日应收账款的函证程序，检查有无未取得对方认可的大额销售。

　　11. 检查以非记账本位币结算的主营业务收入的折算汇率及折算金额是否正确。

　　12. 存在销售退回的，结合原始销售凭证检查其会计处理是否正确。

13. 检查销售折扣与折让。具体程序包括：（1）获取或编制折扣与折让明细表，复核加计是否正确，并与明细账合计数核对相符；（2）取得被审计单位有关折扣与折让的具体规定和其他文件资料，并抽查较大的折扣与折让发生额的授权批准情况，与实际执行情况进行核对，检查其是否经授权批准，是否合法、真实；（3）销售折扣与折让是否及时足额地提交对方，有无虚设中介、转移收入、私设账外"小金库"等情况；（4）检查折扣与折让的会计处理是否正确。

14. 检查主营业务收入是否按照企业会计准则的规定恰当列报。

（二）其他业务收入的实质性程序

其他业务收入是指除主营业务活动以外的其他经营活动实现的收入，包括出租固定资产、出租无形资产、出租包装物和商品、销售材料等实现的收入。其他业务收入的实质性程序通常包括：

1. 获取或编制其他业务收入明细表，复核加计是否正确，并与总账数和明细账合计数核对是否相符，结合主营业务收入科目与报表数核对是否相符。

2. 检查会计凭证等相关资料，分析交易的实质，确定其是否符合收入确认的条件，并检查其会计处理是否正确。

3. 询问被审计单位废料处理情况，关注其销售废料收入是否已按照规定进行了会计处理。

4. 以材料进行非货币性资产交换的，检查确定其是否具有商业实质且公允价值能够可靠计量。

5. 必要时，从其他业务收入明细账选取在资产负债表日前后若干天、大于一定金额的凭证，与发货单据核对，以确定其他业务收入是否存在跨期现象。

6. 检查其他业务收入是否按照企业会计准则的规定恰当列报。

第二节 成本费用的实质性程序

一、营业成本的实质性程序

（一）营业成本的审计目标

营业成本是指企业从事对外销售商品、提供劳务等主营业务活动和销售材料、出租固定资产、出租无形资产、出租包装物等其他经营活动所发生的实际成本。营业成本的审计目标，如表7-4所示。

表7-4　　　　　　　　　　　营业成本的审计目标

序号	审计目标	财务报表认定
1	确定利润表中记录的营业成本是否已发生,且与被审计单位有关	发生
2	确定所有应当记录的营业成本是否均已记录	完整性
3	确定与营业成本有关的金额及其他数据是否已恰当记录	准确性
4	确定营业成本是否已记录于正确的会计期间	截止
5	确定营业成本的内容是否正确,营业成本与营业收入是否配比	分类
6	确定营业成本是否已按照企业会计准则的规定在财务报表中做出恰当的列报	列报

（二）主营业务成本的实质性程序

主营业务成本的实质性程序通常包括：

1. 获取或编制主营业务成本明细表，复核加计是否正确，并与总账数和明细账合计数核对是否相符，结合其他业务成本科目与报表数核对是否相符。

2. 编制主营业务成本与上年度比较分析表和主要产品单位主营业务成本分析表，比较本期与上期各月主营业务成本的波动趋势，并查明异常情况的原因。

主营业务成本与上年度比较分析表和主要产品单位主营业务成本分析表的格式，如表7-5和表7-6。

表7-5   **主营业务成本与上年度比较分析表**

被审计单位：＿＿＿＿＿＿＿＿＿＿＿＿　　索引号：＿＿＿＿＿＿＿＿＿＿＿＿＿

项目：＿＿＿＿＿＿＿＿＿＿＿＿＿＿　　截止日/期间：＿＿＿＿＿＿＿＿＿＿＿

编制：＿＿＿＿＿＿＿＿＿＿＿＿＿＿　　复核：＿＿＿＿＿＿＿＿＿＿＿＿＿＿

日期：＿＿＿＿＿＿＿＿＿＿＿＿＿＿　　日期：＿＿＿＿＿＿＿＿＿＿＿＿＿＿

产品类别	本年度			上年度			差额			索引号	备注
	数量	总成本	平均单位成本	数量	总成本	平均单位成本	数量	总成本	平均单位成本		

审计说明：

表7-6   **主要产品单位主营业务成本分析表**

被审计单位：＿＿＿＿＿＿＿＿＿＿＿＿　　索引号：＿＿＿＿＿＿＿＿＿＿＿＿＿

项目：＿＿＿＿＿＿＿＿＿＿＿＿＿＿　　截止日/期间：＿＿＿＿＿＿＿＿＿＿＿

编制：＿＿＿＿＿＿＿＿＿＿＿＿＿＿　　复核：＿＿＿＿＿＿＿＿＿＿＿＿＿＿

日期：＿＿＿＿＿＿＿＿＿＿＿＿＿＿　　日期：＿＿＿＿＿＿＿＿＿＿＿＿＿＿

月份	产品A		产品B		产品C		产品……	
	单位营业成本	与全年平均数差额	单位营业成本	与全年平均数差额	单位营业成本	与全年平均数差额	单位营业成本	与全年平均数差额
1								
2								
3								
4								
5								
6								
7								
8								

续表

月份	产品A	产品B	产品C	产品……	单位营业成本	与全年平均数差额	单位营业成本	与全年平均数差额
9								
10								
11								
12								
全年平均								

审计说明：

3. 检查主营业务成本的内容和计算方法是否符合企业会计准则的规定，前后期是否一致。

4. 编制主营业务成本倒轧表，并与相关科目交叉索引。主营业务成本倒轧表如表7-7所示。

表7-7　　　　　　　　　　　主营业务成本倒轧表

被审计单位：＿＿＿＿＿＿＿　　索引号：＿＿＿＿＿＿＿
项目：＿＿＿＿＿＿＿　　截止日/期间：＿＿＿＿＿＿＿
编制：＿＿＿＿＿＿＿　　复核：＿＿＿＿＿＿＿
日期：＿＿＿＿＿＿＿　　日期：＿＿＿＿＿＿＿

存货种类	未审数	审定数	索引号
期初原材料余额			
加:本期购货净额			
减:期末原材料余额			
减:其他原材料发出额			
直接材料成本			
加:直接人工成本			
加:制造费用			
产品生产成本			
加:在产品期初余额			
减:在产品期末余额			
减:其他在产品发出额			
库存商品成本			
加:库存商品期初余额			
减:库存商品期末余额			
减:其他库存商品发出额			
主营业务成本			

审计说明：

5. 抽查若干月主营业务成本结转明细清单，比较计入主营业务成本的品种、规格、数量和主营业务收入的口径是否一致。

6. 针对主营业务成本中的重大调整事项（如销售退回）、非常规项目，检查相关原始凭证以及会计处理是否正确。

7. 结合期间费用的审计，检查被审计单位是否通过将应计入生产成本的支出计入期间费用，或将应计入期间费用的支出计入生产成本等手段调节生产成本，从而调节主营业务成本。

8. 结合对主营业务收入和存货项目实施的截止测试，检查是否存在已发货并确认收入、但未结转主营业务成本，或未发货亦未确认收入、但已结转主营业务成本的情况。

9. 检查主营业务成本是否按照企业会计准则的规定恰当列报。

（三）其他业务成本的实质性程序

其他业务成本的实质性程序通常包括：

1. 获取或编制其他业务成本明细表，复核加计是否正确，并与总账数和明细账合计数核对相符，结合主营业务成本科目与报表数核对相符。

2. 与上期其他业务收入或其他业务成本比较，检查是否有重大波动，如有，应查明原因。

3. 抽查其他业务成本的原始凭证，检查其会计处理是否正确。关注与其他业务收入相关的税费是否计入该科目。

4. 结合对其他业务收入的截止测试，检查其他业务成本是否存在跨期事项。

5. 检查其他业务成本是否按照企业会计准则的规定恰当列报。

二、营业税金及附加的实质性程序

（一）营业税金及附加的审计目标

营业税金及附加是指企业由于销售产品、提供劳务等负担的税金及附加，包括消费税、营业税、资源税、城市维护建设税和教育费附加，以及与投资性房地产相关的房产税、土地使用税等。对营业税金及附加的实质性程序，应在查明被审计单位应缴纳税种的基础上，结合"营业税金及附加"总账、明细账与有关原始凭证，以及与该账户对应的"应交税费"等账户实施，必要时，应向有关部门、单位和人员进行查询。营业税金及附加的审计目标，如表7-8所示。

表7-8 营业税金及附加的审计目标

序号	审计目标	财务报表认定
1	确定利润表中记录的营业税金及附加是否已发生,且与被审计单位有关	发生
2	确定所有应当记录的营业税金及附加是否均已记录	完整性
3	确定与营业税金及附加有关的金额及其他数据是否已恰当记录	准确性
4	确定营业税金及附加是否记录于正确的会计期间	截止
5	确定营业税金及附加的内容是否正确	分类
6	确定营业税金及附加是否已按照企业会计准则的规定在财务报表中做出恰当的列报	列报

(二)营业税金及附加的实质性程序

营业税金及附加的实质性程序通常包括:

1.获取或编制营业税金及附加明细表,复核加计是否正确,并与报表数、总账数和明细合计数核对是否相符。

2.结合应交税费项目的审计,复核其钩稽关系。

3.检查营业税金及附加是否按照企业会计准则的规定恰当列报。

三、期间费用的实质性程序

(一)期间费用的审计目标

期间费用是指企业发生的销售费用、管理费用和财务费用,其审计目标如表7-9所示:

表7-9 期间费用的审计目标

序号	审计目标	财务报表认定
1	确定利润表中记录的期间费用是否已发生,且与被审计单位有关	发生
2	确定所有应当记录的期间费用是否均已记录	完整性
3	确定与期间费用有关的金额及其他数据是否已恰当记录	准确性
4	确定期间费用是否已记录于正确的会计期间	截止
5	确定期间费用的内容是否正确	分类
6	确定期间费用是否已按照企业会计准则的规定在财务报表中做出恰当的列报	列报

(二)销售费用的实质性程序

销售费用是指企业在销售商品和材料、提供劳务的过程中发生的各种费用,其实质性程序通常包括:

1.获取或编制销售费用明细账,复核加计是否正确,并与报表数、总账数和明细账合计数核对是否相符。同时,将销售费用的工薪费用、折旧费等与相关的资产、负债科目核对,检查其钩稽关系是否合理。

2.实施实质性分析程序。具体程序包括:(1)计算分析各个月份销售费用总额及主要项目金额占主营业务收入的比率,并与上期进行比较,判断变动的合理性;(2)计算分析各个月份销售费用中主要项目的发生额及其占销售费用总额的比率,并与上期进行比较,判断其变动的合理性。

3.检查销售费用明细项目是否与被审计单位销售商品和材料、提供劳务以及专设的销售机构发生的费用有关。

4.检查销售佣金支出是否符合规定,是否取得有效的原始凭证。如超过规定限额,是否按规定进行了纳税调整。

5.检查广告费、业务宣传费、业务招待费的支出是否合理,审批手续是否健全,是否取得有效的原始凭证。如超过规定限额,是否在计算应纳税所得额时进行了调整。

6.结合预计负债项目审计，检查由产品质量保证产生的预计负债，是否按确定的金额进行会计处理。

7.选择重要或异常的销售费用，检查销售费用各项目开支标准是否符合有关规定，开支内容是否与被审计单位的产品销售或专设销售机构的经费有关，计算是否正确，原始凭证是否合法，会计处理是否正确。

8.抽取资产负债表日前后若干天、若干张凭证，实施截止测试，若存在异常迹象，应考虑是否有必要追加审计程序。

9.检查销售费用是否按照企业会计准则的规定恰当列报。

（三）管理费用的实质性程序

管理费用是指企业为组织和管理企业生产经营所发生的各种费用，其实质性程序通常包括：

1.获取或编制管理费用明细表，复核加计是否正确，并与报表数、总账数和明细账合计数核对是否相符。同时，将管理费用中的职工薪酬、折旧费、无形资产摊销等项目与各有关账户进行核对，分析其钩稽关系是否合理。

2.实施实质性分析程序。具体程序包括：（1）计算分析管理费用中各项目发生额及其占费用总额的比率，将本期、上期管理费用各主要明细项目做比较分析，判断其变动的合理性；（2）将管理费用实际发生金额与预算金额进行比较；（3）比较本期各月份管理费用，对有重大波动和异常情况的项目应查明原因，必要时做适当处理。

3.检查管理费用明细项目的设置是否符合规定的核算内容与范围，结合成本费用的审计，检查是否存在费用分类错误。

4.检查公司经费（包括行政管理部门职工薪酬、物料消耗、低值易耗品摊销、办公费和差旅费）是否系经营管理中发生或应由公司统一负担，检查相关费用报销内部管理办法，是否有合法原始凭证支持。

5.查阅相关董事会及股东会决议，检查董事会费（包括董事会成员津贴、会议费用和差旅费等）是否在合规范围内开支，是否有合法原始凭证支持。

6.查阅相关合同，检查聘请中介机构费、咨询费（含顾问费）是否按合同规定支付。

7.检查诉讼费用是否有合法原始凭证支持。

8.检查业务招待费的支出是否合理，审批手续是否健全，是否取得有效的原始凭证，在计算应纳税所得额时是否进行了调整。

9.复核本期发生的矿产资源补偿费、房产税、土地使用税、印花税等税费计算是否正确。

10.结合相关资产的检查，确认筹建期间发生的开办费（包括人员工资、办公费、培训费、差旅费、印刷费、注册登记费以及不计入固定资产成本的借款费用等）是否直接计入管理费用。

11.针对特殊行业，检查排污费等环保费用是否合理计提。

12.选择重要或异常的管理费用，检查费用的开支标准是否符合有关规定，计算是否正确，原始凭证是否合法，会计处理是否正确。

13.抽取资产负债表日前后若干天、若干张凭证，实施截止测试。若存在异常迹象，考虑是否有必要追加审计程序。

14.检查管理费用是否按照企业会计准则的规定恰当列报。

（四）财务费用的实质性程序

财务费用是指企业为筹集生产经营所需资金等而发生的筹资费用，其实质性程序通常包括：

1.获取或编制财务费用明细表，复核加计是否正确，并与报表数、总账数和明细账合计数核对是否相符。

2.实施实质性分析程序。具体程序包括：（1）将本期财务费用各明细项目与上期进行对比，必要时比较本期各月份财务费用，如有重大波动和异常情况应追查原因；（2）计算借款平均实际利率并与以前年度及市场平均利率相比较；（3）根据借款平均余额、平均利率测算当期利息费用和应付利息，并与账面记录进行比较；（4）根据银行存款平均余额和存款平均利率复核利息收入。

3.检查财务费用明细项目的设置是否符合规定的核算内容与范围，是否划清财务费用与其他费用的界限。

4.检查利息支出。检查内容包括：（1）结合短期借款审计，检查各项借款期末应计利息有无入账，财务费用中是否包括为购建或生产满足资本化条件的资产发生的应予资本化的借款费用；（2）审查现金折扣的会计处理是否正确；（3）结合长期应付款等项目的审计，针对融资租入固定资产、购入价款超过正常信用条件延期支付、实质上具有融资性质的有关资产，检查财务费用的金额是否正确；（4）检查票据贴现息的计算与会计处理是否正确；（5）检查采用实际利率法分期摊销未确认融资费用时计入财务费用的金额是否正确。

5.检查利息收入的原始凭证，特别关注：（1）分期收款、实质上具有融资性质的销售商品或提供劳务，采用实际利率法按期计算确定的利息收入是否正确；（2）从其他企业或非银行金融机构取得的利息收入是否按规定计缴营业税。

6.检查汇兑损益的计算方法和所用汇率是否正确，前后期是否一致。

7.检查"财务费用——其他"项目的原始凭证。

8.抽取资产负债表日前后若干天、若干张凭证，实施截止测试，若存在异常迹象，考虑是否有必要追加审计程序。

9.检查财务费用是否按照企业会计准则的规定恰当列报。

第三节　其他损益项目的实质性程序

一、投资收益的实质性程序

（一）投资收益的审计目标

投资收益是指企业在投资活动中取得的各项收益，包括债权投资的利息收入、权益投资的股利收入，以及权益法核算的长期股权投资，投资方享有的被投资方实现的净损益等。投资收益的审计目标，如表7-10所示。

表 7-10　　　　　　　　　　　　　　投资收益的审计目标

序号	审计目标	财务报表认定
1	确定利润表中记录的投资收益是否已发生,且与被审计单位有关	发生
2	确定所有应当记录的投资收益是否均已记录	完整性
3	确定与投资收益有关的金额及其他数据是否已恰当记录	准确性
4	确定投资收益是否已记录于正确的会计期间	截止
5	确定投资收益的内容是否正确	分类
6	确定投资收益是否已按照企业会计准则的规定在财务报表中做出恰当的列报	列报

（二）投资收益的实质性程序

1.获取或编制投资收益分类明细表，复核加计是否正确，并与报表数、总账数和明细账合计数核对是否相符；检查非记账本位币投资收益的折算汇率及折算是否正确。

2.检查投资收益明细项目设置是否符合规定的核算内容。

3.结合交易性金融资产、可供出售金融资产、持有至到期投资、长期股权投资等相关项目的审计，验证投资收益的记录是否充分、准确。

4.结合投资等项目的审计，确定投资收益被记入正确的会计期间。

5.检查投资协议等文件，确定境外投资收益汇回是否存在重大限制，若存在重大限制，应说明原因，并做出恰当披露。

6.检查投资收益是否按照企业会计准则的规定恰当列报。

二、营业外收入的实质性程序

（一）营业外收入的审计目标

营业外收入是指企业发生的与日常活动无直接关系的各项利得，主要包括非流动资产处置利得、非货币性资产交换利得、债务重组利得、政府补助、盘盈利得、捐赠利得等。营业外收入的审计目标，如表 7-11 所示。

表 7-11　　　　　　　　　　　　　　营业外收入的审计目标

序号	审计目标	财务报表认定
1	确定利润表中记录的营业外收入是否已发生,且与被审计单位有关	发生
2	确定所有应当记录的营业外收入是否均已记录	完整性
3	确定与营业外收入有关的金额及其他数据是否已恰当记录	准确性
4	确定营业外收入是否已记录于正确的会计期间	截止
5	确定营业外收入的内容是否正确	分类
6	确定营业外收入是否已按照企业会计准则的规定在财务报表中做出恰当的列报	列报

（二）营业外收入的实质性程序

营业外收入的实质性程序通常包括：

1.获取或编制营业外收入明细表，复核加计数是否正确，并与报表数、总账数和明细账合计数核对是否相符。

2.检查营业外收入明细项目的设置是否符合规定的核算内容与范围，是否划清营业外收入与其他收入的界限。

3.结合相关非流动资产的审计，检查非流动资产处置利得是否在授权范围内履行了必要的批准程序；抽查相关原始凭证，审核其内容的真实性和依据的充分性；检查会计处理是否符合相关规定。

4.结合非货币性资产交换的审计，检查非货币性资产交换利得是否在授权范围内履行了必要的批准程序；抽查相关的原始凭证，审核其内容的真实性和依据的充分性；检查会计处理是否符合相关规定。

5.结合债务重组的审计，检查债务重组利得是否在授权范围内履行了必要的批准程序；抽查相关原始凭证，审核其内容的真实性和依据的充分性；检查会计处理是否符合相关规定。

6.结合递延收益审计，检查各项政府补助的批准文件，复核收入的性质、金额、入账时间是否正确。

7.结合相关资产的盘点及监盘资料，检查盘盈利得金额计算是否正确，是否履行了必要审批程序；抽查相关原始凭证，审核其内容的真实性和依据的充分性；检查会计处理是否符合相关规定。

8.检查捐赠利得相关的原始凭证，确定相应的税费是否提取，金额计算及账务处理是否正确。

9.结合相关项目审计，检查其他营业外收入的入账金额及会计处理是否正确。

10.必要时，抽取资产负债表日前后若干天、若干张凭证，实施截止测试。若存在异常迹象，考虑是否有必要追加审计程序。

11.检查营业外收入是否已按照企业会计准则的规定在财务报表中做出恰当列报。

三、营业外支出的实质性程序

（一）营业外支出的审计目标

营业外支出是指企业发生的与日常活动无直接关系的各项损失，主要包括非流动资产处置损失、非货币性资产交换损失、债务重组损失、公益性捐赠支出、非常损失、盘亏损失、罚款支出等。营业外支出的审计目标，如表7-12所示。

表7-12　　　　　　　　　　　　营业外支出的审计目标

序号	审计目标	财务报表认定
1	确定利润表中记录的营业外支出是否已发生，且与被审计单位有关	发生
2	确定所有应当记录的营业外支出是否均已记录	完整性
3	确定与营业外支出有关的金额及其他数据是否已恰当记录	准确性
4	确定营业外支出是否已记录于正确的会计期间	截止
5	确定营业外支出的内容是否正确	分类
6	确定营业外支出是否已按照企业会计准则的规定在财务报表中做出恰当的列报	列报

（二）营业外支出的实质性程序

1.获取或编制营业外支出明细表，复核其加计数是否正确，并与报表数、总账数和明细账合计数核对是否相符。

2. 检查营业外支出明细项目的设置是否符合规定的核算内容与范围，是否划清营业外支出与其他支出的界限。

3. 结合固定资产清理、无形资产等的审计，检查非流动资产处置损失的金额和有关会计处理是否正确。

4. 结合非货币性资产交换的审计，检查非货币性资产交换损失的金额和有关会计处理是否正确。

5. 结合债务重组的审计，检查债务重组损失的金额和有关会计处理是否正确。

6. 检查公益性捐赠支出的会计处理是否正确，注意公益性捐赠资产已计提的减值准备是否结转。检查公益救济性捐赠是否按税法规定进行了企业所得税纳税调整。

7. 对非常损失应详细检查有关资料、被审计单位实际损失和保险理赔情况及审批文件；检查会计处理是否正确。

8. 对因盘亏、毁损资产发生的净损失，检查是否按管理权限报经批准后处理，会计处理是否正确。

9. 结合预计负债的审计，因对外提供担保、未决诉讼、重组义务发生的预计负债，应取得担保合同、仲裁或法院判决书等，检查计入营业外支出的金额是否适当，有关会计处理是否正确。

10. 检查非公益性捐赠支出、税收滞纳金罚金、罚款支出、各种赞助费支出等是否取得有效的原始凭证，是否进行了企业所得税纳税调整。

11. 必要时，抽取资产负债表日前后若干天、若干凭证，实施截止测试，若存在异常迹象，考虑是否有必要追加审计程序。

12. 检查营业外支出是否已按照企业会计准则的规定在财务报表中做出恰当列报。

四、所得税费用的实质性程序

(一) 所得税费用的审计目标

所得税费用是指企业确认的应当从当期利润总额中扣除的所得税费用，包括当期所得税和递延所得税两个部分。其中，当期所得税是指当期应交所得税，是企业按照税法规定计算确定的针对企业当期取得的生产经营所得和其他所得应交给税务部门的所得税金额；递延所得税是指按照会计准则的规定，当期应予确认的递延所得税资产和递延所得税负债金额，即递延所得税资产及递延所得税负债当期发生额的综合结果。所得税费用的审计目标，如表7-13所示。

表7-13　　　　　　　　　　所得税费用的审计目标

序号	审计目标	财务报表认定
1	确定利润表中记录的所得税费用是否已发生,且与被审计单位有关	发生
2	确定所有应当记录的所得税费用是否均已记录	完整性
3	确定与所得税费用有关的金额及其他数据是否已恰当记录	准确性
4	确定所得税费用是否已记录于正确的会计期间	截止
5	确定所得税费用的内容是否正确	分类
6	确定所得税费用是否已按照企业会计准则的规定在财务报表中做出恰当的列报	列报

（二）所得税费用的实质性程序

1.获取或编制所得税费用明细表，复核其加计数是否正确，并与报表数、总账数和明细账合计数核对是否相符。

2.根据审计结果和税法规定，核实当期的纳税调整事项，确定应纳税所得额，结合"应交税费——应交所得税"的审计，计算当期所得税费用，检查会计处理是否正确；如果存在税前可抵扣的亏损，应检查形成亏损的年份与金额，必要时，取得经税务机关审核的前5年应纳税所得额，以确定当期可抵扣的亏损额。

3.结合递延所得税资产和递延所得税负债的审计，计算递延所得税资产、递延所得税负债期末应有余额，并根据递延所得税资产、递延所得税负债期初余额，扣除企业合并及直接在所有者权益中确认的交易或事项涉及的递延所得税资产（或负债），倒轧出递延所得税费用（收益），并检查会计处理是否正确。具体计算过程如表7-14所示。

表7-14 　　　　　　　　　　　　**递延所得税费用计算表**

被审计单位：＿＿＿＿＿＿＿＿＿＿＿＿＿　　　索引号：＿＿＿＿＿＿＿＿＿＿＿＿＿

项目：＿＿＿＿＿＿＿＿＿＿＿＿＿＿＿＿　　　截止日/期间：＿＿＿＿＿＿＿＿＿＿＿

编制：＿＿＿＿＿＿＿＿＿＿＿＿＿＿＿＿　　　复核：＿＿＿＿＿＿＿＿＿＿＿＿＿＿

日期：＿＿＿＿＿＿＿＿＿＿＿＿＿＿＿＿　　　日期：＿＿＿＿＿＿＿＿＿＿＿＿＿＿

项　　目		上期审定数 ①	本期审定数 ②	递延所得税费用（减：收益）③	索引号	备注
递延所得税资产						
递延所得税负债						
合　计						
减：不影响递延所得税费用的特殊交易或事项中涉及的递延所得税资产	1.					
	2.					
	3.					
	⋮					
	合计					
加：不影响递延所得税费用的特殊交易或事项中涉及的递延所得税负债	1.					
	2.					
	3.					
	⋮					
	合计					
递延所得税费用						

编制说明：

1.通过本期审定数①与上期审定数②的比较计算得出本期递延所得税费用③；

2.递延所得税资产的增加表示递延所得税收益，递延所得税资产的减少表示递延所得税费用；

续表

3.递延所得税负债的增加表示递延所得税费用，递延所得税负债的减少表示递延所得税收益；

4.抵减部分填列递延所得税资产/负债的变化不影响损益变化的特殊交易或事项。

审计说明：

---

4. 检查当期直接冲减所得税费用的事项，依据是否充分，会计处理是否正确。

5.检查所得税费用是否按照企业会计准则的规定恰当列报。

经典案例7-1

美国南方保健虚增收入利润审计案

2003年3月18日，美国最大的医疗保健公司——南方保健会计造假丑闻败露。该公司在1997至2002年上半年期间，虚构了24.69亿美元的利润，虚假利润相当于该期间实际利润（-1 000万美元）的247倍。这是萨班斯-奥克斯利法案颁布后，美国上市公司曝光的第一大舞弊案，备受各界瞩目。为其财务报表进行审计，并连续多年签发"干净"审计报告的安永会计师事务所（以下简称安永），也将自己置于风口浪尖上。

南方保健使用的最主要造假手段是通过"契约调整"（Contractual Adjustment）这一收入备抵账户进行利润操纵。"契约调整"是营业收入的一个备抵账户，用于估算南方保健向病人投保的医疗保险机构开出的账单与医疗保险机构预计将实际支付的账款之间的差额，营业收入总额减去"契约调整"的借方余额，在南方保健的收益表上反映为营业收入净额。这一账户的数字需要南方保健高管人员进行估计和判断，具有很大的不确定性。南方保健的高管人员恰恰利用这一特点，通过毫无根据地贷记"契约调整"账户，虚增收入，蓄意调节利润。而为了不使虚增的收入露出破绽，南方保健又专门设立了"AP汇总"这一科目以配合收入的调整。"AP汇总"作为固定资产和无形资产的次级明细账户存在，用以记录"契约调整"对应的资产增加额。

早在安永为南方保健2001年度的财务报告签发无保留审计意见之前，就有许多迹象表明南方保健可能存在欺诈和舞弊行为。安永本应根据这些迹象，保持应有的职业审慎，对南方保健管理当局是否诚信、其提供的财务报表是否存在因舞弊而导致重大错报和漏报予以充分关注。甚至安永的注册会计师已接到雇员关于财务舞弊的举报，但其仍然没有采取必要措施，以至于错失了发现南方保健大规模会计造假的机会。例如， 2001年，南方保健被指控开给"老年人医疗保险计划"（Medicare）的账单一直过高，具欺诈性。同年12月，南方报检同意支付790万美元以了结Medicare对它的起诉。在2001年度审计现场工作结束前3个月，司法部展开对南方保健欺诈案件的调查，就已经向安永发出了强烈的警示信号。虽然Medicare欺诈案本身并不意味着南方保健一定存在会计舞弊，但足以使安永对南方保健管理当局的诚信经营产生质疑，安永的注册会计师本应在年度审计时提高执业谨慎，加大对相关科目的审查力度。

2002年8月，南方保健对外发布公告，称Medicare对有关理疗门诊服务付款政策的调整每年会影响公司利润达1.75亿美元。事实上，根据医疗行业的普遍情况，

Medicare政策的变化并不足以对南方保健的经营产生如此巨大的影响。这一消息公布的当天即遭到投资者和债权人的一片嘘声。一些财务分析师质疑南方保健此举的意图是旨在降低华尔街的预期,掩饰其经营力不从心的迹象。

南方保健审计小组成员之一、安永的主审合伙人James Lamphron在法庭上作证时承认曾收到过一份电子邮件,警告南方保健可能存在会计舞弊。该邮件提醒安永的注册会计师们特别注意审查三个特殊的会计账户,其中就包括"契约调整"和"AP汇总"这两个被用于造假的账户。在收到该电子邮件后,Lamphron向南方保健的首席财务官William Owens求证。Owens的解释是,邮件的署名人Michael Vines是南方保健会计部一个"对自己工作不满意的牢骚狂"。Lamphron轻信了Owens的解释,审计小组在未经任何详细调查的情况下,草率地下了结论:"南方保健没做错什么事"。

南方保健的内部审计人员曾向安永的另一位主审合伙人William C.Miller抱怨,作为内审人员,他们长年不被允许接触南方保健的主要账簿资料。这种缺乏内部控制的现象却没有引起安永应有的重视。

与同行业的其他企业相比,南方保健通过收购迅速扩张,利润率的成长也异常迅猛。2000年该公司的税前收益比1999年增长了一倍多,达到5.59亿美元,但营业收入仅增长了3%。2001年的税前收益接近1999年的两倍,而销售额只增长了8%。

在南方保健,创始人兼首席执行官Scrushy在公司内外均以集权式的铁腕管理风格著称。而且,南方保健的一些董事,包括审计委员会的两名成员,也都与公司存在明显的业务关系。根据美国注册会计师协会颁布的"财务报表审计中对舞弊的考虑"(原为1996年颁布的第82号准则,2002年10月被第99号取代),注册会计师在对内部控制进行了解时,应充分关注被审计单位管理当局是否存在由一个人或一个小团体独掌大权,董事会或审计委员会对其监督是否存在软弱无能的现象。此外,如果董事与公司存在不正当的关联方交易,审计准则也同样视其为欺诈存在的迹象之一。令人遗憾的是,长年为南方保健执行审计业务的安永注册会计师们却对上述事实熟视无睹。安永参与南方保健审计的多位注册会计师明显缺乏应有的职业审慎!

安永的主审合伙人Miller证实,在南方保健执行审计时,审计小组需要的资料只能向南方保健指定的两名现已认罪的财务主管Emery Harris和Rebecca K.Morgan索要。审计小组几乎不与其他会计人员进行交谈、询问或索要资料。对于南方保健这种不合理的限制,安永竟然屈从。稍微有点审计常识的人都知道,被审计单位对注册会计师获取审计证据的限制是不能接受的,通过被审计单位指定的渠道是难以获取充分、适当的审计证据的。

SEC和司法部的调查结果显示,南方保健虚增了3亿美元的现金。众所周知,现金是报表科目中最为敏感的一个项目,对现金的审查历来是财务报表审计的重点。一旦现金科目出现错报或漏报,财务报表便存在失实或舞弊的可能。注册会计师也可以此为突破口,追查虚构收入、虚减成本费用等舞弊行为。各国的审计准则普遍要求注册会计师采用函证等标准化程序,核实存放在金融机构的现金余额。

思考:注册会计师可以从该案例中吸取哪些教训?

本章小结

损益类项目的实质性程序的内容构成如图7-1所示。

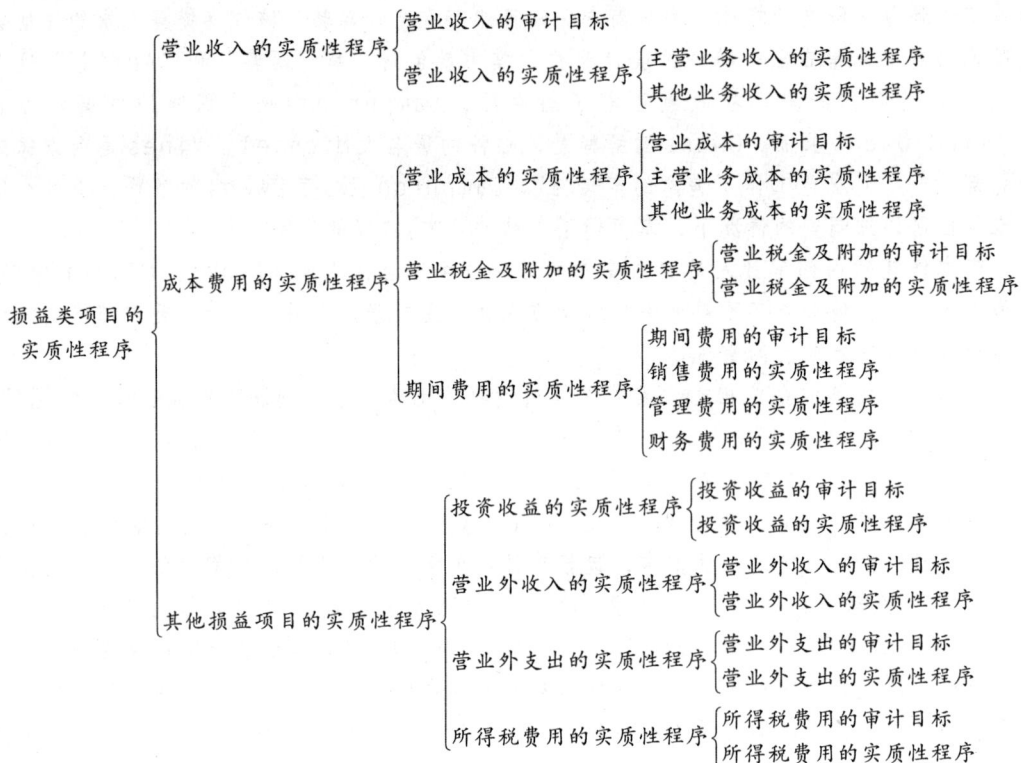

图7-1 损益类项目的实质性程序的内容构成

同步测试

一、不定项选择题

1. 对于销售收入认定，通过比较资产负债表日前后几天的发货单日期与记账日期，注册会计师认为最可能证实的是（   ）。

A. 发生   B. 完整性

C. 截止   D. 分类

2. 为证实所有销售业务均已记录，注册会计师应选择最有效的具体审计程序是（   ）。

A. 抽查出库单   B. 抽查销售明细账

C. 抽查应收账款明细账   D. 抽查银行对账单

3. 在审计过程中，注册会计师计划测试被审计单位2014年度主营业务收入的完整性。有助于上述审计目标实现的审计程序是（   ）。

A. 抽取2014年12月31日开具的销售发票，检查相应的发运单和账簿记录

B. 抽取2014年12月31日开具的发运单，检查相应的销售发票和账簿记录

C. 从主营业务收入明细账中抽取2014年12月31日的明细记录，检查相应的记账凭证、发运单和销售发票

D. 从主营业务收入明细账中抽取2015年1月1日的明细记录，检查相应的记账凭证、发运单和销售发票

4. 属于分析程序的有（　　）。

A. 根据增值税申报表或普通发票估算全年营业收入

B. 将销售部门的销售统计表与营业收入明细表进行核对，分析差异产生原因

C. 将本期重要产品的毛利率，与上期或同行业进行比较，检查是否存在异常

D. 将本期的营业收入与上期进行比较，或本期各月进行比较，分析异常变动或波动的原因

5. 有助于实现截止审计目标的审计程序有（　　）。

A. 测试资产负债表日前后若干天的发运凭证，与应收账款和收入明细账进行核对

B. 选取资产负债表日前后若干天的应收账款和收入明细的凭证，与发运凭证核对

C. 复核资产负债表日前后销售和发货水平

D. 对资产负债表日的应收账款进行函证

二、判断题

1. 客户签收单是确认销售收入发生的关键环节，同时也是外部来源证据，因而与销售收入的发生认定直接相关。（　　）

2. 为证实所有销售业务均已记录，注册会计师应由收入明细账追查至发运凭证、销售发票等相关原始凭证。（　　）

3. 与被审计单位收入费用等项目的截止测试密切相关的日期应为实施截止测试的日期。（　　）

4. 注册会计师可以通过分析存货、营业成本的增减变动幅度，来判断应付账款增减变动的合理性。（　　）

5. 注册会计师应结合递延所得税资产、递延所得税负债的审计，检查递延所得税费用（收益）的正确性。（　　）

三、分析题

甲公司系ABC会计师事务所的常年审计客户。A注册会计师负责对甲公司2014年度财务报表进行审计，确定财务报表整体重要性为200万元。甲公司2014年度财务报告于2015年3月20日获董事会批准，并于同日公布。

在审计过程中，A注册会计师注意到下列事项：

（1）2014年1月起，甲公司开始研发W产品专利技术，且拥有可靠的技术和财务资源支持。截至2014年10月31日，共发生研发支出2 700万元，其中，科技成果应用研究费用900万元，生产前的模型设计和测试费用1 800万元。2014年11月1日，该专利技术达到预定用途，甲公司将其确认为无形资产，并做如下会计处理：

借：无形资产　　　　　　　　　　　　　　　　　　　　　　　　　2 700

　　贷：研发支出——资本化支出　　　　　　　　　　　　　　　　　　　2 700

该无形资产估计的使用寿命为5年，净残值为零，甲公司按直线法摊销，并做如下会

计处理：

　　借：管理费用　　　　　　　　　　　　　　　　　　　　　　　　　　　　　　90

　　　　贷：累计摊销　　　　　　　　　　　　　　　　　　　　　　　　　　　　　90

　　（2）2014年9月20日，甲公司从乙公司采购一批汽车零部件，不含税价格为2 000万元，增值税税率为17%。由于甲公司发生财务困难，无法按期支付货款，经与乙公司协商，于2014年12月25日实施债务重组：乙公司同意减免甲公司1 000万元债务，余额由甲公司用现金清偿。甲公司于次日付款，并做如下会计处理：

　　借：应付账款　　　　　　　　　　　　　　　　　　　　　　　　　　　　2 340

　　　　贷：银行存款　　　　　　　　　　　　　　　　　　　　　　　　　　1 340

　　　　　　营业外收入——债务重组利得　　　　　　　　　　　　　　　　　1 000

　　甲公司认为持续经营不存在问题，因此没有在财务报表附注中披露该项债务重组。

　　（3）2014年10月25日，甲公司为某高新技术项目申请配套流动资产贷款，同时申请政府财政贴息。根据与银行签订的贷款协议，贷款期限自2014年11月1日至2015年10月31日，贷款金额为20 000万元，年利率为6%。2014年11月1日，政府部门批准拨付贴息资金600万元，甲公司于当日收到该笔资金，并做如下会计处理：

　　借：银行存款　　　　　　　　　　　　　　　　　　　　　　　　　　6 000 000

　　　　贷：营业外收入——政府补助　　　　　　　　　　　　　　　　　6 000 000

　　（4）2014年12月，甲公司购入500万元汽车电子仪表。2015年1月7日，甲公司因火灾，导致该批仪表全部报废。甲公司对2014年度财务报表做如下调整：

　　借：资产减值损失　　　　　　　　　　　　　　　　　　　　　　　　5 000 000

　　　　贷：存货——存货跌价准备　　　　　　　　　　　　　　　　　　5 000 000

　　（5）2014年12月25日，甲公司总经理办公会议决定将持有的丙公司40%股权以28 000万元的价格转让给控股股东，该项长期股权投资的账面价值为19 000万元、评估价值为28 000万元。2014年12月27日，甲公司收到全部股权转让款，并做如下会计处理：

　　借：银行存款　　　　　　　　　　　　　　　　　　　　　　　　280 000 000

　　　　贷：长期股权投资　　　　　　　　　　　　　　　　　　　　190 000 000

　　　　　　投资收益　　　　　　　　　　　　　　　　　　　　　　 90 000 000

　　上述股权转让事项于2015年1月10日经董事会会议审议批准，并拟在2014年度财务报表附注中披露。

　　要求：针对上述第（1）至（5）项，是否需要提出审计调整建议？若需求，简要说明理由，并编制审计调整分录。

第八章　完成审计工作与出具审计报告

【学习目标】

1. 了解审计完成阶段的主要工作内容，掌握如何评价审计中的重大发现和审计过程中发现的错报。

2. 掌握审计工作底稿和财务报表复核的人员、范围与时间要求。

3. 理解书面声明的含义，掌握书面声明的内容、日期和涵盖的期间及其形式。

4. 了解审计意见的形成过程，掌握审计报告的类型。

5. 了解标准审计报告的基本内容，掌握各类型审计报告的格式，以及标准审计报告和非标准审计报告的出具条件。

第一节　完成审计工作

审计完成阶段是审计的最后一个阶段。注册会计师按业务循环完成各财务报表项目的审计测试和一些特殊项目的审计工作后，在审计完成阶段汇总审计测试结果，进行更具综合性的审计工作，如评价审计中的重大发现，评价审计过程中发现的错报，关注期后事项对财务报表的影响，获取管理层声明，确定应出具的审计报告的意见类型和措辞，进而编制并致送审计报告，终结审计工作。

一、评价审计中的重大发现

在审计完成阶段，项目合伙人和审计项目组考虑的重大发现和事项主要包括：（1）期中复核中的重大发现及其对审计方法的影响；（2）涉及会计政策的选择、运用和一贯性的重大事项，包括相关披露；（3）就识别出的重大风险，对审计政策和计划的审计程序所做的重大修正；（4）在与管理层和其他人员讨论重大发现和事项时得到的信息；（5）与注册会计师的最终审计结论相矛盾或不一致的信息等。

对实施的审计程序的结果进行评价，可能全部或部分地揭示出以下事项：（1）为了实现计划的审计目标，是否有必要对重要性进行修订；（2）对审计策略和计划的审计程序的重大修正，包括对重大错报风险评估结果的重要变动；（3）对审计方法有重要影响的值得关注的内部控制缺陷和其他缺陷；（4）财务报表中存在的重大错报；（5）项目组成员内部，或项目组与项目质量控制复核人员或提供咨询的其他人员之间，就重大会计和审计事项达成最终结论所存在的意见分歧；（6）在实施审计程序时遇到的重大困难；（7）向事务所内部有经验的专业人士或外部专业顾问咨询的事项；（8）与管理层或其他人员就重大发现以及与注册会计师的最终审计结论相矛盾或不一致的信息进行的讨论。

注册会计师在审计计划阶段对重要性的判断，与其在评估审计差异时对重要性的判断是不同的。如果在审计完成阶段修订后的重要性水平远远低于在计划阶段确定的重要性水平，注册会计师应重新评估已经获得的审计证据的充分性和适当性。

如果审计项目组内部、项目组与被咨询者之间以及项目合伙人与项目质量控制复核人员之间存在意见分歧，审计项目组应当遵循事务所的政策和程序予以妥善处理。

二、评价审计过程中发现的错报

（一）错报的沟通和更正

及时与适当层级的管理层沟通错报事项是重要的，因为这能使管理层评价这些事项是否为错报，并采取必要行动，如有异议则告知注册会计师。适当层级的管理层通常是指有责任和权限对错报进行评价并采取必要行动的人员。

管理层更正所有错报（包括注册会计师通报的错报），能够保持会计账簿和记录的准确性，降低由于与本期相关的、非重大的且尚未更正的错报的累积影响而导致未来期间财务报表出现重大错报的风险。

《中国注册会计师审计准则第1501号——对财务报表形成审计意见和出具审计报告》要求注册会计师评价财务报表是否在所有重大方面按照适用的财务报告编制基础编制。这项评价包括考虑被审计单位会计实务的质量（包括表明管理层的判断可能出现偏向的迹象）。注册会计师对管理层不更正错报的理由的理解，可能影响其对被审计单位会计实务质量的考虑。

（二）评价未更正错报的影响

未更正错报是指注册会计师在审计过程中累积的且被审计单位未予更正的错报。注册会计师需要考虑每一单项错报，以评价其对相关类别的交易、账户余额或披露的影响，包括评价该项错报是否超过特定类别的交易、账户余额或披露的重要性水平。对于未更正错报，注册会计师需要考虑其可能影响评价的情况。

可能影响评价的情况主要包括：（1）错报对遵守监管要求的影响程度。（2）错报对遵守债务合同或其他合同条款的影响程度。（3）错报与会计政策的不正确选择或运用相关，这些会计政策的不正确选择或运用对当期财务报表不产生重大影响，但可能对未来期间财务报表产生重大影响。（4）错报掩盖收益的变化或其他趋势的程度（尤其是在结合宏观经济背景和行业状况进行考虑时）。（5）错报对用于评价被审计单位财务状况、经营成果或现金流量的有关比率的影响程度。（6）错报对财务报表中列报的分部信息的影响程度。例如，错报事项对某一分部或对被审计单位的经营或盈利能力有重大影响的其他组成部分的重要程度。（7）错报对增加管理层薪酬的影响程度。例如，管理层通过达到有关奖金或其他激励政策规定的要求以增加薪酬。（8）相对于注册会计师所了解的以前向财务报表使用者传达的信息（如盈利预测），错报是重大的。（9）错报对涉及特定机构或人员的项目的相关程度。例如，与被审计单位发生交易的外部机构或人员是否与管理层成员有关联关系。（10）错报涉及对某些信息的遗漏，尽管适用的财务报告编制基础未对这些信息做出明确规定，但是注册会计师根据职业判断认为这些信息对财务报表使用者了解被审计单位的财务状况、经营成果或现金流量是重要的。（11）错报对其他信息（如包含在"管理层讨论与分析"或"经营与财务回顾"中的信息）的影响程度。这些信息与已审计财务报表一同披露，并被合理预期可能影响财务报表使用者做出的经济决策。

（三）书面声明

注册会计师应当要求管理层和治理层（如适用）提供书面声明，说明其是否认为未更正错报单独或汇总起来对财务报表整体的影响不重大。这些错报项目的概要应当包含在书面声明中或附在其后。由于编制财务报表要求管理层和治理层（如适用）调整财务报表以更正重大错报，注册会计师需要要求其提供有关未更正错报的书面声明。在某些情况下，管理层和治理层（如适用）可能并不认为注册会计师提出的某些未更正的错报是错报。基于这一原因，他们可能在书面声明中增加以下表述："因为［描述理由］，我们不同意……事项和……事项构成错报。"然而，即使获取了这一声明，注册会计师仍需要对未更正错报的影响形成结论。

三、复核财务报表和审计工作底稿

（一）对财务报表总体合理性进行总体复核

在审计结束或临近结束时，注册会计师需要运用分析程序确定经审计调整后的财务报表整体是否与对被审计单位的了解一致，是否具有合理性。

在运用分析程序进行总体复核时，如果识别出以前未识别的重大错报风险，注册会计师应当重新考虑对全部或部分各类别的交易、账户余额、披露评估的风险是否恰当，并在此基础上重新评价之前计划的审计程序是否充分，是否有必要追加审计程序。

（二）复核审计工作底稿

复核审计工作底稿是确保注册会计师执业质量的重要手段之一。审计准则明确规定，会计师事务所应当结合自身组织架构特点和质量控制体系建设需要，制定相关的质量控制政策和程序，对审计项目复核的级次以及人员、时间、范围和工作底稿记录等做出规定。

1. 项目组内部复核

（1）复核人员。质量控制准则规定，会计师事务所在安排复核工作时，应当由项目组内经验较多的人员复核经验较少的人员的工作。会计师事务所应当根据这一原则，确定有关复核责任的政策和程序。项目组需要在制定审计计划时确定复核人员的指派，以确保所有工作底稿均得到适当层级人员的复核。对一些较为复杂、审计风险较高的领域，如舞弊风险的评估与应对、重大会计估计及其他复杂的会计问题、审核会议记录和重大合同、关联方关系和交易、持续经营存在的问题等，需要指派经验丰富的项目组成员执行复核，必要时可以由项目合伙人执行复核。

（2）复核范围。所有的审计工作底稿至少要经过一级复核。执行复核时，复核人员需要考虑的事项包括：①审计工作是否已按照执业准则和适用的法律法规的规定执行；②重大事项是否已提请进一步考虑；③相关事项是否已进行适当咨询，由此形成的结论是否已得到记录和执行；④是否需要修改已执行审计工作的性质、时间安排和范围；⑤已执行的审计工作是否支持形成的结论，并已得到适当记录；⑥已获取的审计证据是否充分、适当；⑦审计程序的目标是否已实现。

（3）复核时间。审计项目复核贯穿审计全过程，随着审计工作的开展，复核人员在审计计划阶段、执行阶段和完成阶段及时复核相应的工作底稿。例如，在审计计划阶段复核记录审计策略和审计计划的工作底稿，在审计执行阶段复核记录控制测试和实质性程序的工作底稿，在审计完成阶段复核记录重大事项、审计调整及未更正错报的工作底稿等。

（4）项目合伙人复核。根据审计准则的规定，项目合伙人应当对会计师事务所分派的每项审计业务的总体质量负责；项目合伙人应当对项目组按照会计师事务所复核政策和程序实施的复核负责。

项目合伙人在审计过程的适当阶段及时实施复核，有助于重大事项在审计报告日之前得到及时满意的解决。项目合伙人复核的内容包括：①对关键领域所做的判断，尤其是执行业务过程中识别出的疑难问题或争议事项；②特别风险；③项目合伙人认为重要的其他领域。但项目合伙人无需复核所有审计工作底稿。

在审计报告日或审计报告日之前，项目合伙人应当通过复核审计工作底稿和与项目组讨论，确信已获取充分、适当的审计证据，支持得出的结论和拟出具的审计报告。

2. 项目质量控制复核

质量控制准则规定，会计师事务所应当制定政策和程序，要求对特定业务（包括所有上市实体财务报表审计）实施项目质量控制复核，以客观评价项目组做出的重大判断以及在编制报告时得出的结论。只有完成项目质量控制复核，才可以签署业务报告。

（1）质量控制复核人员。质量控制复核人员应当满足以下两个资格要求：一是履行职责需要的技术资格，包括必要的经验和权限；二是在不损害其客观性的前提下，项目质量控制复核人员能够提供业务咨询的程度。会计师事务所在确定质量控制复核人员的资格要求时，需要充分考虑质量控制复核工作的重要性和复杂性，安排经验丰富的注册会计师担任项目质量控制复核人员。如有一定执业经验的合伙人，或专门负责质量控制复核的注册会计师等。

（2）质量控制复核范围。项目质量控制复核人员应当客观地评价项目组做出的重大判断以及在编制审计报告时得出的结论。其评价工作应当涉及下列内容：①与项目合伙人讨论重大事项；②复核财务报表和拟出具的审计报告；③复核选取的与项目组做出的重大判断和得出的结论相关的审计工作底稿；④评价在编制审计报告时得出的结论，并考虑拟出具审计报告的恰当性。

（3）质量控制复核的时间。项目质量控制复核人员在业务过程中的适当阶段及时实施项目质量控制复核，有助于重大事项在审计报告日之前得到及时、满意的解决。因此，注册会计师要考虑在审计过程中与项目质量控制复核人员积极协调配合，使其能够及时实施质量控制复核，而非在出具审计报告前才实施复核。例如，在审计计划阶段，质量控制复核人员复核项目组对会计师事务所独立性做出的评价、项目组在制定审计策略和审计计划时做出的重大判断及发现的重大事项等。

第二节 期后事项

一、期后事项及其种类

（一）期后事项的含义

期后事项是指资产负债表日至审计报告日之间发生的事项以及审计报告日后发生的事

实。期后事项包括三个时段：第一时段是资产负债表日后至审计报告日，这一期间发生的事项称为"第一时段期后事项"；第二个时段是审计报告日后至财务报表报出日，这一期间发现的事实称为"第二时段期后事项"；第三个时段是财务报表报出日后，这一期间发现的事实称为"第三时段期后事项"。具体分段情况，如图8-1所示。

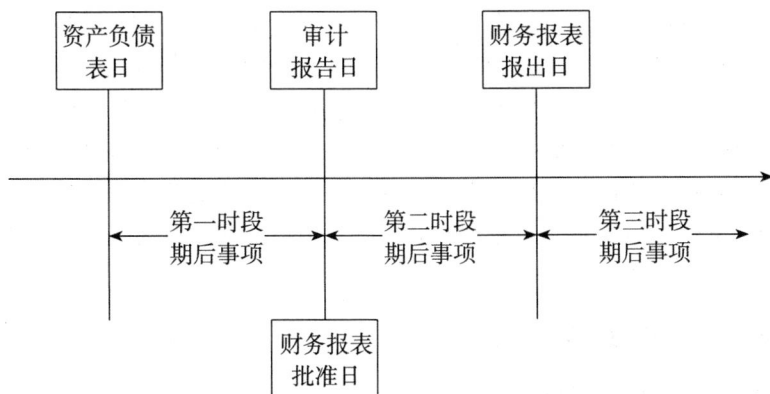

图8-1 期后事项分段示意

图8-1中，资产负债表日是指财务报表涵盖的最近期间的截止日期；财务报表批准日是指构成整套财务报表的所有报表（包括相关附注）已编制完成，并且被审计单位的董事会、管理层或类似机构已经认可其对财务报表负责的日期；财务报表报出日是指审计报告和已审计财务报表提供给第三方的日期。在实务中，审计报告日与财务报表批准日通常是相同的日期。

（二）期后事项的种类

期后事项包括资产负债表日后调整事项和资产负债表日后非调整事项。

1.资产负债表日后调整事项

资产负债表日后调整事项是指对资产负债表日已经存在的情况提供了新的或进一步证据的事项。这类事项影响财务报表金额，需要提请被审计单位管理层调整财务报表及与之相关的披露信息。

资产负债表日后调整事项既为被审计单位管理层确定资产负债表日账户余额提供信息，也为注册会计师核实这些余额提供补充证据。如果这类期后事项的金额重大，应提请被审计单位对本期财务报表及相关的账户金额进行调整。

资产负债表日后调整事项，诸如：（1）资产负债表日后诉讼案件结案，法院判决证实了企业在资产负债表日已经存在现时义务，需要调整原先确认的与该诉讼案件相关的预计负债，或确认一项新负债；（2）资产负债表日后取得确凿证据，表明某项资产在资产负债表日发生了减值或者需要调整该资产原先确认的减值金额；（3）资产负债表日后进一步确定了资产负债表日前购入资产的成本或售出资产的收入；（4）资产负债表日后发现了财务报表舞弊或差错。

利用期后事项审计以确认被审计单位财务报表所列金额时，应对资产负债表日已经存在的事项和资产负债表日后出现的事项严格区分，不能混淆。如果确认发生变化的事项直到资产负债表日后才发生，就不应将资产负债表日后的信息并入财务报表中去。

2.资产负债表日后非调整事项

资产负债表日后非调整事项是指对资产负债表日后发生的情况提供证据的事项，即表明资产负债表日后发生的情况的事项。这类事项虽不影响财务报表金额，但可能影响对财务报表的正确理解，需要请被审计单位管理层在财务报表附注中做适当披露。

被审计单位在资产负债表日后发生的，需要在财务报表中披露而非调整的事项通常包括：（1）资产负债表日后发生重大诉讼、仲裁、承诺；（2）资产负债表日后资产价格、税收政策、外汇汇率发生重大变化；（3）资产负债表日后因自然灾害导致资产发生重大损失；（4）资产负债表日后发行股票和债券以及其他巨额举债；（5）资产负债表日后资本公积转增资本；（6）资产负债表日后发生巨额亏损；（7）资产负债表日后发生企业合并或处置子公司；（8）资产负债表日后企业利润分配方案中拟分配的以及经审议批准宣告发放的股利或利润。

二、第一时段期后事项

（一）主动识别第一时段期后事项

注册会计师应当设计和实施审计程序，获取充分、适当的审计证据，以确定所有在资产负债表日至审计报告日之间发生的、需要在财务报表中调整或披露的事项，即第一时段期后事项均已得到识别。但是，注册会计师并不需要对之前已实施审计程序并已得出满意结论的事项执行追加审计程序。

对于第一时段期后事项，注册会计师负有主动识别的义务，应当设计专门的审计程序来识别这些期后事项，并根据这些事项的性质判断其对财务报表的影响，进而确定是进行调整还是披露。

（二）用以识别期后事项的审计程序

注册会计师应当按照审计准则的规定实施审计程序，以使审计程序能够涵盖资产负债表日至审计报告日（或尽可能接近审计报告日）之间的期间。用于识别第一时段期后事项的审计程序通常包括：

1.了解管理层为确保识别期后事项而建立的程序。

2.询问管理层和治理层（如适用），确定是否已发生可能影响财务报表的期后事项。注册会计师可以询问根据初步或尚无定论的数据做出会计处理的项目的现状，以及是否已发生新的承诺、借款或担保，是否计划出售或购置资产等。

3.查阅被审计单位的所有者、管理层和治理层在资产负债表日后举行会议的纪要，在不能获取会议纪要的情况下，询问此类会议讨论的事项。

4.查阅被审计单位最近的中期财务报表（如有）。

（三）知悉对财务报表有重大影响的期后事项时的考虑

在实施上述审计程序后，如果注册会计师识别出对财务报表有重大影响的期后事项，应当确定这些事项是否按照适用的财务报告编制基础的规定在财务报表中得到恰当反映。

如果所知悉的期后事项属于调整事项，注册会计师应当考虑被审计单位是否已对财务报表做出适当的调整。如果所知悉的期后事项属于非调整事项，注册会计师应当考虑被审计单位是否在财务报表附注中予以充分披露。

三、第二时段期后事项

（一）被动识别第二时段期后事项

对于第二时段期后事项，由于注册会计师对被审计单位的审计业务已经结束，要识别可能存在的期后事项比较困难，因而无法承担主动识别第二时段期后事项的审计责任。但是，在这一阶段，被审计单位的财务报表并未报出，管理层有责任将发现的可能影响财务报表的事实告知注册会计师。此外，注册会计师还可能从媒体报道、举报信或者证券监管部门告知等途径获悉影响财务报表的期后事项。

（二）知悉第二时段期后事项的处理

1. 管理层修改财务报表时的处理

如果知悉的第二时段期后事项的影响足够重大，需要修改财务报表，且管理层修改了财务报表，注册会计师应当根据具体情况实施必要的审计程序，获取充分、适当的审计证据，验证管理层根据期后事项所做出的财务报表调整或披露是否符合企业会计准则的规定。例如，被审计单位在财务报表报出日前取得了法院关于诉讼赔偿案的最终判决，因此，管理层根据企业会计准则的规定，将应支付的该笔赔偿款反映于财务报表中。在这种情况下，注册会计师应当实施与预计负债相关的审计程序。

由于管理层修改了财务报表，注册会计师除了根据具体情况实施必要的审计程序外，还需要针对修改后的财务报表出具新的审计报告和索取新的管理层声明。新的审计报告日期不应早于董事会或类似机构批准修改后的财务报表的日期。因审计报告日的变化，注册会计师应当将用以识别期后事项的审计程序延伸至新的审计报告日，以避免重大遗漏。

2. 管理层不修改财务报表且审计报告未提交时的处理

如果注册会计师认为应当修改财务报表而管理层没有修改，并且审计报告尚未提交给被审计单位，注册会计师应当按照《中国注册会计师审计准则第1502号——在审计报告中发表非无保留意见》的规定，出具保留意见或否定意见的审计报告。

3. 管理层不修改财务报表且审计报告已提交时的处理

如果注册会计师认为应当修改财务报表而管理层没有修改，并且审计报告已提交给被审计单位，注册会计师应当通知管理层不要将财务报表和审计报告向第三方报出。

如果财务报表仍被报出，注册会计师应当采取措施防止财务报表使用者信赖该审计报告。例如，针对上市公司，注册会计师可以利用证券传媒，刊登必要的声明，防止使用者信赖审计报告。

四、第三时段期后事项

（一）没有义务识别第三时段期后事项

对于第三时段期后事项，注册会计师没有义务针对财务报表做出查询。但是，并不排除注册会计师通过媒体等其他途径获悉可能对财务报表产生重大影响的期后事项的可能性。

（二）知悉第三时段期后事项的处理

1. 管理层修改财务报表时的处理

在财务报表报出后，如果知悉的期后事项属于在审计报告日已经存在的事实，且该事实如果被注册会计师在审计报告日前获知，可能影响审计报告。根据该期后事项，如果管理层修改了财务报表，注册会计师应当采取以下必要措施：（1）实施必要的审计程序。例如，查阅法院判决文件、复核会计处理或披露事项，确定管理层对财务报表的修改是否恰当；（2）复核管理层采取的措施能否确保所有收到原财务报表和审计报告的人士了解这一情况；（3）延伸实施审计程序，并针对修改后的财务报表出具新的审计报告。新的或经修改的审计报告应当增加强调事项段或其他事项段，提醒财务报表使用者注意财务报表附注中有关修改原财务报表的详细原因和注册会计师提供的原审计报告。

新的审计报告日期不应早于董事会或类似机构批准修改后的财务报表的日期。相应地，注册会计师应当将用以识别期后事项的审计程序延伸至新的审计报告日，以免重大遗漏。

2. 管理层未采取任何行动时的处理

如果管理层既没有采取必要措施确保所有收到原财务报表和审计报告的人士了解这一情况，又没有在注册会计师认为需要修改的情况下修改财务报表，注册会计师应当采取措施防止财务报表使用者信赖该审计报告，并将拟采取的措施通知管理层和治理层。

第三节　书面声明

一、书面声明的含义

书面声明是指管理层向注册会计师提供的书面陈述，用以确认某些事项或支持其他审计证据。书面声明不包括财务报表及其认定，以及支持性账簿和相关记录。

书面声明是注册会计师在财务报表审计中需要获取的必要信息，是审计证据的重要来源。如果管理层修改书面声明的内容或不提供注册会计师要求的书面声明，可能使注册会计师警觉存在重大问题的可能性。而且，在很多情况下，要求管理层提供书面声明而非口头声明，可以促使管理层更加认真地考虑声明所涉及的事项，从而提高声明的质量。

尽管书面声明提供了必要的审计证据，但其本身并不为所涉及的任何事项提供充分、适当的审计证据。而且，管理层已提供可靠书面声明的事实，并不影响注册会计师就管理层责任履行情况或具体认定获取的其他审计证据的性质和范围。

二、书面声明的基本内容

针对财务报表的编制，注册会计师应当要求管理层提供书面声明，确认其根据审计业务约定条款，履行了按照适用的财务报告编制基础编制财务报表并使其公允反映（如适用）的责任。

针对提供的信息和交易的完整性，注册会计师应当要求管理层就下列事项提供书面声明：（1）按照审计业务约定条款，已向注册会计师提供所有相关信息，并允许注册会计师不受限制地接触所有相关信息以及被审计单位内部人员和其他相关人员；（2）所有交易均已记录并反映在财务报表中。

如果未从管理层获取其确认已履行责任的书面声明，注册会计师在审计过程中获取的有关管理层已履行这些责任的其他审计证据是不充分的。因为，仅凭其他审计证据不能判断管理层是否在认可并理解其责任的基础上，编制和列报财务报表并向注册会计师提供了相关信息。例如，如果未向管理层询问其是否提供了审计业务约定条款中要求提供的所有相关信息，也没有获得管理层的确认，注册会计师就不能认为管理层已提供了这些信息。

注册会计师不仅要求管理层通过书面声明确认其认可、理解并已履行了在审计业务约定条款中提及的管理层责任，而且还可能要求管理层在书面声明中再次确认其对自身责任的认可与理解。当存在下列情况时，这种确认尤为适当：（1）代表被审计单位签订审计业务约定条款的人员不再承担相关责任；（2）审计业务约定条款是在以前年度签订的；（3）有迹象表明管理层误解了其责任；（4）情况的改变需要管理层再次确认其责任。当然，再次确认管理层对自身责任的认可与理解，并不限于管理层已知的全部事项。

三、书面声明的日期和涵盖的期间

书面声明的日期应当尽量接近对财务报表出具审计报告的日期，但不得在审计报告日后。书面声明应当涵盖审计报告针对的所有财务报表和期间。

由于书面声明是必要的审计证据，在管理层签署书面声明前，注册会计师不能发表审计意见，也不能签署审计报告。而且，由于注册会计师关注截至审计报告日发生的、可能需要在财务报表中做出相应调整和披露的事项，所以书面声明的日期应当尽量接近对财务报表出具审计报告的日期，但不得在其之后。

在某些情况下，注册会计师在审计过程中获取有关财务报表特定认定的书面声明可能是适当的。此时，可能有必要要求管理层更新书面声明。管理层有时需要再次确认以前期间做出的书面声明是否依然适当，因此，书面声明需要涵盖审计报告提及的所有期间。注册会计师和管理层可能认可某种形式的书面声明，以更新以前期间所做的书面声明。更新后的书面声明需要表明，以前期间所做的声明是否发生了变化，以及发生了什么变化（如有）。

在实务中可能会出现这样的情况，即在审计报告中提及的所有期间内，现任管理层均尚未就任。他们可能由此声称无法就上述期间提供部分或全部书面声明。然而，这一事实并不能减轻现任管理层对财务报表整体的责任。相应地，注册会计师仍然需要向现任管理层获取涵盖整个相关期间的书面声明。

四、书面声明的形式

书面声明应当以声明书的形式致送注册会计师。书面声明的参考格式如下：

（致注册会计师）：

本声明书是针对你们审计 ABC 公司截至 20×4 年 12 月 31 日的年度财务报表而提供的。审计的目的是对财务报表发表意见，以确定财务报表是否在所有重大方面已按照企业会计准则的规定编制，并实现公允反映。

尽我们所知，并在做出了必要的查询和了解后，我们确认：

一、财务报表

1. 我们已履行［插入日期］签署的审计业务约定书中提及的责任，即根据企业会计准则的规定编制财务报表，并对财务报表进行公允反映；

2. 在做出会计估计时使用的重大假设（包括与公允价值计量相关的假设）是合

理的；

3. 已按照企业会计准则的规定对关联方关系及其交易做出了恰当的会计处理和披露；

4. 根据企业会计准则的规定，所有需要调整或披露的资产负债表日后事项都已得到调整或披露；

5. 未更正错报，无论是单独还是汇总起来，对财务报表整体的影响均不重大。未更正错报汇总表附在本声明书后；

6. [插入注册会计师可能认为适当的其他任何事项]。

二、提供的信息

7. 我们已向你们提供下列工作条件：

（1）允许接触我们注意到的、与财务报表编制相关的所有信息（如记录、文件和其他事项）。

（2）提供你们基于审计目的要求我们提供的其他信息。

（3）允许在获取审计证据时不受限制地接触你们认为必要的本公司内部人员和其他相关人员。

8. 所有交易均已记录并反映在财务报表中。

9. 我们已向你们披露了由于舞弊可能导致的财务报表重大错报风险的评估结果。

10. 我们已向你们披露了我们注意到的、可能影响本公司的与舞弊或舞弊嫌疑相关的所有信息，这些信息涉及本公司的：

（1）管理层；

（2）在内部控制中承担重要职责的员工；

（3）其他人员（在舞弊行为导致财务报表重大错报的情况下）。

11. 我们已向你们披露了从现任和前任员工、分析师、监管机构等方面获知的、影响财务报表的舞弊指控或舞弊嫌疑的所有信息。

12. 我们已向你们披露了所有已知的、在编制财务报表时应当考虑其影响的违反或涉嫌违反法律法规的行为。

13. 我们已向你们披露了我们注意到的关联方的名称和特征、所有关联方关系及其交易。

14. [插入注册会计师可能认为必要的其他任何事项]。

附：未更正错报汇总表

ABC公司　　　　　　　　　　　　　　　　　　　　　ABC公司管理层

（盖章）　　　　　　　　　　　　　　　　　　　　　（签名并盖章）

中国××市　　　　　　　　　　　　　　　　　　　　二〇×五年×月×日

第四节　审计意见的形成和审计报告的类型

一、审计意见的形成

注册会计师应当就财务报表是否在所有重大方面按照适用的财务报告编制基础编制并

实现公允反映形成审计意见。为了形成审计意见，针对财务报表整体是否不存在由于舞弊或错误导致的重大错报，注册会计师应当得出结论，确定是否已就此获取合理保证。

在得出结论时，注册会计师应当考虑下列方面：

1. 按照《中国注册会计师审计准则第1231号——针对评估的重大错报风险采取的应对措施》的规定，是否已获取充分、适当的审计证据。

在得出总体结论之前，注册会计师应当根据实施的审计程序和获取的审计证据，评价对认定层次重大错报风险的评估是否仍然适当。在形成审计意见时，注册会计师应当考虑所有相关的审计证据，无论该证据与财务报表认定相互印证还是相互矛盾。

如果对重大的财务报表认定没有获取充分、适当的审计证据，注册会计师应当尽可能获取进一步的审计证据。

2. 按照《中国注册会计师审计准则第1251号——评价审计过程中识别出的错报》的规定，未更正错报单独或汇总起来是否构成重大错报。

在评价未更正错报是否构成重大错报时，注册会计师应当考虑：（1）相对特定类别的交易、账户余额或披露以及财务报表整体而言，错报的金额和性质以及错报发生的特定环境；（2）与以前期间相关的未更正错报对相关类别的交易、账户余额或披露以及财务报表整体的影响。

3. 评价财务报表是否在所有重大方面按照适用的财务报告编制基础编制。

注册会计师应当依据适用的财务报告编制基础特别评价下列内容：（1）财务报表是否充分披露了选择和运用的重要会计政策；（2）选择和运用的会计政策是否符合适用的财务报告编制基础，并适合被审计单位的具体情况；（3）管理层做出的会计估计是否合理；（4）财务报表列报的信息是否具有相关性、可靠性、可比性和可理解性；（5）财务报表是否做出充分披露，使财务报表预期使用者能够理解重大交易和事项对被审计单位财务状况、经营成果和现金流量的影响；（6）财务报表使用的术语（包括每一财务报表的标题）是否适当。

4. 评价财务报表是否实现公允反映。

在评价财务报表是否实现公允反映时，注册会计师应当考虑下列内容：（1）财务报表的整体列报、结构和内容是否合理；（2）财务报表（包括相关附注）是否公允地反映了相关交易和事项。

5. 评价财务报表是否恰当提及或说明适用的财务报告编制基础。

管理层或治理层（如适用）编制的财务报表需要恰当说明适用的财务报告编制基础。这一说明实质上是向财务报表使用者告知财务报表的编制依据，因而非常重要。只有财务报表符合适用的财务报告编制基础（在财务报表所涵盖的期间内有效）的所有要求，声明财务报表按照该编制基础编制才是恰当的。在对适用的财务报告编制基础的说明中使用不严密的修饰语或限定性的语言（如"财务报表实质上符合国际财务报告准则的要求"）是不恰当的，因为这可能误导财务报表使用者。

二、审计报告的类型

(一)审计报告的含义

审计报告是指注册会计师根据审计准则的规定,在执行审计工作的基础上,对财务报表发表审计意见的书面文件。

审计报告是注册会计师在完成审计工作后向委托人提交的最终产品,具有以下特征:(1)注册会计师应当按照审计准则的规定执行审计工作;(2)注册会计师在实施审计工作的基础上才能出具审计报告;(3)注册会计师通过对财务报表发表意见来履行业务约定书约定的责任;(4)注册会计师应当以书面形式出具审计报告。

由于审计报告是注册会计师对财务报表是否在所有重大方面按照财务报告编制基础编制并实现公允反映发表审计意见的书面文件,所以注册会计师应当将已审计的财务报表附于审计报告之后,以便于财务报表使用者正确理解和使用审计报告,并防止被审计单位替换、更改已审计的财务报表。

(二)标准审计报告和非标准审计报告

审计报告分为标准审计报告和非标准审计报告。

标准审计报告是指不含有说明段、强调事项段、其他事项段或其他任何修饰性用语的无保留意见的审计报告。其中,无保留意见是指当注册会计师认为财务报表在所有重大方面按照适用的财务报告编制基础编制并实现公允反映时发表的审计意见。包含其他报告责任段,但不含有强调事项段或其他事项段的无保留意见的审计报告也被视为标准审计报告。

非标准审计报告是指带强调事项段或其他事项段的无保留意见的审计报告和非无保留意见的审计报告。非无保留意见的审计报告包括保留意见的审计报告、否定意见的审计报告和无法表示意见的审计报告。

审计报告的类型如图8-2所示:

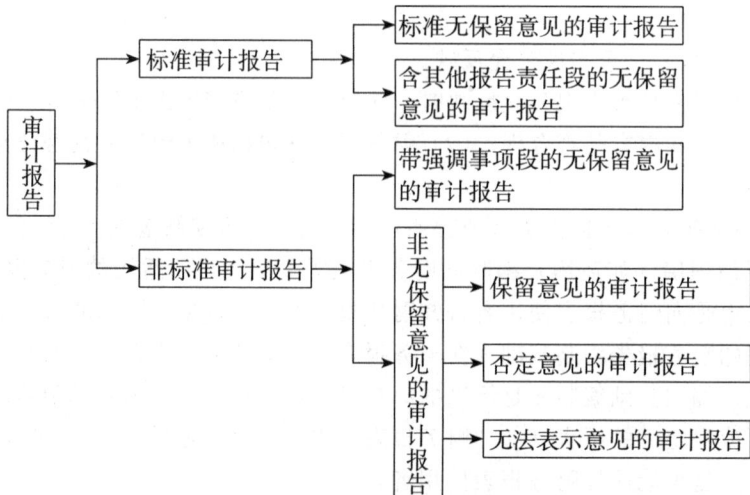

图8-2 审计报告的类型

第五节　标准审计报告

一、审计报告的基本内容

审计报告应当包括下列基本内容：（1）标题；（2）收件人；（3）引言段；（4）管理层对财务报表的责任段；（5）注册会计师的责任段；（6）审计意见段；（7）注册会计师的签名和盖章；（8）会计师事务所的名称、地址和盖章；（9）报告日期。

（一）标题

审计报告应当具有标题，统一规范为"审计报告"。

（二）收件人

审计报告的收件人是指注册会计师按照业务约定书的要求致送审计报告的对象，一般是指审计业务的委托人。审计报告应当按照审计业务的约定载明收件人的全称。

注册会计师应当与委托人在业务约定书中约定致送审计报告的对象，以防止在此问题上发生分歧或审计报告被委托人滥用。针对整套通用目的财务报表出具的审计报告，其致送对象通常为被审计单位的股东或治理层。

（三）引言段

审计报告的引言段应当包括下列方面：（1）指出被审计单位的名称；（2）说明财务报表已经审计；（3）指出构成整套财务报表的每一财务报表的名称；（4）提及财务报表附注（包括重要会计政策概要和其他解释性信息）；（5）指明构成整套财务报表的每一财务报表的日期或涵盖的期间。

（四）管理层对财务报表的责任段

审计报告应当包含标题为"管理层对财务报表的责任"的段落，用以描述被审计单位中负责编制财务报表的人员的责任。管理层对财务报表的责任段应当说明，编制财务报表是管理层的责任，这种责任包括：（1）按照适用的财务报告编制基础编制财务报表，并使其实现公允反映；（2）设计、执行和维护必要的内部控制，以使财务报表不存在由于舞弊或错误导致的重大错报。

注册会计师按照审计准则的规定执行审计工作的前提是管理层和治理层（如适用）认可其按照适用的财务报告编制基础编制财务报表，并使其实现公允反映（如适用）的责任；管理层也认可其设计、执行和维护内部控制，以使编制的财务报表不存在由于舞弊或错误导致的重大错报的责任。审计报告中对管理层责任的说明包括提及这两种责任，这有助于向财务报表使用者解释执行审计工作的前提。

（五）注册会计师的责任段

审计报告应当包含标题为"注册会计师的责任"的段落。注册会计师的责任段应当说明下列内容：（1）注册会计师的责任是在执行审计工作的基础上对财务报表发表审计意见；（2）注册会计师按照中国注册会计师审计准则的规定执行了审计工作；（3）审计工作涉及实施审计程序，以获取有关财务报表金额和披露的审计证据；（4）注册会计师相信获取的审计证据是充分、适当的，为其发表审计意见提供了基础。

(六) 审计意见段

审计报告应当包含标题为"审计意见"的段落。审计意见段应当说明，财务报表是否在所有重大方面按照适用的财务报告编制基础（如企业会计准则）编制，是否公允反映了被审计单位的财务状况、经营成果和现金流量。

(七) 注册会计师的签名和盖章

审计报告应当由注册会计师签名并盖章，在审计报告上签名并盖章，有利于明确法律责任。

根据《财政部关于注册会计师在审计报告上签名盖章有关问题的通知》（财会[2001] 1035号）规定，审计报告应当由两名具备相关业务资格的注册会计师签名盖章并经会计师事务所盖章方为有效。具体要求还包括：(1) 合伙会计师事务所出具的审计报告，应当由一名对审计项目负最终复核责任的合伙人和一名负责该项目的注册会计师签名盖章；(2) 有限责任会计师事务所出具的审计报告，应当由会计师事务所主任会计师或其授权的副主任会计师和一名负责该项目的注册会计师签名盖章。

(八) 会计师事务所的名称、地址及盖章

审计报告应当载明会计师事务所的名称和地址，并加盖会计师事务所公章。

根据《中华人民共和国注册会计师法》的规定，注册会计师承办业务，由其所在的会计师事务所统一受理并与委托人签订委托合同。因此，审计报告除了应由注册会计师签名和盖章外，还应载明会计师事务所的名称和地址，并加盖会计师事务所公章。

注册会计师在审计报告中载明会计师事务所地址时，标明会计师事务所所在的城市即可。在实务中，审计报告通常载于会计师事务所统一印刷的、标有该所详细通讯地址的信笺上，因此，无须在审计报告中注明详细地址。

(九) 报告日期

审计报告应当注明报告日期。审计报告的日期不应早于注册会计师获取充分、适当的审计证据（包括管理层认可对财务报表的责任且已批准财务报表的证据），并在此基础上对财务报表形成审计意见的日期。在确定审计报告日时，注册会计师应当确信已获取下列两方面的审计证据：(1) 构成整套财务报表的所有报表（包括相关附注）已编制完成；(2) 被审计单位的董事会、管理层或类似机构已经认可其对财务报表负责。

在实务中，注册会计师在正式签署审计报告前，需要将审计报告草稿和已审计财务报表草稿一并提交被审计单位管理层。如果被审计单位管理层同意并签署已审计财务报表，注册会计师即可签署审计报告。因此，注册会计师签署审计报告的日期与被审计单位管理层签署已审计财务报表的日期在同一天，或晚于管理层签署已审计财务报表的日期。

二、标准审计报告的格式

对按照企业会计准则编制的财务报表出具的标准审计报告，通常应具备以下条件：(1) 对整套财务报表实施审计；(2) 财务报表由被审计单位管理层基于通用目的、按照企业会计准则的规定编制；(3) 审计业务约定条款中说明的管理层对财务报表的责任，与《中国注册会计师审计准则第1111号——就审计业务约定条款达成一致意见》的规定一致；(4) 除对财务报表实施审计外，注册会计师还承担法律法规要求的其他报告责任，且

注册会计师决定在审计报告中履行其他报告责任。

对按照企业会计准则编制的财务报表出具的标准审计报告如下：

审计报告

ABC股份有限公司全体股东：

一、对财务报表出具的审计报告

我们审计了后附的ABC股份有限公司（以下简称ABC公司）财务报表，包括20×4年12月31日的资产负债表，20×4年度的利润表、现金流量表和所有者权益变动表以及财务报表附注。

（一）管理层对财务报表的责任

编制和公允列报财务报表是ABC公司管理层的责任，这种责任包括：（1）按照企业会计准则的规定编制财务报表，并使其实现公允反映；（2）设计、执行和维护必要的内部控制，以使财务报表不存在由于舞弊或错误而导致的重大错报。

（二）注册会计师的责任

我们的责任是在执行审计工作的基础上对财务报表发表审计意见。我们按照中国注册会计师审计准则的规定执行了审计工作。中国注册会计师审计准则要求我们遵守中国注册会计师职业道德守则，计划和执行审计工作以对财务报表是否不存在重大错报获取合理保证。

审计工作涉及实施审计程序，以获取有关财务报表金额和披露的审计证据。选择的审计程序取决于注册会计师的判断，包括对由于舞弊或错误导致的财务报表重大错报风险的评估。在进行风险评估时，注册会计师考虑与财务报表编制和公允列报相关的内部控制，以设计恰当的审计程序，但目的并非对内部控制的有效性发表意见。审计工作还包括评价管理层选用会计政策的恰当性和作出会计估计的合理性，以及评价财务报表的总体列报。

我们相信，我们获取的审计证据是充分、适当的，为发表审计意见提供了基础。

（三）审计意见

我们认为，ABC公司财务报表在所有重大方面按照企业会计准则的规定编制，公允反映了ABC公司20×4年12月31日的财务状况以及20×4年度的经营成果和现金流量。

二、按照相关法律法规的要求报告的事项

（本部分报告的格式和内容，取决于相关法律法规对其他报告责任的规定）

××会计师事务所	中国注册会计师：×××
（盖章）	（签名并盖章）
	中国注册会计师：×××
	（签名并盖章）
中国××市	二○×五年×月×日

第六节 非标准审计报告

一、非无保留意见的审计报告

（一）非无保留意见的含义

非无保留意见是指保留意见、否定意见和无法表示意见。当存在下列情形之一时，注

册会计师应当在审计报告中发表非无保留意见:

1. 根据获取的审计证据,得出财务报表整体存在重大错报的结论。

为了形成审计意见,针对财务报表整体是否不存在由于舞弊或错误导致的重大错报,注册会计师应当得出结论,确定是否已就此获取合理保证。在得出结论时,注册会计师需要评价未更正错报对财务报表的影响。

错报是指某一财务报表项目的金额、分类、列报或披露,与按照适用的财务报告编制基础应当列示的金额、分类、列报或披露之间存在的差异。财务报表的重大错报可能源于:

(1) 选择的会计政策的恰当性。在选择的会计政策的恰当性方面,当出现下列情形时,财务报表可能存在重大错报:一是选择的会计政策与适用的财务报告编制基础不一致;二是财务报表(包括相关附注)没有按照公允列报的方式反映交易和事项。财务报表编制基础通常包括对会计处理、披露和会计政策变更的要求。如果被审计单位变更了重大会计政策,且没有遵守这些要求,财务报表可能存在重大错报。

(2) 对所选择的会计政策的运用。在对所选择的会计政策的运用方面,当出现下列情形时,财务报表可能存在重大错报:一是管理层没有按照适用的财务报告编制基础的要求一贯运用所选择的会计政策,包括管理层未在不同会计期间或对相似的交易和事项一贯运用所选择的会计政策(运用的一致性);二是不当运用所选择的会计政策(如运用中的无意错误)。

(3) 财务报表披露的恰当性或充分性。在财务报表披露的恰当性或充分性方面,当出现下列情形时,财务报表可能存在重大错报:首先,财务报表没有包括适用的财务报告编制基础要求的所有披露;其次,财务报表的披露没有按照适用的财务报告编制基础列报;第三,财务报表没有做出必要的披露以实现公允反映。

2. 无法获取充分、适当的审计证据,不能得出财务报表整体不存在重大错报的结论。

如果注册会计师能够通过实施替代程序获取充分、适当的审计证据,则无法实施特定程序并不构成对审计范围的限制。但下列情形可能导致注册会计师无法获取充分、适当的审计证据(也称为审计范围受到限制):

(1) 超出被审计单位控制的情形。超出被审计单位控制的情形例如:①被审计单位的会计记录已被毁坏;②重要组成部分的会计记录已被政府有关机构无限期地查封。

(2) 与注册会计师工作的性质或时间安排相关的情形。与注册会计师工作的性质或时间安排相关的情形例如:①被审计单位需要使用权益法对联营企业进行核算,注册会计师无法获取有关联营企业财务信息的充分、适当的审计证据以评价是否恰当运用了权益法;②注册会计师接受审计委托的时间安排,使注册会计师无法实施存货监盘;③注册会计师确定仅实施实质性程序是不充分的,但被审计单位的控制是无效的。

(3) 管理层施加限制的情形。管理层对审计范围施加的限制致使注册会计师无法获取充分、适当的审计证据的情形例如:①管理层阻止注册会计师实施存货监盘;②管理层阻止注册会计师对特定账户余额实施函证。管理层施加的限制可能对审计产生其他影响,如注册会计师对舞弊风险的评估和对业务保持的考虑。

(二) 确定非无保留意见的类型

注册会计师确定恰当的非无保留意见类型,取决于下列事项:(1) 导致非无保留意见的事项的性质，是财务报表存在重大错报，还是在无法获取充分、适当的审计证据的情况下，财务报表可能存在重大错报；（2）注册会计师就导致非无保留意见的事项对财务报表产生或可能产生影响的广泛性做出的判断。其中，广泛性是描述错报影响的术语，用以说明错报对财务报表的影响，或者由于无法获取充分、适当的审计证据而未发现的错报（如存在）对财务报表可能产生的影响。根据注册会计师的判断，对财务报表的影响具有广泛性的情形包括：（1）不限于对财务报表的特定要素、账户或项目产生影响；（2）虽然仅对财务报表的特定要素、账户或项目产生影响，但这些要素、账户或项目是或可能是财务报表的主要组成部分；（3）当与披露相关时，产生的影响对财务报表使用者理解财务报表至关重要。

　　注册会计师对导致发表非无保留意见的事项的性质和这些事项对财务报表产生或可能产生影响的广泛性做出的判断，以及注册会计师的判断对审计意见类型的影响如表8-1所示。

表8-1　　　　　　　　　　　　**导致发表非无保留意见的判断**

导致发表非无保留意见的事项的性质	这些事项对财务报表产生或可能产生影响的广泛性	
	重大但不具有广泛性	重大具有广泛性
财务报表存在重大错报	保留意见	否定意见
无法获取充分、适当的审计证据	保留意见	无法表示意见

　　1. 发表保留意见

　　当存在下列情形之一时，注册会计师应当发表保留意见：

　　（1）在获取充分、适当的审计证据后，注册会计师认为错报单独或汇总起来对财务报表影响重大，但不具有广泛性。

　　注册会计师在获取充分、适当的审计证据后，只有当认为财务报表就整体而言是公允的，但还存在对财务报表产生重大影响的错报时，才能发表保留意见。如果注册会计师认为错报对财务报表产生的影响极为严重且具有广泛性，则应发表否定意见。因此，保留意见被视为注册会计师在不能发表无保留意见情况下最不严厉的审计意见。

　　（2）注册会计师无法获取充分、适当的审计证据以作为形成审计意见的基础，但认为未发现的错报（如存在）对财务报表可能产生的影响重大，但不具有广泛性。

　　注册会计师因审计范围受到限制而发表保留意见还是无法表示意见，取决于无法获取的审计证据对形成审计意见的重要性。注册会计师在判断重要性时，应当考虑有关事项潜在影响的性质和范围以及在财务报表中的重要程度。只有当未发现的错报（如存在）对财务报表可能产生的影响重大但不具有广泛性时，才能发表保留意见。

　　2. 发表否定意见

　　在获取充分、适当的审计证据后，如果认为错报单独或汇总起来对财务报表的影响重大且具有广泛性，注册会计师应当发表否定意见。

　　3. 发表无法表示意见

　　如果无法获取充分、适当的审计证据作为形成审计意见的基础，但认为未发现的错报（如存在）对财务报表可能产生的影响重大且具有广泛性，注册会计师应当发表无法表示意见。

　　在极其特殊的情况下，可能存在多个不确定事项。即使注册会计师对每个单独的不确定事项获取了充分、适当的审计证据，但由于不确定事项之间可能存在相互影响，以及可能对财务报表产生累积影响，注册会计师不可能对财务报表形成审计意见。在这种情况下，注册会计师应当发表无法表示意见。

（三）非无保留意见的审计报告的内容

1. 导致非无保留意见的事项段

如果对财务报表发表非无保留意见，除在审计报告中包含《中国注册会计师审计准则第1501号——对财务报表形成审计意见和出具审计报告》规定的审计报告要素外，注册会计师还应当直接在审计意见段之前增加一个段落，并使用恰当的标题，如"导致保留意见的事项"、"导致否定意见的事项"或"导致无法表示意见的事项"，说明导致发表非无保留意见的事项。审计报告格式和内容的一致性有助于提高使用者理解和识别存在的异常情况。注册会计师应当在导致非无保留意见的事项段中区别下列情况进行说明：

（1）量化财务影响。如果财务报表中存在与具体金额（包括定量披露）相关的重大错报，注册会计师应当在导致非无保留意见的事项段中说明并量化该错报的财务影响。例如，如果存货被高估，注册会计师就可以在审计报告的导致非无保留意见的事项段中说明该重大错报的财务影响，即量化其对所得税、税前利润、净利润和所有者权益的影响。如果无法量化财务影响，注册会计师应当在导致非无保留意见的事项段中说明这一情况。

（2）存在与叙述性披露相关的重大错报。如果财务报表中存在与叙述性披露相关的重大错报，注册会计师应当在导致非无保留意见的事项段中解释该错报错在何处。

（3）存在与应披露而未披露信息相关的重大错报。如果财务报表中存在与应披露而未披露信息相关的重大错报，注册会计师应当采取以下措施：①与治理层讨论未披露信息的情况；②在导致非无保留意见的事项段中描述未披露信息的性质；③如果可行并且已针对未披露信息获取了充分、适当的审计证据，在导致非无保留意见的事项段中包括对未披露信息的披露，除非法律法规禁止。

（4）无法获取充分、适当的审计证据。如果因无法获取充分、适当的审计证据而导致发表非无保留意见，注册会计师应当在导致非无保留意见的事项段中说明无法获取审计证据的原因。

（5）披露其他事项。即便发表了否定意见或无法表示意见，注册会计师也应当在导致非无保留意见的事项段中说明注意到的、将导致发表非无保留意见的所有其他事项及其影响。这是因为，对注册会计师注意到的其他事项的披露可能与财务报表使用者的信息需求相关。

2. 审计意见段

在发表非无保留意见时，注册会计师应当对审计意见段使用恰当的标题，如"保留意见"、"否定意见"或"无法表示意见"。审计意见段的标题能够使财务报表使用者清楚注册会计师发表了非无保留意见，并能够表明非无保留意见的类型。

（1）发表保留意见。当由于财务报表存在重大错报而发表保留意见时，注册会计师应当根据适用的财务报告编制基础在审计意见段中说明：注册会计师认为，除了导致保留意见的事项段所述事项产生的影响外，财务报表在所有重大方面按照适用的财务报告编制基础编制，并实现公允反映；当无法获取充分、适当的审计证据而导致发表保留意见时，注册会计师应当在审计意见段中使用"除……可能产生的影响外"等措辞。当注册会计师发表保留意见时，在审计意见段中使用"由于上述解释"或"受……影响"等措辞是不恰当的，因为这些措辞不够清晰或没有足够的说服力。

（2）发表否定意见。当发表否定意见时，注册会计师应当根据适用的财务报告编制基础在审计意见段中说明：注册会计师认为，由于导致否定意见的事项段所述事项的重要性，财务报表没有在所有重大方面按照适用的财务报告编制基础编制，未能实现公允反映。

（3）发表无法表示意见。当由于无法获取充分、适当的审计证据而发表无法表示意见时，注册会计师应当在审计意见段中说明：由于导致无法表示意见的事项段所述事项的重要性，注册会计师无法获取充分、适当的审计证据以为发表审计意见提供基础，因此，注册会计师不对这些财务报表发表审计意见。

3. 非无保留意见对审计报告要素内容的修改

当发表保留意见或否定意见时，注册会计师应当修改对注册会计师责任的描述，以说明：注册会计师相信，已获取的审计证据是充分、适当的，为发表非无保留意见提供了基础。

当由于无法获取充分、适当的审计证据而发表无法表示意见时，注册会计师应当修改审计报告的引言段，说明注册会计师接受委托审计财务报表。注册会计师还应当修改对注册会计师责任和审计范围的描述，并仅能做出如下说明："我们的责任是在按照中国注册会计师审计准则的规定执行审计工作的基础上对财务报表发表审计意见。但由于导致无法表示意见的事项段中所述的事项，我们无法获取充分、适当的审计证据以为发表审计意见提供基础。"

（四）非无保留意见的审计报告的参考格式

1. 由于财务报表存在重大错报而出具保留意见的审计报告。

举例说明该类审计报告，其背景信息为：（1）对被审计单位管理层按照企业会计准则编制的整套通用目的财务报表实施了审计；（2）审计业务约定条款中说明的管理层对财务报表的责任，与《中国注册会计师审计准则第1111号——就审计业务约定条款达成一致意见》的规定一致；（3）存货存在错报，该错报对财务报表影响重大但不具有广泛性；（4）除对财务报表实施审计外，注册会计师还承担法律法规要求的其他报告责任，且注册会计师决定在审计报告中履行其他报告责任。

由于财务报表存在重大错报而出具保留意见的审计报告的参考格式如下：

审计报告

ABC股份有限公司全体股东：

一、对财务报表出具的审计报告

我们审计了后附的ABC股份有限公司（以下简称ABC公司）财务报表，包括20×4年12月31日的资产负债表，20×4年度的利润表、现金流量表和所有者权益变动表以及财务报表附注。

（一）管理层对财务报表的责任

编制和公允列报财务报表是ABC公司管理层的责任，这种责任包括：（1）按照企业会计准则的规定编制财务报表，并使其实现公允反映；（2）设计、执行和维护必要的内部控制，以使财务报表不存在由于舞弊或错误而导致的重大错报。

（二）注册会计师的责任

我们的责任是在执行审计工作的基础上对财务报表发表审计意见。我们按照中国注册会计师审计准则的规定执行了审计工作。中国注册会计师审计准则要求我们遵守职业道德守则，计划和执行审计工作以对财务报表是否不存在重大错报获取合理保证。

审计工作涉及实施审计程序，以获取有关财务报表金额和披露的审计证据。选择的审计程序取决于注册会计师的判断，包括对由于舞弊或错误导致的财务报表重大错报风险的评估。在进行风险评估时，注册会计师考虑与财务报表编制和公允列报相关的内部控制，以设计恰当的审计程序，但目的并非对内部控制的有效性发表意见。审计工作还包括评价管理层选用会计政策的恰当性和作出会计估计的合理性，以及评价财务报表的总体列报。

我们相信，我们获取的审计证据是充分、适当的，为发表保留意见提供了基础。

（三）导致保留意见的事项

ABC公司20×4年12月31日资产负债表中存货的列示金额为×元。管理层根据成本对存货进行计量，而没有根据成本与可变现净值孰低的原则进行计量，这不符合企业会计准则的规定。公司的会计记录显示，如果管理层以成本与可变现净值孰低来计量存货，存货列示金额将减少×元。相应地，资产减值损失将增加×元，所得税、净利润和所有者权益将分别减少×元、×元和×元。

（四）保留意见

我们认为，除"（三）导致保留意见的事项"段所述事项产生的影响外，ABC公司财务报表在所有重大方面按照企业会计准则的规定编制，公允反映了ABC公司20×4年12月31日的财务状况以及20×4年度的经营成果和现金流量。

二、按照相关法律法规的要求报告的事项

（本部分报告的格式和内容，取决于相关法律法规对其他报告责任的规定）

××会计师事务所   中国注册会计师：×××

（盖章）   （签名并盖章）

                                    中国注册会计师：×××

                                        （签名并盖章）

中国××市   二○×五年×月×日

2. 由于财务报表存在重大错报而出具否定意见的审计报告。

举例说明该类审计报告，其背景信息为：（1）对被审计单位管理层按照企业会计准则编制的整套通用目的财务报表实施审计；（2）审计业务约定条款中说明的管理层对财务报表的责任，与《中国注册会计师审计准则第1111号——就审计业务约定条款达成一致意见》的规定一致；（3）财务报表因未合并子公司而存在重大错报，该错报对财务报表影响重大且具有广泛性，但量化该错报对财务报表的影响是不切实际的；（4）除对合并财务报表实施审计外，注册会计师还承担法律法规要求的其他报告责任，且注册会计师决定在审计报告中履行其他报告责任。

由于财务报表存在重大错报而出具否定意见的审计报告的参考格式如下：

审计报告

ABC股份有限公司全体股东:

一、对合并财务报表出具的审计报告

我们审计了后附的ABC股份有限公司(以下简称ABC公司)的合并财务报表,包括20×4年12月31日的合并资产负债表,20×4年度的合并利润表、合并现金流量表和合并所有者权益变动表以及财务报表附注。

(一)管理层对合并财务报表的责任

编制和公允列报合并财务报表是ABC公司管理层的责任,这种责任包括:(1)按照企业会计准则的规定编制合并财务报表,并使其实现公允反映;(2)设计、执行和维护必要的内部控制,以使合并财务报表不存在由于舞弊或错误而导致的重大错报。

(二)注册会计师的责任

我们的责任是在执行审计工作的基础上对合并财务报表发表审计意见。我们按照中国注册会计师审计准则的规定执行了审计工作。中国注册会计师审计准则要求我们遵守职业道德守则,计划和执行审计工作以对合并财务报表是否不存在重大错报获取合理保证。

审计工作涉及实施审计程序,以获取有关合并财务报表金额和披露的审计证据。选择的审计程序取决于注册会计师的判断,包括对由于舞弊或错误导致的合并财务报表重大错报风险的评估。在进行风险评估时,注册会计师考虑与合并财务报表编制和公允列报相关的内部控制,以设计恰当的审计程序,但目的并非对内部控制的有效性发表意见。审计工作还包括评价管理层选用会计政策的恰当性和作出会计估计的合理性,以及评价合并财务报表的总体列报。

我们相信,我们获取的审计证据是充分、适当的,为发表否定意见提供了基础。

(三)导致否定意见的事项

如财务报表附注×所述,20×4年ABC公司通过非同一控制下的企业合并获得对XYZ公司的控制权,因未能取得购买日XYZ公司某些重要资产和负债的公允价值,故未将XYZ公司纳入合并财务报表的范围,而是按成本法核算对XYZ公司的股权投资。ABC公司的这项会计处理不符合企业会计准则的规定。如果将XYZ公司纳入合并财务报表的范围,ABC公司合并财务报表的多个报表项目将受到重大影响。但我们无法确定未将XYZ公司纳入合并范围对财务报表产生的影响。

(四)否定意见

我们认为,由于"(三)导致否定意见的事项"段所述事项的重要性,ABC公司的合并财务报表没有在所有重大方面按照企业会计准则的规定编制,未能公允反映ABC公司及其子公司20×4年12月31日的财务状况以及20×4年度的经营成果和现金流量。

二、按照相关法律法规的要求报告的事项

(本部分报告的格式和内容,取决于相关法律法规对其他报告责任的规定)

×× 会计师事务所　　　　　　　　　　中国注册会计师:×××

　　(盖章)　　　　　　　　　　　　　　(签名并盖章)

　　　　　　　　　　　　　　　　　　中国注册会计师:×××

　　　　　　　　　　　　　　　　　　　　(签名并盖章)

中国××市　　　　　　　　　　　　　二○×五年×月×日

3. 由于注册会计师无法获取充分、适当的审计证据而出具保留意见的审计报告。

举例说明该类审计报告，其背景信息包括：（1）对被审计单位管理层按照企业会计准则编制的整套通用目的财务报表实施了审计；（2）审计业务约定条款中说明的管理层对财务报表的责任，与《中国注册会计师审计准则第1111号——就审计业务约定条款达成一致意见》的规定一致；（3）对于境外机构的投资，注册会计师无法获取充分、适当的审计证据，这一事项对财务报表影响重大但不具有广泛性；（4）除对财务报表实施审计外，注册会计师还承担法律法规要求的其他报告责任，且注册会计师决定在审计报告中履行其他报告责任。

由于注册会计师无法获取充分、适当的审计证据而出具保留意见的审计报告的参考格式如下：

审计报告

ABC股份有限公司全体股东：

一、对财务报表出具的审计报告

我们审计了后附的ABC股份有限公司（以下简称ABC公司）财务报表，包括20×4年12月31日的资产负债表，20×4年度的利润表、现金流量表和所有者权益变动表以及财务报表附注。

（一）管理层对财务报表的责任

编制和公允列报财务报表是ABC公司管理层的责任，这种责任包括：（1）按照企业会计准则的规定编制财务报表，并使其实现公允反映；（2）设计、执行和维护必要的内部控制，以使财务报表不存在由于舞弊或错误而导致的重大错报。

（二）注册会计师的责任

我们的责任是在执行审计工作的基础上对财务报表发表审计意见。我们按照中国注册会计师审计准则的规定执行了审计工作。中国注册会计师审计准则要求我们遵守职业道德守则，计划和执行审计工作以对财务报表是否不存在重大错报获取合理保证。

审计工作涉及实施审计程序，以获取有关财务报表金额和披露的审计证据。选择的审计程序取决于注册会计师的判断，包括对由于舞弊或错误导致的财务报表重大错报风险的评估。在进行风险评估时，注册会计师考虑与财务报表编制和公允列报相关的内部控制，以设计恰当的审计程序，但目的并非对内部控制的有效性发表意见。审计工作还包括评价管理层选用会计政策的恰当性和作出会计估计的合理性，以及评价财务报表的总体列报。

我们相信，我们获取的审计证据是充分、适当的，为发表保留意见提供了基础。

（三）导致保留意见的事项

如财务报表附注×所述，ABC公司于20×4年取得了XYZ公司30%的股权，因能够对XYZ公司施加重大影响，故采用权益法核算该项股权投资，于20×4年度确认对XYZ公司的投资收益×元，截至20×4年12月31日该项股权投资的账面价值为×元。由于我们未被允许接触XYZ公司的财务信息、管理层和执行XYZ公司审计的注册会计师，我们无法就该项股权投资的账面价值以及ABC公司确认的20×4年度对XYZ公司的投资收益获取充分、适当的审计证据，也无法确定是否有必要对这些金额进行调整。

（四）保留意见

我们认为，除"（三）导致保留意见的事项"段所述事项产生的影响外，ABC公司财务报表在所有重大方面按照企业会计准则的规定编制，公允反映了ABC公司20×4年12月31日的财务状况以及20×4年度的经营成果和现金流量。

二、按照相关法律法规的要求报告的事项

（本部分报告的格式和内容，取决于相关法律法规对其他报告责任的规定）

××会计师事务所	中国注册会计师：×××
（盖章）	（签名并盖章）
	中国注册会计师：×××
	（签名并盖章）
中国××市	二○○五年×月×日

4. 由于注册会计师无法针对财务报表多个要素获取充分、适当的审计证据而出具无法表示意见的审计报告。

举例说明该类审计报告，其背景信息包括：（1）对被审计单位管理层按照企业会计准则编制的整套通用目的财务报表实施了审计；（2）审计业务约定条款中说明的管理层对财务报表的责任，与《中国注册会计师审计准则第1111号——就审计业务约定条款达成一致意见》的规定一致；（3）对财务报表的多个要素，注册会计师无法获取充分、适当的审计证据。例如，对被审计单位的存货和应收账款，注册会计师无法获取审计证据，这一事项对财务报表可能产生的影响重大且具有广泛性；（4）除对财务报表实施审计外，注册会计师还承担法律法规要求的其他报告责任，且注册会计师决定在审计报告中履行其他报告责任。

由于注册会计师无法针对财务报表多个要素获取充分、适当的审计证据而出具无法表示意见的审计报告的参考格式如下：

审计报告

ABC股份有限公司全体股东：

一、对财务报表出具的审计报告

我们审计了后附的ABC股份有限公司（以下简称ABC公司）财务报表，包括20×4年12月31日的资产负债表，20×4年度的利润表、现金流量表和所有者权益变动表以及财务报表附注。

（一）管理层对财务报表的责任

编制和公允列报财务报表是ABC公司管理层的责任，这种责任包括：（1）按照企业会计准则的规定编制财务报表，并使其实现公允反映；（2）设计、执行和维护必要的内部控制，以使财务报表不存在由于舞弊或错误而导致的重大错报。

（二）注册会计师的责任

我们的责任是在按照中国注册会计师审计准则的规定执行审计工作的基础上对财务报表发表审计意见。但由于"（三）导致无法表示意见的事项"段中所述的事项，我们无法获取充分、适当的审计证据以为发表审计意见提供基础。

（三）导致无法表示意见的事项

我们于20×5年1月接受ABC公司的审计委托，因而未能对ABC公司20×4年年初金额为×元的存货和年末金额为×元的存货实施监盘程序。此外，我们也无法实施替代审计程序获取充分、适当的审计证据。并且，ABC公司于20×4年9月采用新的应收账款电算化系统，由于存在系统缺陷导致应收账款出现大量错误。截至审计报告日，管理层仍在纠正系统缺陷并更正错误，我们也无法实施替代审计程序，以对截至20×4年12月31日的应收账款总额×元获取充分、适当的审计证据。因此，我们无法确定是否有必要对存货、应收账款以及财务报表其他项目作出调整，也无法确定应调整的金额。

（四）无法表示意见

由于"（三）导致无法表示意见的事项"段所述事项的重要性，我们无法获取充分、适当的审计证据以为发表审计意见提供基础，因此，我们不对ABC公司财务报表发表审计意见。

二、按照相关法律法规的要求报告的事项

（本部分报告的格式和内容，取决于相关法律法规对其他报告责任的规定）

××会计师事务所　　　　　　　　　　　　　　中国注册会计师：×××

　（盖章）　　　　　　　　　　　　　　　　　　（签名并盖章）

　　　　　　　　　　　　　　　　　　　　　　中国注册会计师：×××

　　　　　　　　　　　　　　　　　　　　　　　（签名并盖章）

中国××市　　　　　　　　　　　　　　　　二〇×五年×月×日

二、审计报告的强调事项段

（一）增加强调事项段的情形

审计报告的强调事项段是指审计报告中含有的一个段落，该段落提及已在财务报表中恰当列报或披露的事项，根据注册会计师的职业判断，该事项对财务报表使用者理解财务报表至关重要。如果认为有必要提醒财务报表使用者关注已在财务报表中列报或披露，且根据职业判断认为对财务报表使用者理解财务报表至关重要的事项，注册会计师在已获取充分、适当的审计证据证明该事项在财务报表中不存在重大错报的条件下，应当在审计报告中增加强调事项段。

注册会计师可能认为需要增加强调事项段的情形主要包括：（1）异常诉讼或监管行动的未来结果存在不确定性；（2）提前应用（在允许的情况下）对财务报表有广泛影响的新会计准则；（3）存在已经或持续对被审计单位财务状况产生重大影响的特大灾难。如果拟在审计报告中增加强调事项段，注册会计师应当就该事项和拟使用的措辞与治理层沟通。

（二）增加强调事项段的方法

强调事项段应当仅提及已在财务报表中列报或披露的信息。如果在审计报告中增加强调事项段，注册会计师应当采取下列措施：（1）将强调事项段紧接在审计意见段之后；（2）使用"强调事项"或其他适当标题；（3）明确提及被强调事项以及相关披露的位置，以便能够在财务报表中找到对该事项的详细描述；（4）指出审计意见没有因该强调事项而改变。

由于增加强调事项段是为了提醒财务报表使用者关注某些事项，并不影响注册会计师的审计意见，为了使财务报表使用者明确这一点，注册会计师应当在强调事项段中指明，该段内容仅用于提醒财务报表使用者关注，并不影响已发表的审计意见。

（三）带强调事项段的审计报告的参考格式

举例说明该类审计报告，其背景信息包括：（1）对被审计单位管理层按照企业会计准则编制的整套通用目的财务报表实施了审计；（2）审计业务约定条款中说明的管理层对财务报表的责任，与《中国注册会计师审计准则第1111号——就审计业务约定条款达成一致意见》的规定一致；（3）异常的未决诉讼事项存在不确定性；（4）由于违反企业会计准则的规定导致发表保留意见；（5）除对财务报表实施审计外，注册会计师还承担法律法规要求的其他报告责任，且注册会计师决定在审计报告中履行其他报告责任。

带强调事项段的保留意见的审计报告的参考格式如下：

审计报告

ABC股份有限公司全体股东：

一、对财务报表出具的审计报告

我们审计了后附的ABC股份有限公司（以下简称ABC公司）财务报表，包括20×4年12月31日的资产负债表，20×4年度的利润表、现金流量表和所有者权益变动表以及财务报表附注。

（一）管理层对财务报表的责任

编制和公允列报财务报表是ABC公司管理层的责任，这种责任包括：（1）按照企业会计准则的规定编制财务报表，并使其实现公允反映；（2）设计、执行和维护必要的内部控制，以使财务报表不存在由于舞弊或错误而导致的重大错报。

（二）注册会计师的责任

我们的责任是在执行审计工作的基础上对财务报表发表审计意见。我们按照中国注册会计师审计准则的规定执行了审计工作。中国注册会计师审计准则要求我们遵守中国注册会计师职业道德守则，计划和执行审计工作以对财务报表是否不存在重大错报获取合理保证。

审计工作涉及实施审计程序，以获取有关财务报表金额和披露的审计证据。选择的审计程序取决于注册会计师的判断，包括对由于舞弊或错误导致的财务报表重大错报风险的评估。在进行风险评估时，注册会计师考虑与财务报表编制和公允列报相关的内部控制，以设计恰当的审计程序，但目的并非对内部控制的有效性发表意见。审计工作还包括评价管理层选用会计政策的恰当性和作出会计估计的合理性，以及评价财务报表的总体列报。

我们相信，我们获取的审计证据是充分、适当的，为发表保留意见提供了基础。

（三）导致保留意见的事项

ABC公司于20×4年12月31日资产负债表中反映的交易性金融资产为×元，ABC公司管理层对这些交易性金融资产未按照公允价值进行后续计量，而是按照其历史成本进行计量，这不符合企业会计准则的规定。如果按照公允价值进行后续计量，ABC公司20×4年度利润表中公允价值变动损失将增加×元，20×4年12月31日资产负债表中交易性金融资产将减少×元，相应地，所得税、净利润和所有者权益将分别减少×元、×元和×元。

（四）保留意见

我们认为，除"（三）导致保留意见的事项"段所述事项产生的影响外，ABC公司财务报表在所有重大方面按照企业会计准则的规定编制，公允反映了 ABC 公司 20×4 年 12 月 31 日的财务状况以及 20×4 年度的经营成果和现金流量。

（五）强调事项

我们提醒财务报表使用者关注，如财务报表附注×所述，截至财务报表批准日，XYZ 公司对 ABC 公司提出的诉讼尚在审理当中，其结果具有不确定性。本段内容不影响已发表的审计意见。

二、按照相关法律法规的要求报告的事项

（本部分报告的格式和内容，取决于相关法律法规对其他报告责任的规定）

××会计师事务所　　　　　　　　　　　　　中国注册会计师：×××

（盖章）　　　　　　　　　　　　　　　　　　　（签名并盖章）

中国注册会计师：×××

（签名并盖章）

中国××市　　　　　　　　　　　　　　　　二〇×五年×月×日

三、审计报告的其他事项段

其他事项段是指审计报告中含有的一个段落，该段落提及未在财务报表中列报或披露的事项，根据注册会计师的职业判断，该事项与财务报表使用者理解审计工作、注册会计师的责任或审计报告相关。

对于未在财务报表中列报或披露，但根据职业判断认为与财务报表使用者理解审计工作、注册会计师的责任或审计报告相关且未被法律法规禁止的事项，如果认为有必要沟通，注册会计师应当在审计报告中增加其他事项段，并使用"其他事项"或其他适当标题。其他事项段应当紧接在审计意见段和强调事项段（如有）之后。如果其他事项段的内容与其他报告责任部分相关，则可以置于审计报告的其他位置。

需要在审计报告中增加其他事项段的情形主要包括：

1. 与使用者理解审计工作相关的情形

在极其特殊的情况下，即便管理层对审计范围施加的限制导致无法获取充分、适当的审计证据可能产生的影响具有广泛性，注册会计师也不能解除业务约定。在这种情况下，注册会计师可能认为有必要在审计报告中增加其他事项段，解释为何不能解除业务约定。

2. 与使用者理解注册会计师责任或审计报告相关的情形

法律法规或得到广泛认可的惯例可能要求或允许注册会计师详细说明某些事项，以进一步解释注册会计师在财务报表审计中的责任或审计报告。在这种情况下，注册会计师可以使用一个或多个子标题来描述其他事项的内容。

3. 限制审计报告分发和使用的情形

为特定目的编制的财务报表可能按照通用目的编制基础编制，因为财务报表预期使用者已确定这种通用目的的财务报表能够满足他们对财务信息的需求。由于审计报告旨在提供给特定使用者，注册会计师可能认为在这种情况下需要增加其他事项段，说明审计报告只是提供给财务报表预期使用者，不应被分发给其他机构或人员，或者被其他机构或人员使用。

需要注意的是，其他事项段的内容明确反映了未被要求在财务报表中列报或披露的其他事项。其他事项段不包括法律法规或其他职业准则（如中国注册会计师职业道德守则中与信息保密相关的规定）禁止注册会计师提供的信息，也不包括要求管理层提供的信息。如果拟在审计报告中增加其他事项段，注册会计师应当就该事项和拟使用的措辞与治理层沟通。

本章小结

完成审计工作与出具审计报告的内容构成如图8-3所示。

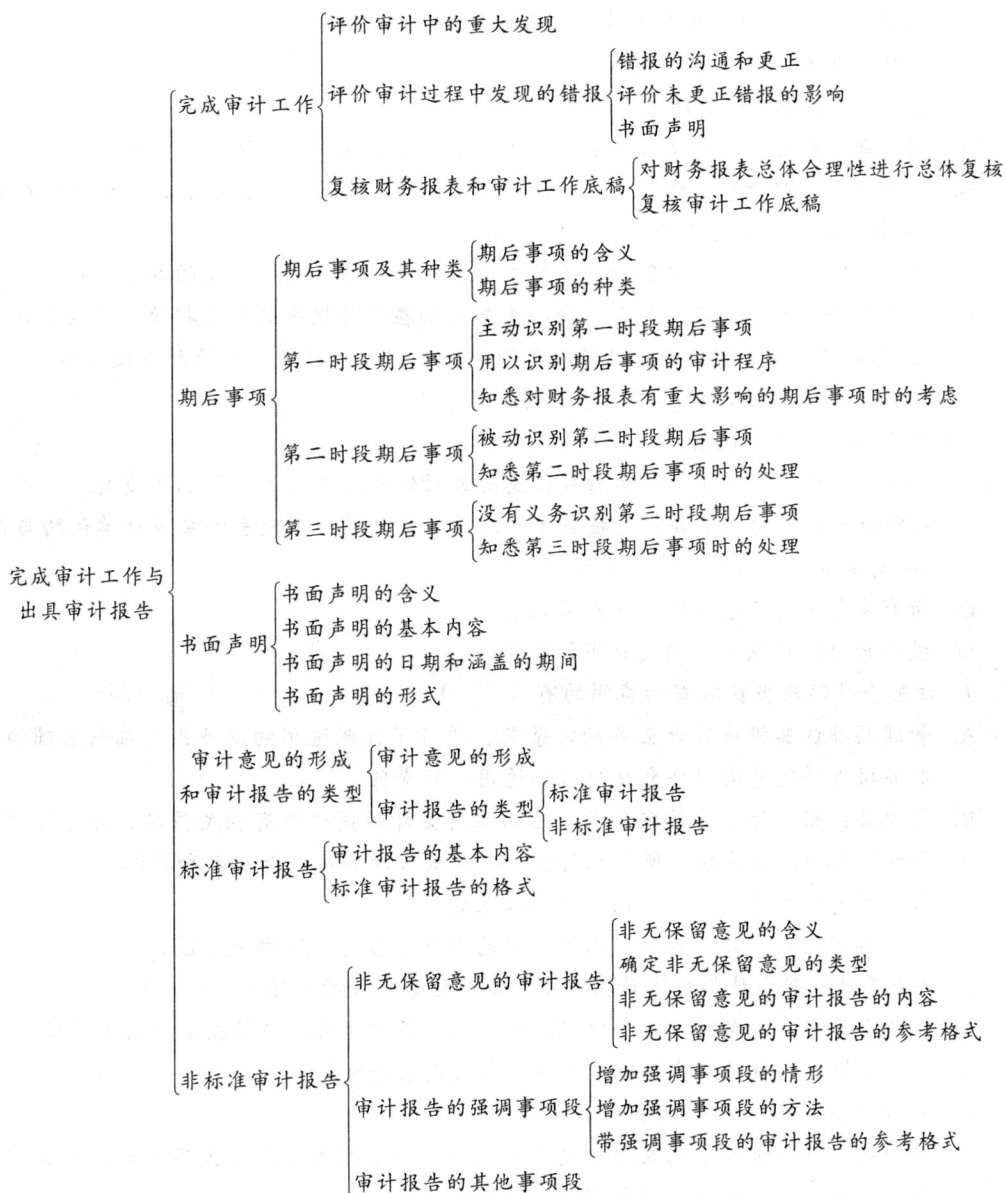

图8-3　完成审计工作与出具审计报告的内容构成

同步测试

一、不定项选择题

1. 有关披露错报的说法中，错误的是（　　）。

A. 由于叙述性披露错报无法量化，通常不会构成重大错报

B. 与应披露未披露信息相关的重大错报可能导致保留意见或否定意见

C. 如果注册会计师由于与应披露未披露信息相关的重大错报发表非无保留意见，应当在审计报告中包含对未披露信息的披露

D. 与披露相关的错报属于判断错报

2. 有关期后事项审计的说法中，正确的有（　　）。

A. 期后事项是指资产负债表日至财务报表报出日之间发生的事项

B. 期后事项是指资产负债表日至审计报告日之间发生的事项，以及注册会计师在审计报告日后知悉的事实

C. 注册会计师仅需主动识别资产负债表日至审计报告日之间发生的期后事项

D. 审计报告日后，如果注册会计师知悉某项若在审计报告日知悉将导致修改审计报告的事实，且管理层已就此修改了财务报表，应当对修改后的财务报表实施必要的审计程序，出具新的或经修改的审计报告

3. 应当列入书面声明的有（　　）。

A. 管理层认为，未更正错报单独或汇总起来对财务报表整体的影响不重大

B. 被审计单位已向注册会计师披露了管理层注意到的、可能影响被审计单位的与舞弊或舞弊嫌疑相关的所有信息

C. 所有交易均已记录并反映在财务报表中

D. 被审计单位将及时足额支付审计费用

4. 注册会计师应当获取书面声明的有（　　）。

A. 管理层确认其根据审计业务约定条款，履行了按照适用的财务报告编制基础编制财务报表并使其实现公允反映（如适用）的责任

B. 管理层按照审计业务约定条款，已向注册会计师提供所有相关信息，并允许注册会计师不受限制地接触所有相关信息以及被审计单位内部人员和其他人员

C. 管理层确认所有交易均已记录并反映在财务报表中

D. 管理层将按照审计业务约定书中规定的审计报告用途使用审计报告

5. 将会导致注册会计师在审计报告中增加其他事项段的事项是（　　）。

A. 注册会计师决定在审计报告中提及前任注册会计师对对应数据出具的审计报告

B. 当财务报表列报对应数据时，上期财务报表未经审计

C. 对审计报告使用和分发的限制

D. 含有已审计财务报表的文件中的其他信息与财务报表存在重大不一致，并且需要对财务报表做出修改，但管理层拒绝修改

6. 不会导致注册会计师因审计范围受限制而修改审计报告的情况是（　　）。

A.客户造成的限制　　　　　　　　B.依赖其他注册会计师的报告

C.未能取得充分有力的证据　　　　　D.会计记录不充分

7. 通常，管理层（　　）行为导致审计范围受到限制，以致无法出具无保留意见。

A.提供按现金收付实现制会计基础编制的财务报表

B.说明财务报表故意未按企业会计准则要求编制

C.不提供注册会计师能利用的董事会会议记录

D.要求注册会计师对资产负债表，而不对其他基本财务报表进行报告

8. 通常在（　　）情况下，注册会计师将出具标准无保留意见的审计报告。

A.注册会计师想强调该客户与关联方有大量交易

B.注册会计师决定在审计报告中提及另一个注册会计师的报告以作为其出具审计报告的部分依据

C.客户发表了说明该公司财务状况、经营成果的财务报表，但漏报了现金流量表

D.注册会计师对客户的持续经营能力持有重大怀疑，但该情况已在财务报表中得到充分的披露

9. 在（　　）的情况下注册会计师应表示保留意见。

A.由于审计范围受限制，注册会计师难以完成重要的审计程序

B.在审计过程中利用了专家的工作

C.使用了不符合企业会计准则的会计原则

D.对被审计单位，注册会计师缺乏独立性

10. 注册会计师无法取得客户在国外子公司投资的已审财务报表或其他充分证据。注册会计师应在（　　）中进行选择。

A.否定意见和无保留意见　　　　　B.无法表示意见和无保留意见

C.保留意见和否定意见　　　　　　D.保留意见和无法表示意见

11. （　　）要求在审计报告中包括强调事项段，不论这些情况在财务报表中是否得到充分披露。

A.变更会计估计

B.将不可接受的会计政策变更为符合会计准则要求的会计政策

C.对某一错误进行更正而不必变动所采用的会计政策

D.变更会计科目

12. 某公司将其不合理的存货计价方法变更为符合企业会计准则的方法。注册会计师在该年度财务报表中对这一变更的报告（　　）。

A.不必提及变更后一致性问题

B.应提及前期调整事项

C.应附加强调事项段说明这一变更

D.提及变更的正当理由，以及该变更对净利润的影响

13. 将会导致注册会计师在审计报告中增加强调事项段的事项是（　　）。

A. 在允许的情况下，提前应用对财务报表有广泛影响的新会计准则

B. 所审计财务报表采用特殊编制基础编制

C. 含有已审计财务报表的文件中的其他信息与财务报表存在重大不一致，并且需要对其他信息做出修改，但管理层拒绝修改

D. 存在已经或持续对被审计单位财务状况产生重大影响的特大灾难

14. 承接审计业务后，如果注意到被审计单位管理层对审计范围施加了限制，且认为这些限制可能导致对财务报表发表保留意见或无法表示意见，注册会计师采取的正确措施有（　　）。

A. 要求管理层消除这些限制，如果管理层拒绝消除限制，应当与治理层沟通

B. 如果无法获取充分、适当的审计证据，且未发现的错报（如存在）对财务报表的影响重大且具有广泛性，应当在可行时解除业务约定

C. 如果无法获取充分、适当的审计证据，且未发现的错报（如存在）对财务报表的影响重大且具有广泛性，若解除业务约定不可行，应当发表无法表示意见

D. 如果无法获取充分、适当的审计证据，且未发现的错报（如存在）对财务报表的影响重大，但不具有广泛性，应当发表保留意见

15. 根据对被审计单位持续经营能力的审计结论，注册会计师在判断应出具何种类型的审计报告时，正确的说法有（　　）。

A. 如果被审计单位运用持续经营假设适当但存在重大不确定性，且财务报表附注已做充分披露，应当发表无保留意见，并在审计报告中增加强调事项段

B. 如果存在多项对财务报表整体具有重要影响的重大不确定性，且财务报表附注已做充分披露，在极少数情况下，可能认为发表无法表示意见是适当的

C. 如果存在可能导致对被审计单位持续经营能力产生重大疑虑的事项和情况，且财务报表附注未做充分披露，应当发表保留意见

D. 如果管理层编制财务报表时运用持续经营假设不适当，应当发表否定意见

二、判断题

1. 注册会计师在审计计划阶段对重要性的判断，与其在评估审计差异时对重要性的判断是相同的。　　　　　　　　　　　　　　　　　　　　　　　（　　）

2. 未更正错报是指注册会计师在审计过程中累积的且被审计单位未予更正的错报。对于未更正错报，注册会计师应在审计报告中详细披露。　　　　　　　　（　　）

3. 审计完成阶段的复核工作应包括对财务报表总体合理性的复核和审计工作底稿的复核。　　　　　　　　　　　　　　　　　　　　　　　　　　　　　（　　）

4. 会计师事务所应当制定政策和程序，以确保只有完成项目质量控制复核，才可以签署业务报告。　　　　　　　　　　　　　　　　　　　　　　　　　　（　　）

5. 书面声明是注册会计师在财务报表审计中需要获取的必要信息，为所涉及的事项提供了充分、适当的审计证据。　　　　　　　　　　　　　　　　　　　（　　）

6. 针对财务报表的编制，注册会计师应当要求管理层提供书面声明，确认其根据审计业务约定条款，履行了按照适用的财务报告编制基础编制财务报表并使其实现公允反映（如适用）的责任。　　　　　　　　　　　　　　　　　　　　　　　（　　）

7. 书面声明的日期可以是出具审计报告后的任何日期，其涵盖的范围应当包括审计报告针对的所有财务报表。　　　　　　　　　　　　　　　　　　　　（　　）

8. 审计报告日应为注册会计师获取充分、恰当的审计证据，并在此基础上对财务报表形成审计意见之后的某一日期。　　　　　　　　　　　　　　　　　（　　）

9. 如果财务报表存在重大错报，且该错报对财务报表产生的影响具有广泛性，注册

会计师应发表保留意见。　　　　　　　　　　　　　　　　　　　　　（　　）

10. 因审计范围受到限制，注册会计师无法获取充分、适当的审计证据，且该事项的影响重大但不具有广泛性，则应发表无法表示意见。　　　　　　　　　　（　　）

三、分析题

1. A注册会计师负责审计上市公司甲公司2014年度财务报表，审计完成阶段的部分工作底稿内容摘录如下：

（1）甲公司持续经营假设适当但存在重大不确定性，财务报表附注中对此未做充分披露，拟在审计报告中增加强调事项段。

（2）发现含有已审计财务报表的公司年度报告中披露的年度营业收入总额与已审计财务报表中列示的营业收入金额存在重大不一致，并确定需要修改公司年度报告而非已审计财务报表，管理层拒绝修改公司年度报告。A注册会计师认为，上述情形不会影响审计意见，因此无须采取任何行动。

（3）甲公司2013年度财务报表经其他会计师事务所审计并发表了无保留意见。A注册会计师拟在审计报告中增加其他事项段说明该事项。

要求1：针对上述第（1）和第（2）项，分别指出A注册会计师采取的应对措施是否恰当。如不恰当，简要说明正确的应对措施。

要求2：针对上述第（3）项，指出A注册会计师应在其他事项段中说明的内容。

2. 甲公司是ABC会计师事务所的常年审计客户，主要从事日用消费品的生产和销售。A注册会计师负责审计甲公司2014年度财务报表。2014年度甲公司财务报表整体重要性为税前利润的5%，即500万元。

资料一：

A注册会计师在审计工作底稿中记录了所了解的甲公司的情况及其环境，部分内容摘录如下：

（1）2014年度，甲公司主要原材料价格有所上涨。为稳定采购价格，甲公司适当增加部分新供应商，供应商数量由2013年年末的40家增加到2014年年末的45家。经审核批准后，所有新增供应商的信息被输入采购系统的供应商信息主文档。以前年度审计中对与供应商数据维护相关的控制测试未发现控制缺陷。

（2）2014年3月，甲公司向乙公司采购合同价为1 000万元的原材料，原材料已入库。双方因原材料质量问题产生争议，甲公司未记录该笔采购交易。2014年11月，乙公司根据合同约定提出仲裁申请，要求甲公司全额支付货款并赔偿利息。截至2014年12月31日，该案件仍在听证过程中。

（3）2013年12月31日，甲公司采购的金额为800万元的原材料已入库，但因未收到供应商发票，未确认应付账款。A注册会计师在审计甲公司2013年度财务报表时，提出了相应的审计调整建议，甲公司予以采纳。

（4）由于原材料和人工成本的上涨，甲公司产品的生产成本较去年同期平均上涨10%。甲公司在2014年3月全线提高产品销售价格。为保持市场占有率，甲公司在2014年度加大了促销活动力度。甲公司董事会批准的2014年度销售费用预算比2013年度实际销售费用增长了15%。

（5）甲公司举办的各类产品促销活动为期三个月到六个月。财务部根据市场部上报的经批准的促销活动预算按月预提促销费。甲公司的市场营销管理制度规定，市场部应当在每一项促销活动结束后一个月内统计该促销活动的实际支出，并办理核算手续，财务部据此补提或冲转预提费用。

（6）甲公司内部审计部门2014年对甲公司各主要业务流程的控制执行了检查。内部审计报告指出，销售部门员工预支款长期挂账，未按公司规定定期结算，余额合计30万元。

（7）甲公司自2014年1月1日起推行新的付款预算管理制度，规定各部门必须在每月20日之前提交下月付款预算，超出预算的付款申请必须由部门经理、财务总监和总经理批准。

资料二：

A注册会计师在审计工作底稿中记录了所获取的甲公司的财务数据，部分内容摘录如表8-2所示。

表8-2　　　　　　　A注册会计师所获取的甲公司的财务数据（部分内容）　　　　金额单位：万元

项　　目	未审数	已审数
	2014年	2013年
存货——原材料	8 400	7 700
应付账款		
——发票已收	5 000	4 500
——发票未收	200	800
预计负债——促销活动费	6 300	3 900
销售费用	15 000	12 000

资料三：

A注册会计师在审计工作底稿中记录了拟实施的控制测试和实质性程序，部分内容摘录如下：

（1）对于2014年度新增的供应商，检查相关的审核批准手续是否按规定执行。

（2）从2014年度账款"应付账款——发票已收"明细账贷方发生额中选取60笔采购交易，测试三单核对（订购单、入库验收单和供应商发票）控制的运行是否有效，并检查订购单是否得到适当的批准。

（3）获取2014年12月31日"应付账款——发票未收"账户明细清单，与相关订购单和入库验收单进行核对。

（4）获取2014年12月和2015年1月的原材料入库记录，抽样检查相关的应付账款是否计入正确的期间。

（5）获取期后销售费用明细账，检查是否存在与2014年度销售费用相关的调整事项。

（6）对2014年度按明细类别及按月列示的销售费用实施分析程序，评估销售费用的合理性，并调查异常情况。

（7）向甲公司的外部法律顾问发出法律意见询证函，询问诉讼、索赔及评估情况。

资料四：

A注册会计师在审计过程中发现，甲公司管理层将2014年度发生的材料采购运输费用直接计入当年营业成本，未纳入存货采购成本进行核算，导致2014年度营业成本高估

600万元，2014年12月31日的存货余额低估600万元。A注册会计师提出审计调整建议，甲公司管理层拒绝做出调整。

要求1：针对资料一第（1）至（7）项，结合资料二，假定不考虑其他条件，逐项指出资料一所列事项是否可能表明存在重大错报风险。如果认为存在重大错报风险，简要说明理由，并说明该风险主要与哪些财务报表项目（仅限于存货、应付账款、预付款项、其他应收款、预计负债、营业成本和销售费用）的哪些认定相关。

要求2：针对资料三第（1）至（7）项，假定不考虑其他条件，逐项指出审计程序与根据资料一和资料二识别的重大错报风险是否直接相关。如果直接相关，指出对应识别的是哪一项重大错报风险；如果不直接相关，指出该审计程序与哪个财务报表项目的哪一项认定最相关。

要求3：针对资料四，假定不考虑其他条件，代A注册会计师判断应出具何种类型的审计报告，并续编审计报告。

第九章　会计师事务所业务质量控制

【学习目标】

1. 了解质量控制制度的目标与要素，以及对业务质量承担的领导责任。

2. 了解会计师事务所业务质量控制要求，掌握业务执行中的指导、监督与复核，以及项目质量控制复核。

第一节　对业务质量承担的领导责任

一、质量控制制度的目标和要素

执业质量是会计师事务所的生命线，是注册会计师行业维护公众利益的专业基础和诚信义务。加强业务质量控制制度建设，制定并实施科学、严谨的质量控制政策和程序，是保障会计师事务所执业质量、实现行业科学健康发展的重要制度保障和长效机制。建立和保持业务质量控制制度是一项系统工程，涉及会计师事务所的方方面面。会计师事务所应当按照《会计师事务所质量控制准则第5101号——业务质量控制》的要求，建立健全的业务质量控制制度。

（一）质量控制制度的目标

会计师事务所应当根据会计师事务所质量控制准则，制定质量控制制度，以合理保证业务质量。质量控制制度的目标主要在以下两个方面提出合理保证：（1）会计师事务所及其人员遵守职业准则和适用的法律法规的规定；（2）会计师事务所和项目合伙人出具适合具体情况的报告。其中，项目合伙人是指会计师事务所中负责某项业务及其执行，并代表会计师事务所在出具的报告上签字的合伙人。

（二）质量控制制度的要素

会计师事务所的质量控制制度应当包括针对下列要素而制定的政策和程序：（1）对业务质量承担的领导责任；（2）相关职业道德要求；（3）客户关系和具体业务的接受与保持；（4）人力资源；（5）业务执行；（6）监控。

会计师事务所应当将质量控制政策和程序形成书面文件，并传达到全体人员。在记录和传达时，应清楚地描述质量控制政策和程序及其拟实现的目标，包括用适当信息指明每个人都负有各自的质量责任，并被期望遵守这些政策和程序。

二、对业务质量承担的领导责任

（一）对主任会计师的总体要求

会计师事务所内部重视质量的文化氛围，为会计师事务所质量控制设定了较好的基调，将对制定和实施质量控制制度产生广泛和积极的影响。明确质量控制制度的最终责任人，也对会计师事务所的业务质量控制起着决定作用。为此，会计师事务所应当制定政策和程序，培育以质量为导向的内部文化。这些政策和程序应当要求会计师事务所主任会计师对质量控制制度承担最终责任，在制度上保证质量控制制度的地位和执行力，建立强有力的高层基调。

在审计实务中，会计师事务所需要建立与业务规模相匹配的质量控制部门，以具体落实各项质量控制措施。质量控制措施的实施，一部分可能由专职的质量控制人员执行，另一部分可能是由业务人员或职能部门的人员执行。

（二）行动示范和信息传达

会计师事务所培育以质量为导向的内部文化，就是要在会计师事务所内形成和传播质量至上的内部文化。内部质量文化能否形成，有赖于会计师事务所各级管理层的努力。为此，会计师事务所的领导层及其做出的示范对会计师事务所的内部文化有重大影响。会计师事务所各级管理层应当通过清晰、一致及经常的行动示范和信息传达，强调质量控制政策和程序的重要性，并要求做到：（1）按照法律法规、相关职业道德要求和业务准则的规定执行工作；（2）根据具体情况出具恰当的报告。

会计师事务所领导层的行动示范，在某种程度上比控制制度更有影响力。采取的途径通常有培训、研讨会、谈话、发表文章等，通过行动示范和信息传达，可以起到强化质量文化的效果。

（三）树立质量至上的意识

会计师事务所的领导层应当树立质量至上的意识，并通过下列措施实现质量控制目标：（1）合理确定管理责任，以避免重商业利益、轻业务质量；（2）建立以质量为导向的业绩评价、工薪及晋升的政策和程序；（3）投入足够的资源制定和执行质量控制政策和程序，并形成相关文件记录。

会计师事务所的领导层必须首先认识到，其经营策略应当保证所有业务的执业质量。会计师事务所针对员工设计的有关业绩评价、工薪及晋升（包括激励制度）的政策和程序，应当表明会计师事务所最重视的是质量，以形成正确的行为导向。制定和执行质量控制政策及程序需要花费一定的成本，会计师事务所应当投入足够的资源制定（包括修订）和执行质量控制政策及程序，并形成相关文件记录，这对于实现质量控制目标也有着直接的重大影响。

（四）委派质量控制制度运作人员

会计师事务所主任会计师对质量控制制度承担最终责任。为保证质量控制制度的具体运作效果，主任会计师必须委派适当的人员并授予其必要的权限，以帮助主任会计师正确履行其职责。为此，受会计师事务所主任会计师委派承担质量控制制度运作责任的人员，应当具有足够、适当的经验和能力以及必要的权限以履行其责任。

要求承担质量控制制度运作责任的人员具有足够、适当的经验和能力，是为了使其能够识别和了解质量控制问题；要求具有必要的权限，是为了保证其能够实施质量控制政策和程序。

【知识链接9-1】会计师事务所可以通过以下方式建立健康的高层基调，如表9-1所示。

表9-1 健康高层基调的建立方式

确定事务所的目标、优先考虑事项和价值观	包括： ○对质量和道德的不动摇的重视 ○在员工学习、培训和技能发展上的投入 ○在技术、人力资源和财务资源上的投入 ○确保执行良好的业务和财务管理的政策 ○在决策中使用风险容忍度
定期沟通	通过定期与员工口头和书面沟通,向他们强调事务所的价值观和承诺,强调保持诚信、客观、独立性、职业怀疑、对公众的责任,可以通过评价制度、电子邮件、会议纪要和内部新闻简报等方式进行沟通
更新质量控制手册	定期更新事务所的质量控制政策和程序,以应对制度缺陷和新要求
使员工承担责任	对质量控制部门明确分配工作职责(例如,独立性问题、咨询、底稿复核等)
提高员工的胜任能力,奖励高质量的工作	通过以下方式促进员工的发展: ○明确工作责任以及书面记录每年的业绩评价结果,高质量的工作作为业绩评价时优先考虑的事项 ○对高质量工作进行奖励 ○对故意违反事务所政策的行为采取惩戒措施
持续改进	识别出缺陷时(如通过对事务所的项目档案进行监控,包括定期检查已完成的项目档案)立即采取措施予以纠正
树立典型	合伙人为员工树立一个日常行为中的正面典型。例如,如果政策强调高质量工作的必要性,那么就不能批评一个有合理理由超过时间预算的员工

对强有力的高层基调的阻碍因素,如表9-2所示。

表9-2 强有力高层基调建立的阻碍因素

阻碍因素	描 述
不良的态度	不良的态度是对质量的最大阻碍,包括以下态度(可能未必这么极端): ○事务所一直在危机模式下运行 ○业务和活动计划不好是常态 ○不重视质量或不遵守最高道德标准 ○不关心公众和其他利益相关者对质量的期望 ○认为审计准则的变化仅仅适用于大的被审计单位;改变一些实务或术语以表明遵守了审计准则,但实际上仍在继续老的审计实务 ○相信事务所在小型审计业务中没有风险,因此所执行的工作应该最少 ○审计工作根据收取的审计费用而定,而不是与风险相适应 ○项目合伙人认为客户是完全值得信任的 ○规避项目质量控制复核或将复核的工作量减少到最低水平 ○认为由于客户支付审计费用,因此客户应当得到他们想得到的 ○合伙人因收费原因而保持或接受某一审计客户,即便该客户对事务所而言风险较高 ○不愿采用标准的事务所质量控制政策,合伙人要使工作底稿按照他的方法编制,而不考虑其他人的想法 ○要求员工遵守事务所的政策,但自己不遵守(即"按我说的去做,而不是按我做的去做")
不愿意在培训和发展上投入	实现高质量审计取决于能否吸引和留住合格的、具有专业胜任能力的人去执行工作。这要求在每一期间对所有的合伙人和专业员工开展持续的职业发展和业绩评价。在员工身上的投入不足会导致员工流失
缺乏惩戒	在合伙人或员工故意违反事务所的政策时未能予以惩戒,从而向事务所人员传递一个明确的信号:书面政策实际上没有那么重要。这会破坏对事务所所有政策的遵守,增加事务所的风险

第二节　相关职业道德要求

一、总体要求

会计师事务所应当制定政策和程序，以合理保证会计师事务所及其人员遵守相关职业道德要求。会计师事务所及其人员执行任何类型的业务，都应当遵守相关职业道德要求。

遵守相关职业道德要求，不仅包括遵守职业道德的基本原则，如诚信、独立性、客观和公正、专业胜任能力和应有的关注、保密、良好职业行为等，还包括遵守有关职业道德的具体规定。会计师事务所如不能合理保证相关职业道德要求得到遵守，就无法保证业务质量。

二、遵守相关职业道德要求的具体措施

会计师事务所制定的政策和程序应当强调遵守相关职业道德要求的重要性，并通过必要的途径予以强化。其具体包括：

（一）会计师事务所领导的示范

领导层应在会计师事务所内形成重视相关职业道德要求的氛围，并将相关政策和程序传达给会计师事务所员工。例如，领导层可通过电子邮件、信件和记录等，在专业发展会议上或在客户关系和具体业务的接受与保持以及业务执行过程中，强调诚信、独立性、客观和公正等职业道德基本原则。

（二）教育和培训

会计师事务所应向所有人员提供适用的专业文献和法律文献，并希望他们熟悉这些文献。会计师事务所还应要求所有人员定期接受职业道德培训，这种培训既可涵盖会计师事务所所有有关职业道德要求的政策和程序，也可涵盖所有适用的法律法规中有关职业道德的要求。

（三）监控

会计师事务所可以通过定期检查，监督会计师事务所有关职业道德要求的政策和程序设计是否合理，运行是否有效，并采取适当行动，改进其设计和解决运行中存在的问题。

（四）对违反相关职业道德要求行为的处理

会计师事务所应当制定处理违反相关职业道德要求行为的政策和程序，指出违反相关职业道德要求的后果，并据此对违反相关职业道德要求的个人及时进行处理。会计师事务所可以为每位员工建立职业道德档案，记录个人违反相关职业道德要求的行为及其处理结果。

三、满足独立性要求

（一）总体要求

会计师事务所应当制定政策和程序，以合理保证会计师事务所及其人员，包括雇用的专家和其他需要满足独立性要求的人员，保持相关职业道德要求规定的独立性。

（二）具体要求

会计师事务所内部不同层级人员之间相互沟通的信息有着重要的作用。为此，会计师

事务所制定的政策和程序应当要求：

（1）项目合伙人向会计师事务所提供与客户委托业务相关的信息，以使会计师事务所能够评价这些信息对保持独立性的总体影响。

（2）会计师事务所人员及时向会计师事务所报告对独立性产生不利影响的情况和关系，以便会计师事务所采取适当行动。

（3）会计师事务所收集相关信息，并向适当人员传达。例如，会计师事务所可以编制并保留禁止本所人员与之有商业关系的客户清单，并将清单信息传达给相关人员，以便其评价独立性。会计师事务所还应将清单的任何变更及时告知会计师事务所人员。会计师事务所应当重视及时向适当人员传达收集的相关信息，以帮助其满足独立性要求。

会计师事务所应当制定政策和程序，以合理保证能够获知违反独立性要求的情况，并采取适当行动予以解决。这些政策和程序应当包括下列要求：

（1）会计师事务所人员将注意到的、违反独立性要求的情况立即告知会计师事务所。

（2）会计师事务所将识别出的违反这些政策和程序的情况，立即传达给需要与会计师事务所共同处理这些情况的项目合伙人，需要采取适当行动的会计师事务所和网络内部的其他相关人员以及受独立性要求约束的人员。

（3）项目合伙人、会计师事务所和网络内部的其他相关人员以及受独立性约束的其他人员，在必要时立即向会计师事务所报告他们为解决有关问题所采取的行动，以使会计师事务所能够决定是否应当采取进一步的行动。

会计师事务所一旦获知违反独立性政策和程序的情况，应当立即将相关信息告知有关项目合伙人和会计师事务所的其他适当人员，如认为必要，还应当立即告知会计师事务所雇用的专家和关联会计师事务所的人员，以便他们采取适当的行动。

（三）获取书面确认函

会计师事务所应当每年至少一次向所有需要按照相关职业道德要求保持独立性的人员获取其遵守独立性政策和程序的书面确认函。当有其他会计师事务所参与执行部分业务时，会计师事务所也可以考虑向其获取有关独立性的书面确认函。

书面确认函既可以是纸质的，也可以是电子形式的。通过获取确认函以及针对违反独立性的信息采取适当的行动，会计师事务所可以表明，其强调保持独立性的重要性，并使保持独立性的问题清楚地展示在会计师事务所人员面前。

（四）防范关系密切产生的不利影响

长期由同一个高级人员执行某项鉴证业务可能造成的亲密关系对独立性会产生不利影响，为此，会计师事务所应当制定下列政策和程序，以防范同一高级人员由于长期执行某一客户的鉴证业务可能对独立性产生的不利影响。

（1）明确标准，以确定长期委派同一名合伙人或高级员工执行某项鉴证业务时，是否需要采取防范措施，将因密切关系产生的不利影响降到可接受的水平。

（2）对所有上市实体财务报表审计业务，按照相关职业道德要求和法律法规的规定，在规定期限届满时转换合伙人、项目质量控制复核人员，以及受转换要求约束的其他人员。其中，上市实体是指其股份、股票或债券在法律法规认可的证券交易所报价或挂牌，或在法律法规认可的证券交易所或其他类似机构的监管下进行交易的实体。上市实体不仅包括上市公司，还包括公开发行债券的企业，范围比上市公司要广。

会计师事务所在建立适当的标准时，应当考虑下列因素：（1）鉴证业务的性质，包括涉及公众利益的范围；（2）高级管理人员提供该项鉴证业务的服务年限。由于上市实体财务报表审计涉及公众利益的范围大，因此，对所有的上市公司财务报表审计，会计师事务所应当按照我国相关法律法规的规定，定期轮换项目合伙人。

第三节　业务质量控制的具体要求

一、客户关系和具体业务的接受与保持

接受与保持客户关系和具体业务是会计师事务所开展业务活动的第一个环节，也是防范业务风险的重要环节。会计师事务所应当制定有关客户关系和具体业务接受与保持的政策和程序，以合理保证只有在下列条件的情况下，才能接受或保持客户关系和具体业务。

（一）能够胜任该项业务，并具有执行该项业务必要的素质、时间和资源

会计师事务所在接受新业务前，必须评价自身的执业能力，不得承接不能胜任和无法完成的业务。因此，会计师事务所需要综合考虑下列事项，以确定是否具有接受新业务所需的必要素质、专业胜任能力、时间和资源：（1）会计师事务所人员是否熟悉相关行业或业务对象；（2）会计师事务所是否了解相关监管要求或报告要求，或具备有效获取必要技能和知识的能力；（3）会计师事务所是否拥有足够的具有必要胜任能力和素质的人员；（4）需要时是否能够得到专家的帮助；（5）如果需要项目质量控制复核，是否具备符合标准和资格要求的项目质量控制复核人员；（6）会计师事务所是否能够在提交报告的最后期限内完成业务。

如果决定接受或保持客户和具体业务，会计师事务所应与客户就相关问题达成一致，并形成书面业务约定书，将对业务的性质、范围和局限性产生误解的风险降至最低。

（二）能够遵守相关职业道德要求

在确定是否接受新业务时，会计师事务所应当考虑接受该业务是否会导致现实或潜在的利益冲突。如果识别出潜在的利益冲突，会计师事务所应当考虑接受该业务是否适当。

（三）没有信息表明客户缺乏诚信

客户的诚信问题虽然不会必然导致财务报表产生重大错报，但绝大多数的审计问题都来源于不诚信的客户。因此，注册会计师应当了解客户的诚信，拒绝不诚信的客户，以降低业务风险。

会计师事务所应当考虑下列主要事项，以评价客户的诚信情况：（1）客户主要股东、关键管理人员及治理层的身份和商业信誉；（2）客户的经营性质，包括业务；（3）有关客户主要股东、关键管理人员及治理层对内部控制环境和会计准则等的态度；（4）客户是否过分考虑将会计师事务所的收费维持在尽可能低的水平；（5）工作范围受到不适当限制的迹象；（6）客户可能有涉嫌洗钱或其他刑事犯罪行为的迹象；（7）变更会计师事务所的理由；（8）关联方的名称、特征和商业信誉。

会计师事务所对客户信息的了解程度，通常将随着与该客户关系的持续发展而增加。

二、人力资源

会计师事务所应当制定政策和程序，合理保证拥有足够的具有胜任能力和必要素质并承诺遵守相关职业道德要求的人员，以使会计师事务所和项目合伙人能够按照职业准则和适用的法律法规的规定执行业务，并能够出具适合具体情况的报告。会计师事务所制定的人力资源政策和程序应当解决招聘、业绩评价、人员素质和胜任能力、职业发展、晋升、薪酬等人事问题。

（一）招聘

招聘是人力资源管理的首要环节，为此，会计师事务所应当制定雇用程序，以选择正直的、通过发展能够具备执行业务所需的必要素质和胜任能力，能够满足工作需要的人员。

在实务中，会计师事务所通常指定人事管理部门或其他有资格的人员，负责定期或不定期地评价总体人员需求，并根据现有人员的数量及层次结构、现有客户数、业务量、业务结构、预期业务增长率、人员流动率和晋升变化等因素，确定雇用目标和方案。

为了保证整个招聘过程高效、规范和被招募人员符合标准，会计师事务所应当指定人事管理部门负责招聘活动，招聘过程严格按照规定进行。如果工作人员和被招聘人员存在亲属关系，工作人员应当自行回避。会计师事务所应对负责招聘的人员进行必要的培训，使其熟悉招聘政策和程序，了解各层次的人员要求，掌握评价胜任能力和道德品德等标准，以便招聘合格的人员进入会计师事务所。

（二）人员素质、胜任能力和职业发展

由于执业环境和工作要求在不断发生变化，会计师事务所应当采取措施确保人员持续保持必要的素质和胜任能力。会计师事务所可以通过下列途径提高人员素质和胜任能力：（1）职业教育；（2）持续职业发展，包括培训；（3）工作经验；（4）由经验更丰富的员工（如项目组的其他成员）提供辅导；（5）针对受独立性要求约束的人员进行独立性教育。

会计师事务所应当在人力资源政策和程序中强调对各级别人员进行继续培训的重要性，并提供必要的培训资源和帮助，以使人员能够发展与保持必要的素质和专业胜任能力。

（三）业绩评价、工薪和晋升

业绩评价、工薪和晋升是事关每个人员切身利益的重大问题。为此，会计师事务所应当制定业绩评价、工薪及晋升程序，对发展和保持胜任能力并遵守相关职业道德要求的人员给予应有的肯定和奖励。

业绩评价是决定奖励，包括工薪和晋升的基础。公平、公正的业绩评价对于实现绩效评价的整体目标至关重要。大型会计师事务所人员众多，规范的业绩评价方法是确保评价结果可靠有效的基础。小型会计师事务所人员较少，相互熟悉，业绩评价方法相对简单。

工薪制度应当体现对员工的激励作用。因此，每年的薪金调整应当与对人员当年评估结果直接相关。表现良好的员工在同级别薪金中处于高端，而表现不足的员工则应处于同级别的低端。

人员结构和晋级的阶梯方式，向员工传递了清晰的职业发展道路信息，直接帮助员工制定规划，具有明显的激励作用。会计师事务所明确定义各部门不同级别职位对应的工作

内容、职责范围和技能要求，并在业绩评价过程中使员工充分了解提高业务质量和遵守相关职业道德要求是晋升的主要途径。

会计师事务所制定的业绩评价、工薪及晋升程序应当强调：（1）使人员知晓会计师事务所对业绩的期望和对遵守职业道德基本原则的要求；（2）向人员提供业绩、晋升和职业发展方面的评价和辅导；（3）帮助人员了解提高业务质量及遵守职业道德基本原则是晋升更高职位的主要途径，而不遵守会计师事务所的政策和程序可能招致惩戒。会计师事务所通常针对每个层次的人员，制定不同的业绩评价、工薪及晋升的标准，并指定专人或专门机构对员工的业绩进行考核，从而做出晋升的决策。

三、业务执行

业务执行是指会计师事务所委派项目组按照执业准则和适用的法律法规的规定执行业务，使会计师事务所和项目合伙人能够出具适合具体情况的报告。由于业务执行对业务质量有直接的重大影响，是业务质量控制的关键环节，因此，会计师事务所应当要求项目合伙人负责组织对业务执行实施指导、监督与复核。

（一）指导、监督与复核

会计师事务所通常使用书面或电子手册、软件工具、标准化底稿以及行业和特定业务对象的指南性材料等方式，通过质量控制政策和程序，保持业务执行质量的一致性。这些文件或工具针对的事项可能包括：（1）如何将业务情况简要告知项目组，使其了解工作目标；（2）保证适用的执业准则得以遵守的过程；（3）业务监督、员工培训和辅导的过程；（4）对已执行的工作、做出的重大判断以及拟出具报告的形式进行复核的方法；（5）对已执行的工作及其复核的时间和范围做出适当记录；（6）保持所有的政策和程序是合时宜的。

（二）咨询

项目组在业务执行中时常会遇到各种各样的疑难问题或者争议事项。当这些问题和事项在项目组内不能得到解决时，有必要向项目组之外的适当人员咨询。为此，会计师事务所应当建立政策和程序，以合理保证：（1）就疑难问题或争议事项进行适当咨询；（2）能够获取充分的资源进行适当咨询；（3）咨询的性质和范围以及咨询形成的结论得以记录，并经过咨询者和被咨询者的认可；（4）咨询形成的结论得到执行。

咨询包括与会计师事务所内部或外部具有专门知识的人员，在适当专业层次上进行的讨论，以解决疑难问题或争议事项。

（三）意见分歧处理

在业务执行中，可能会出现项目组内部、项目组与被咨询者之间以及项目合伙人与项目质量控制复核人之间的意见分歧。会计师事务所应当制定政策和程序，以处理和解决意见分歧。

处理意见分歧应当符合下列要求：（1）会计师事务所应当制定政策和程序，以处理和解决项目组内部、项目组与被咨询者之间以及项目合伙人与项目质量控制复核人之间的意见分歧；（2）形成的结论应当得以记录和执行。在实务中，上述政策和程序鼓励在业务执行的较早阶段识别出意见分歧，并为拟采取的后续步骤提供明确指南，还要求对分歧的解决及所形成结论的执行情况进行记录。

会计师事务所应当认识到对业务问题的意见出现分歧是正常现象，只有经过充分的讨论，才有利于意见分歧的解决。只有意见分歧的问题得到解决，项目合伙人才能出具报告。如果在意见分歧的问题得到解决前，项目合伙人就出具报告，不仅有失应有的谨慎，而且容易导致出具不恰当的报告，难以合理保证实现质量控制的目标。

（四）项目质量控制复核

为了保证特定业务执行的质量，除了需要项目组实施组内复核外，会计师事务所还应当制定政策和程序，要求对特定业务实施项目质量控制复核，以客观评价项目组做出的重大判断以及在编制报告时得出的结论，并在出具报告前完成项目质量控制复核。换言之，会计师事务所对应当实施项目质量控制复核的特定业务，如没有完成项目质量控制复核，就不得出具报告。只有这样，才能合理保证会计师事务所和项目合伙人根据具体情况出具恰当的报告。

对特定业务实施项目质量控制复核，充分体现了分类控制、突出重点的质量控制理念。值得注意的是，项目质量控制复核并不减轻项目合伙人的责任，更不能替代项目合伙人的责任。

（五）业务工作底稿

业务工作底稿是会计师事务所在业务执行中形成的各种记录，其所有权属于会计师事务所。会计师事务所应当在出具业务报告后，及时将工作底稿归整为最终业务档案，并制定政策和程序，以满足下列要求：（1）安全保管业务工作底稿并对业务工作底稿保密；（2）保证业务工作底稿的完整性；（3）便于使用和检索业务工作底稿；（4）按照规定的期限保存业务工作底稿。

四、监控

（一）监控目的

监控质量控制制度的有效性，不断修订和完善质量控制制度，对于实现质量控制目标具有不可替代的作用。为此，会计师事务所应当制定监控政策和程序，以合理保证质量控制制度中的政策和程序是相关、适当的，并正在有效运行。因此，对质量控制政策和程序遵守情况实施监控的目的在于评价：（1）遵守职业准则和法律法规的情况；（2）质量控制制度设计是否适当，运行是否有效；（3）质量控制政策和程序应用是否得当，以便会计师事务所和项目合伙人能够根据具体情况出具恰当的业务报告。

（二）监控人员

对会计师事务所质量控制制度的监控应当由具有专业胜任能力的人员实施。会计师事务所可以委派主任会计师、副主任会计师或具有足够、适当经验和权限的其他人员履行监控责任。

（三）监控内容

对会计师事务所质量控制制度实施监控的内容包括：（1）质量控制制度设计的适当性；（2）质量控制制度运行的有效性。

会计师事务所应当从下列方面对质量控制制度进行持续考虑和评价：（1）确定质量控制制度的完善措施，包括要求对有关教育与培训的政策和程序提供反馈意见；（2）与会计师事务所适当人员沟通已识别的质量控制制度在设计、理解或执行方面存在的缺陷；

（3）由会计师事务所适当人员采取追踪措施，以对质量控制政策和程序及时做出必要的修正。

（四）监控过程

会计师事务所监控过程可以分成以下两部分：

1. 持续监控（除定期的底稿检查外）

持续地（如每年）考虑和评价事务所的质量控制制度有助于确保所执行的政策和程序是相关的、充分的、运行有效的。持续监控的范围涉及每一质量控制要素，包括评价：（1）事务所的质量控制手册已根据最新的要求和发展情况得到更新；（2）事务所负责质量控制的人员（如有）已确实履行职责；（3）已取得合伙人和员工的书面确认函，以确保每个人都遵守事务所在独立性和道德方面的政策和程序；（4）对合伙人和员工有持续的职业发展计划；（5）承接和保持客户关系和具体业务的决策遵守了事务所的政策和程序；（6）遵守了道德守则；（7）指派合格的人员负责项目质量控制复核，并且在签署审计报告前完成复核；（8）已向恰当的人员沟通识别出的质量缺陷；（9）针对识别出质量缺陷，采取恰当的跟进措施以确保其得到及时的处理。

2. 定期检查已完成的工作底稿

持续地考虑和评价事务所的质量控制制度包括定期对每位合伙人至少选取一项已完成的业务对其工作底稿进行检查。这要求确保遵守职业准则和法律法规要求，出具的鉴证报告符合具体情况。定期检查有助于识别缺陷和培训要求，使事务所能及时地做出必要的改变。一旦完成复核，监控人员在与合伙人讨论后编写报告，向所有经理和专业人员沟通检查结果以及准备采取的措施。

（五）监控结果的处理

会计师事务所通常按照下列要求对监控结果进行处理：

1. 确定所发现缺陷的影响与性质。会计师事务所应当评价实施监控程序发现的缺陷的影响，并确定这些缺陷属于下列哪种情况：（1）该缺陷并不必然表明质量控制制度不足以合理保证会计师事务所所遵守职业准则和适用的法律法规的规定，以及会计师事务所和项目合伙人出具适合具体情况的报告；（2）该缺陷是系统性的、反复出现的或其他需要及时纠正的重大缺陷。

2. 适时将缺陷及补救措施告知相关人员。会计师事务所应当将实施监控程序发现的缺陷及建议采取的适当补救措施，告知相关项目合伙人及其他适当人员，便于他们及时采取适当的行动。

3. 提出补救措施。会计师事务所在评价各种缺陷后，应当提出下列补救措施：（1）采取与某项业务或某个成员相关的适当补救措施；（2）将监控发现的缺陷告知负责培训和职业发展的人员；（3）改进质量控制政策和程序；（4）对违反会计师事务所政策和程序的人员，尤其是对反复违规的人员实施惩戒。

4. 定期告知监控结果。会计师事务所应当每年至少一次将质量控制制度的监控结果传达给项目合伙人及会计师事务所内部的其他适当人员，以使会计师事务所及其相关人员能够在其职责范围内及时采取适当的行动。

（六）监控的记录

会计师事务所应当适当记录下列监控事项：（1）制定的监控程序，包括选取已完成的业务进行检查的程序；（2）对监控程序实施情况的评价；（3）识别出的缺陷，对其影响的评价，是否采取行动及采取行动的依据。

其中，对监控程序实施情况评价的记录应包括：（1）对职业准则和适用的法律法规的遵守情况；（2）质量控制制度的设计是否适当，运行是否有效；（3）会计师事务所质量控制政策和程序是否已得到恰当运用，以使会计师事务所和项目合伙人能够出具适合具体情况的报告。

本章小结

会计师事务所业务质量控制的内容构成如图9-1所示：

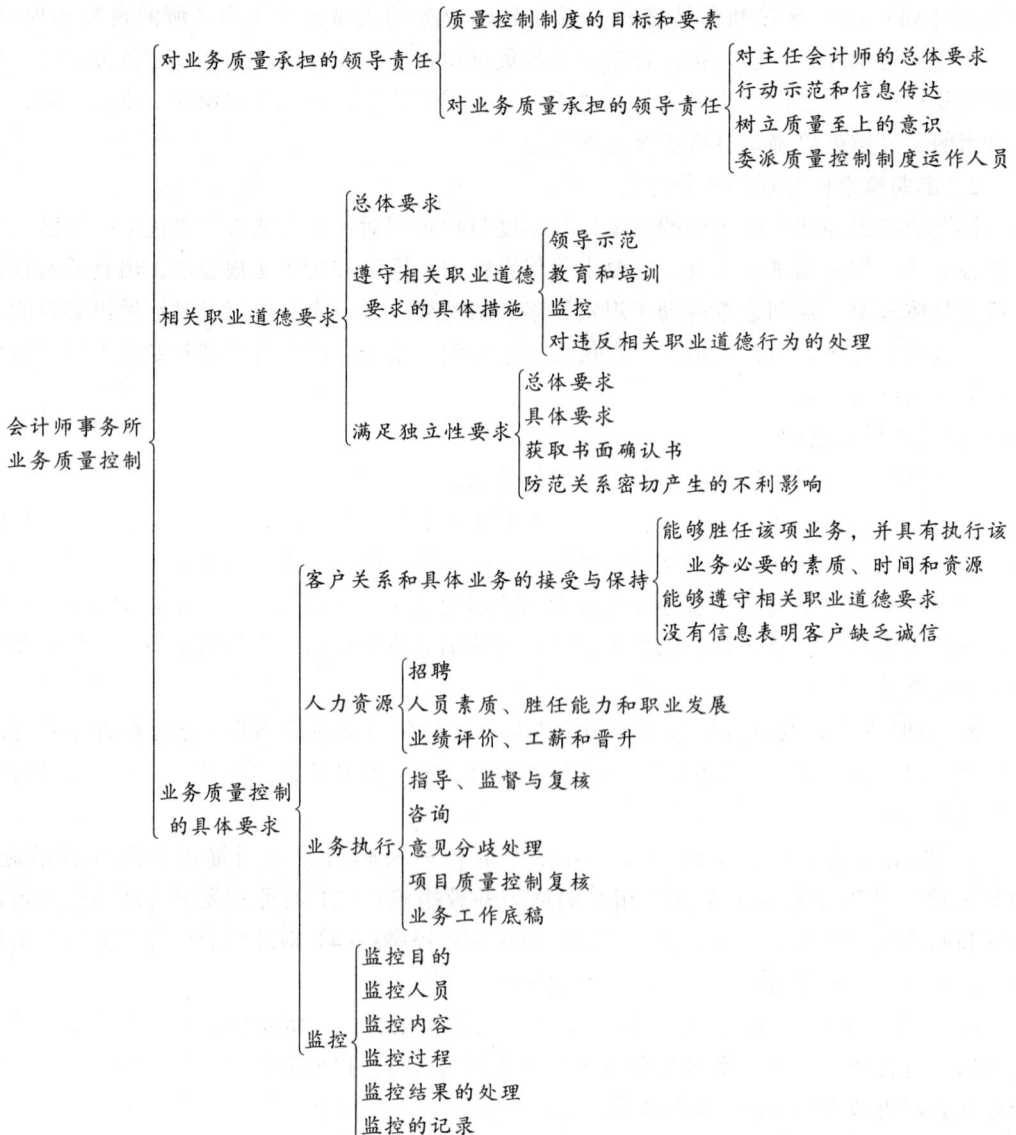

会计师事务所业务质量控制
- 对业务质量承担的领导责任
  - 质量控制制度的目标和要素
  - 对业务质量承担的领导责任
    - 对主任会计师的总体要求
    - 行动示范和信息传达
    - 树立质量至上的意识
    - 委派质量控制制度运作人员
- 相关职业道德要求
  - 总体要求
  - 遵守相关职业道德要求的具体措施
    - 领导示范
    - 教育和培训
    - 监控
    - 对违反相关职业道德行为的处理
  - 满足独立性要求
    - 总体要求
    - 具体要求
    - 获取书面确认书
    - 防范关系密切产生的不利影响
- 业务质量控制的具体要求
  - 客户关系和具体业务的接受与保持
    - 能够胜任该项业务，并具有执行该业务必要的素质、时间和资源
    - 能够遵守相关职业道德要求
    - 没有信息表明客户缺乏诚信
  - 人力资源
    - 招聘
    - 人员素质、胜任能力和职业发展
    - 业绩评价、工薪和晋升
  - 业务执行
    - 指导、监督与复核
    - 咨询
    - 意见分歧处理
    - 项目质量控制复核
    - 业务工作底稿
  - 监控
    - 监控目的
    - 监控人员
    - 监控内容
    - 监控过程
    - 监控结果的处理
    - 监控的记录

图9-1　会计师事务所业务质量控制的内容构成

同步测试

一、不定项选择题

1. 会计师事务所及其人员应遵守业务准则、职业道德规范和法律法规的规定，会计师事务所和项目合伙人根据具体情况出具适当的报告。其中项目合伙人包括（　　）。

　　A. 负责执行财务报表审计，以授权签字的注册会计师

　　B. 复核审计工作底稿的注册会计师

　　C. 负责执行财务报表审计业务的项目经理

　　D. 负责执行审计业务，并在审计报告上签字的主任会计师

2. ABC会计师事务所为防止同一主任会计师或者经授权签字的注册会计师，由于长期执行某一被审计单位的鉴证业务可能对独立性产生不利影响，应当制定（　　）政策和程序，将由于关系密切造成的不利影响降至可接受的水平。

　　A. 对所有公司财务报表审计，按照国家有关规定定期轮换项目合伙人

　　B. 对所有公司财务报表审计，按照国家有关规定定期轮换注册会计师

　　C. 对所有上市公司财务报表审计，按照国家有关规定定期轮换项目合伙人

　　D. 对所有上市公司财务报表审计，按照国家有关规定定期轮换项目质量控制复核人员

3. ABC会计师事务所完成对被审计单位2014年度财务报表的审计业务，出具审计报告后，应当对其年度财务报表的审计业务工作底稿进行归档，对业务底稿的归档期限为（　　）。

　　A. 业务报告日后60天内　　　　　　　　B. 业务报告日后30天内

　　C. 结束审计业务后60天内　　　　　　　D. 结束审计业务后30天内

4. 会计师事务所应当周期性地选取已完成的业务进行检查，评价实施监控程序发现的缺陷的影响，采取适当的补救措施。选取单项业务进行检查时，（　　）不应承担该项业务的检查工作。

　　A. 未参与业务的项目合伙人　　　　　　B. 项目质量控制复核的人员

　　C. 其他会计师事务所执行业务检查的人员

　　D. 参与业务执行的人员

5. ABC会计师事务所应当制定有关客户关系和具体业务的接受与保持的政策和程序，以合理保证没有信息表明客户缺乏诚信。对于影响客户诚信的因素，事务所应当考虑（　　）。

　　A. 客户主要股东、关键管理人员、关联方及治理层的身份和商业信誉

　　B. 客户的经营性质

　　C. 变更会计师事务所的原因

　　D. 工作范围受到不适当限制的迹象

二、判断题

1. 会计师事务所项目合伙人应对业务质量承担最终的领导责任。　　　　　　　（　　）

2. 会计师事务所应当建立与业务规模相匹配的质量控制部门，以具体落实各项质量

控制措施。   （ ）

3. 会计师事务所应制定政策和程序，以合理保证会计师事务所及其人员，不含雇用的专家，保持职业道德规范要求的独立性。   （ ）

4. 在接受或保持具体业务时，会计师事务所应重点关注时间和资源的配置，及该业务执行在经济上的可行性。   （ ）

5. 会计师事务所在接受新业务前，必须评价自身的执业能力，不得承接不能胜任和无法完成的业务。   （ ）

6. 遵守职业道德规范应当成为会计师事务所业绩评价的重点考核因素之一。   （ ）

7. 考虑项目组成员的素质和专业胜任能力是会计师事务所主任会计师的监督内容。
                                                                                                             （ ）

8. 在业务执行中产生的意见分歧，若不能达成一致，可在审计报告中增加强调事项段予以披露。   （ ）

9. 项目质量控制复核通常由不参与该业务的人员，在出具报告后完成。   （ ）

10. 对会计师事务所质量控制制度的监控通常由主任会计师、副主任会计师或其他具备条件的人员履行。   （ ）

三、分析题

ABC 会计师事务所首次接受委托，负责审计上市公司甲公司 2014 年度财务报表，并委派 A 注册会计师担任审计项目合伙人。相关事项如下：

（1）ABC 会计师事务所委托 B 注册会计师担任该项目质量控制复核合伙人，并负责甲公司某重要子公司的审计。

（2）在接受委托后，A 注册会计师向甲公司前任注册会计师询问甲公司变更会计师事务所的原因，得知原因是甲公司在某一重大会计问题上与前任注册会计师存在分歧。

（3）A 注册会计师拟在审计完成阶段实施对特定项目（包括持续经营、法律法规、关联方等）的必要程序。

（4）在签署审计报告前，A 注册会计师授权会计师事务所另一合伙人 C 注册会计师复核了所有审计工作底稿，并就重大事项与其进行了讨论。

（5）A 注册会计师就某一重大审计问题咨询会计师事务所技术部门，但直至审计报告日（2015 年 3 月 2 日），仍未与技术部门达成一致意见。经与 B 注册会计师讨论，A 注册会计师出具了审计报告。

（6）B 注册会计师在 2015 年 3 月 5 日完成了项目质量控制复核。

要求：针对上述第（1）至（6）项，逐项指出 ABC 会计师事务所及甲公司审计项目组成员存在哪些可能违反审计准则和质量控制准则的情况，并简要说明理由。

主要参考文献

1. 中国注册会计师协会.中国注册会计师执业准则应用指南［M］.北京：中国财政经济出版社，2010.

2. 中国注册会计师协会.小型企业财务报表审计工作底稿编制指南［M］.北京：中国财政经济出版社，2008.

3. 中国注册会计师协会.审计［M］.北京：经济科学出版社，2014.

4. 刘明辉.审计［M］.大连：东北财经大学出版社，2012.

5. 王辉.审计［M］.大连：东北财经大学出版社，2009.

6. 财政部.企业会计准则（2006）［M］.北京：经济科学出版社，2006.

7. 财政部.企业会计准则——应用指南（2006）［M］.北京：中国财政经济出版社，2006.

8. 财政部会计司.企业会计准则第2号——长期股权投资［M］.北京：经济科学出版社，2014.

9. 财政部会计司.企业会计准则第30号——财务报表列报［M］.北京：中国财政经济出版社，2014.

10. 中国注册会计师协会.会计［M］.北京：中国财政经济出版社，2014.

11. 财政部会计司.企业内部控制规范讲解（2010）［M］.北京：经济科学出版社，2010.

12. 注册会计师全国统一考试辅导编审委员会.审计［M］.北京：经济科学出版社，2014.